生態人類学は挑む
MONOGRAPH
4

自給自足の生態学

ボサビの人びととのオートポイエーシス

小谷真吾 著
ODANI SHINGO

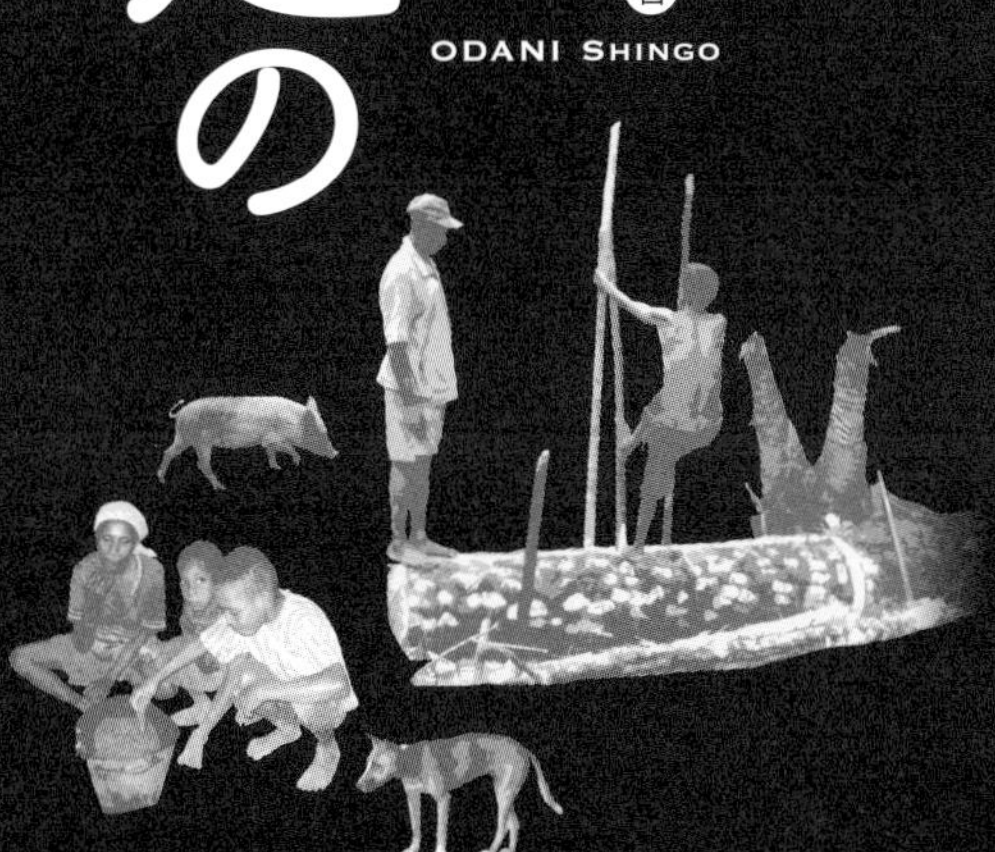

京都大学学術出版会

「完結」した社会は多面体である

倒木放置畑、サゴデンプン作り、ブタの飼養……様々な生業システムと、ロングハウスを中心とした社会システム、それらの前提となる自然環境としてのエコシステムからなるボサビ。「世界システム」のフィルターを外して複数のシステムを解きほぐし、彼らの世界をみるまなざしに迫る。

ボサビ山

シバラマのロングハウス

ロングハウス内で披露される踊りと歌のイベント「ギサロ」

人びとが協力してロングハウスの主柱を立てる

シバラマ近景

倒木放置畑から「自然」と生えてきたバナナを採る

交響するシステム

「世界」に飲み込まれずに自給自足する社会はもうほとんど地上に残されていない。シバラマはその数少ない社会の一つだ。彼らは倒木放置した畑から資源を得る。そのユニークな生業システムは社会システムと交響しながらオートポイエート(自己言及)している。

畑でおやつになるカミキリムシの幼虫を探す。倒木放置のおまけ

森での伐採作業

サゴデンプン作りに向かう人々

サゴヤシの幹を粉砕して
おがくず状にする

倒木放置畑。彼らの目でなければ、
どこが畑かは視認しがたい

水を注いでデンプンを抽出する

絞り出されるデンプン

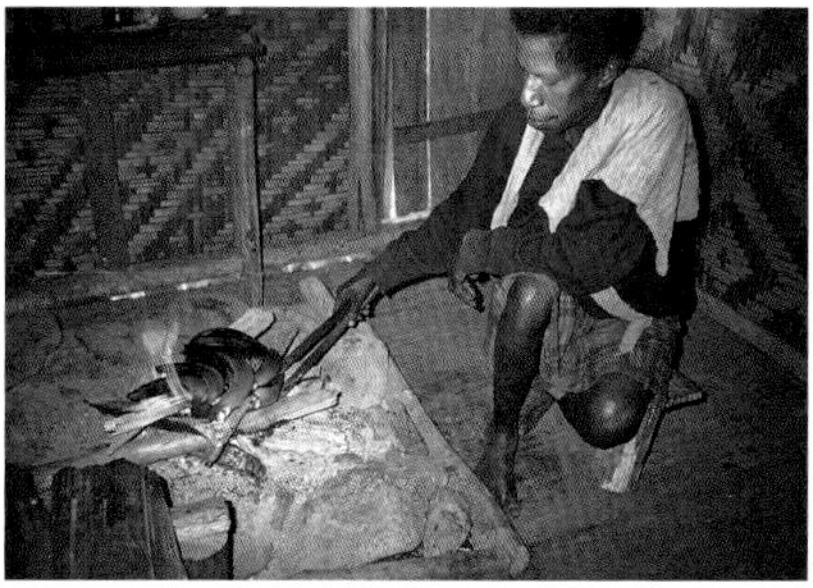

熟す前の硬く甘くないバナナ「マグ」が料理に使われる

外部システムとの接点

売買される「野生」ブタ。彼らの社会システム外にいる「野生」ブタは、外部のシステムである貨幣経済との数少ない接続点である

調理中にむらがるイヌ。人びとのイヌに対する無関心さは、彼らのエコシステムとの向き合い方の一端を示す

婚礼時のブタの分配。婚資として飼養するブタは、彼らの社会で循環する内部のもの

姉と弟の食事風景。女性はつねに弟妹の面倒をみる役割を担う一方で、嫁ぐ彼女らはシステムをつなぐ存在でもある

キリスト教の洗礼を受ける人びと。教会は宗教システムとしてコミュニティに内部化されてきている

混迷する21世紀の荒野へ

地球という自然のなかで人類は長い時間をかけて多様な文化や社会を創りあげてきた。その長い歴史は、人類が自然の一部としての生物的存在から離陸して自然から乖離していく過程でもあった。その結果、現在の人類は地球という自然そのものを滅亡させてしまうかもしれない危険な存在になっている。世界がその危険性にやっと気づきはじめ、資本主義グローバリズムに変わるべき未来像を模索している。

そのような中で生態人類学は自然と文化という人間存在の二つの基盤にしっかり立脚し、人間の諸活動のすべての要素を含みながら、しかも具体的で説得力ある研究を目指すユニークな学問的営為として研究活動を続けてきた。現在地球上で急激に減少している多様な人類文化に着目し、そうした民族文化や地域文化の奥深さを描き出すため志のある研究者が実直で妥協のないフィールドワークを続けている。研究者たちはそこで得られたデータによって描かれる論文や現場に密着したモノグラフ等の作品以外に、この多様な人類のありかたを示す方法はないことを確信してきた。

生態人類学は、一九七三年五月に東京大学と京都大学の若手の人類学関係者が集まり第一回の生態人類学研究会を開催したのが始まりであった。この生態人類学研究会は二三回続き、一九九六年の生態人類学研究会を第一回の生態人類学会研究大会とすることで新たな学会となった。今年度（二〇二〇年）第二五回の生態人類学会研究大会を開催し今日に及んでいる。今や生態人類学を標榜する研究者も数多くなり、さまざまな大学や研究機関に所属している。

生態人類学会は二〇〇二年度に『講座・生態人類学』（京都大学学術出版会）八巻を発刊して、それまでの生態人類学の成果を世に問うている。この講座は、アフリカの狩猟採集民二巻、東アフリカの遊牧民、アフリカの農耕民、ニューギニアの諸集団、沖縄の諸論考のそれぞれに一巻をあて、さまざまな地域のさまざまな生業や生活を対象にした論文集という形のシリーズであった。また、エスノ・サイエンスや霊長類学と人類学をつなぐホミニゼーションに焦点をあてた領域にもそれぞれ一巻をあてている。

この『講座・生態人類学』発刊からすでに二〇年近く経過し、研究分野も対象とする地域ももはや生態人類学という名称では覆いきれない領域にまで広がっている。そして本学会発足以降、多くのすぐれた若手研究者も育ってきている。そうしたことを鑑みるならば、このたびの『生態人類学は挑む』一六巻の発刊は機が熟したというべきである。このシリーズはひとりの著者が長期の調査に基づいて描き出したモノグラフ一〇巻と従来の生態人類学の分野を超えた、領域横断的な研究分野も包摂した六巻の論集からなる。共通するのはいずれもひとりひとりの研究者が対象と向き合い、思索する中で問題を発見し、そして個別の問題を解くと同時にそれを普遍的な問題にまで還元して考究するスタイルをとっていることである。生態人類学が出発してほぼ五〇年が経つ。今回の『生態人類学は挑む』シリーズが、混迷する21世紀の荒野に、緑の風を呼び込み、希望の明りをともす新たな試みとなることを確信する。

日本の生態人類学の先導者は東京大学の渡辺仁先生、鈴木継美先生そして京都大学の伊谷純一郎先生であったが、生態人類学の草創期の研究を実質的に押し進めてきたのは六年前に逝去した掛谷誠氏や今回の論集の編者のひとりである大塚柳太郎氏である。

掛谷誠氏の夫人・掛谷英子さんより掛谷誠の遺志として本学会へのご寄進があり、本出版計画はこの資金で進められた。学会員一同、故人に出版のご報告を申し上げるとともに、掛谷英子さんの御厚意に深く謝意を捧げたい。

『生態人類学は挑む』編集委員会

目次

第4章　サゴを打つ……101

第5章　イヌと移動する……143

まえがき

言葉で何かを伝えることは難しい。しかし、多様な何かが単一の言葉の中に含まれていることを感じながら、多様な何かの間の差異から何らかの可能性を伝えることはおもしろい。つまり、言葉遊びはおもしろい。ボサビの人びとも言葉遊びが大好きである。駄洒落、隠語、例え話を多用しながら平穏な日常に波風を立てて楽しんでいる。「自給自足の生態学」という本書の題名も言葉遊びである。

自給自足という日本語の意味は、サブシステンス（subsistence）という英語の意味と、アウタルキー（autarky）という英語の意味の間で揺らいでいる。サブシステンスという意味に寄せるなら、「自給自足の生態学」はサブシステンス・エコロジー（subsistence ecology）と翻訳できる。一方、サブシステンスは生業と翻訳する場合の方が多く、サブシステンス・エコロジーの日本語訳は生態人類学的には生業生態（学）である。生業生態は、故掛谷誠氏ら生態人類学の構想者が取り組んできた主要なテーマであり、実は「自給自足の生態学」は生業生態というテーマをバックトランスレーションによって言い換えただけである。

生業と生業生態は、個人として、家族として、社会として、生存するための一まとまりの行為およびその環境との相互作用と要約できるだろうか。詳しくは本論を見てほしい。生態人類学の構想者たちから学んだ数々の方法論を用いて、ボサビの生業生態の全体像を記述すること、それが本書の目的である。つまり、本書は「生態人類学は挑む」的では全くなくて、模倣的で保守的な内容になっている。筆者はそれで構わないと考えている。今までボサビの生業生態の全体像を記述する機会がなかったが、この度偶然にもモノグラフを書いてよいという恩恵にあずかった。ボサビの人びとの生存する技法を他者に知らしめること、生業生態を記述する方法を後生に伝えることができればいいと思っている。

一方で、例えば「ボサビの生業生態学」と題しなかったのは、自給自足という日本語にアウタルキーの意味を持たせて、少しだけ本書を挑戦的なものにしたかったからである。冒頭からボサビという固有名詞を何の説明もなく使ったが、ボサビは、パプアニューギニアという国の、あまり開発の進んでいない地域に住まう人びとである。本書の結論を先取りすると、ボサビの人びとの商品作物の生産、購入食品の消費はほぼゼロであり、人口再生産がほぼ地域内移動によってのみ行われる。アウタルキーはどちらかというと経済学の分野で使われる用語であり、ほぼ一義的に自給自足（経済）と日本語訳される。生産と消費が単一の社会の中で完結しているように見えるボサビの暮らしは、アウタルキーという言葉通りの状態であろう。

人類学の古典的研究は、例えば「狩猟採集民」や「焼畑農耕民」として社会を特徴づけながら、サブシステンスからアウタルキーな状態を記述することが多かった。しかし、現在の地球上で生産と消費が完結する社会は非常に限られている。現代において、なぜアウタルキーな社会が成立しがたいのかを考えるために、ボサビの人びとがその状態を持続できる／せざるを得ない生態学的条件をさまざまな面から記述していくことは挑戦的であろう。

ボサビの人びとはグローバルな世界との関係を拒絶してはいない。人びとの間に貨幣は流通しているし、出稼ぎに行く若者もいる。それにもかかわらずボサビの暮らしが自給自足であるように解釈できることには、日本語における「自」という言葉に対する意味のズレが潜んでいる。個人として、あるいは核家族として生産物をそのまま消費する状態になるのは現代の日本でもよく見られる。筆者も、家庭菜園でイモを収穫し、近所でアジを釣ってくることによって、非常に短期的に自給自足の状態になることがある。また、スケールを変えれば地産地消や食料安全保障というスローガンも生産と消費を完結させようとする志向であろう。そもそも人類全体では、消費される食料は人類自ら生産しているものである。

アウタルキーな状態を持続する社会が少なくなったように見えるのは、ボサビの人びとのような「自」がグローバルな言説の中であいまいになっているからなのかもしれない。そのような「自」が形成される過程を考察するために、本書ではオートポイエーシス（自己言及性あるいは自己組織化）という概念を試しに使っている。アウタルキーな状態が社会として成立していること、一人ひとりの人生のある一時期としてではなく集合的に持続的に実践が繰り返されること、その実践を包括した上でさまざまなシステムが平衡状態にあること、それらをオートポイエーシスの概念から考察してみるのが本書のもう一つの目的である。アウタルキーという概念そのものの検討や批判は本論では行わない。オートポイエーシスの概念を軸に、経済学的に、歴史学的に検討されてきたそのような状態を、生態人類学の立場から同時代的に記述することを目指しているのである。

本書では、社会として自給自足が持続することに視角を定め、生態学的要素とどのように関係し合うのかを同時代的に記述していく。個人から人類全体に視角を動かしていった場合に、一日から数万年に視角を動かしていった場合に、自給自足が出現する可能性をさまざまな分野の研究者が考える際の一事例になればと願っている。一方、ボサビの人びとの経験する困難についても記述することによって、自給自足を理想化するのではなく、人間が選択する／せざるを得ない可能性の一つであると相対化していこうと思う。具体的な少数の人びとの暮らしを描きながら、誰かにとっての何らかの可能性を提示すること、それが本書における「生態人類学は挑む」である。

第1章

ボサビの人びとに出会う

1 ボサビの人びと

ニューギニア高地の周縁にシバラマという村がある。周縁なのだろうか？　本書は日本語で記述しているので、読者は日本語話者であろう。日本語話者である筆者および読者から見れば、世界の周縁に位置するニューギニア、そしてニューギニアの中でも周縁に位置するシバラマは、やはり周縁なのだろう。しかし、そこに住まう人びとから見ればシバラマは世界の中心であるし、日本などは世界の周縁に位置すると言える。

また、村なのだろうか？　簡単に日本語における「村」と翻訳してしまうと、そこに住まう人びとの集合性とその歴史的展開を省略してしまうことになる。しかし通訳不可能性に悩み始めると全く話が進まないので、筆者がそこに住まい、日本語の「村」でいいのかもしれないと解釈できるようになるまでの過程を織り込みながら、シバラマの人びと、そしてシバラマも包含されるボサビという人びとの集まりについて記述していきたい。

本書は、そのような遠く離れた人びとの暮らしを生態人類学という学問の視角で見聞きしてきたさまざまな情報を、民族誌仕立てで編み込んでいく。縦糸として、生態人類学においてニューギニアの、あるいは世界の人びとの暮らしがどのように描かれてきて、今後どのように展開していくだろうかという可能性を論じる。生態人類学の視角についてはその縦糸に沿って紹介していくつもりだが、端的に言えば生態学を中心とする自然科学の理論や方法をなるべく援用しながら、人びとの思考や歴史的過程、それらの多様性について相対的に考

写真1-1　シバラマの人びと（2006年8月筆者撮影）

察していく人類学の立場をとる視角であると言える。横糸として、ボサビの人びとのさまざまな行為や考えを、時には定量的に、時には物語として描いていく。その横糸には、当然筆者自身も含まれていて、なぜ筆者がボサビの人びとの行為や考えを測れるのか、物語れるのかを説明していく必要があるだろう（写真1―1）。

筆者は、一九九三年に初めてシバラマにたどり着いた。大学院の修士課程に入りたてであった筆者は、人類学の調査ができるなら、そして未知の事物を見られるのならどこへ行ってもよかったのだが、指導教員がパプアニューギニアで進めていた調査プロジェクトに便乗する形でボサビの居住地域を調査することになった。今から省みると、ボサビを調査する意味がどこにあるのかを考えてから行けば、人

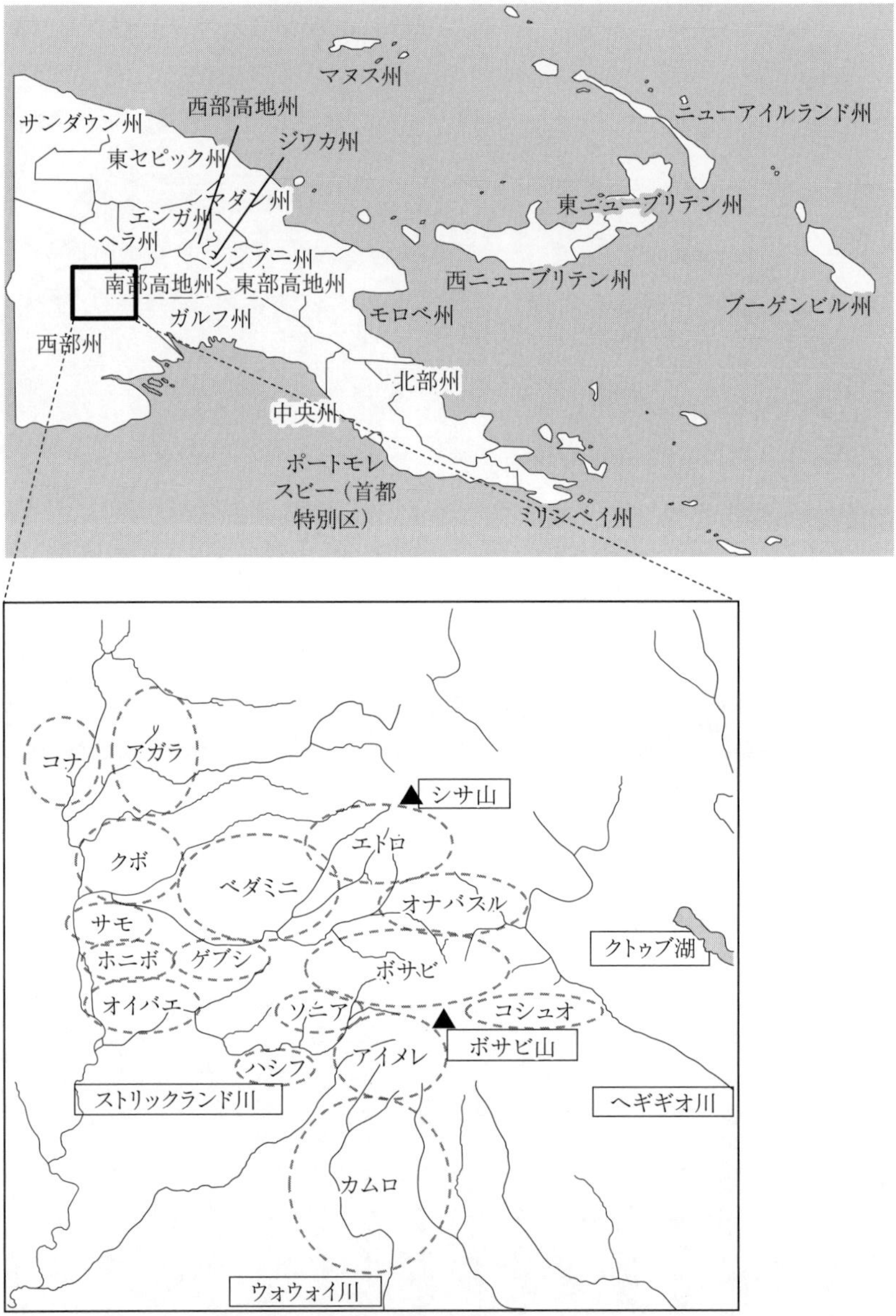

図1-1　パプアニューギニア全図およびボサビの居住地域

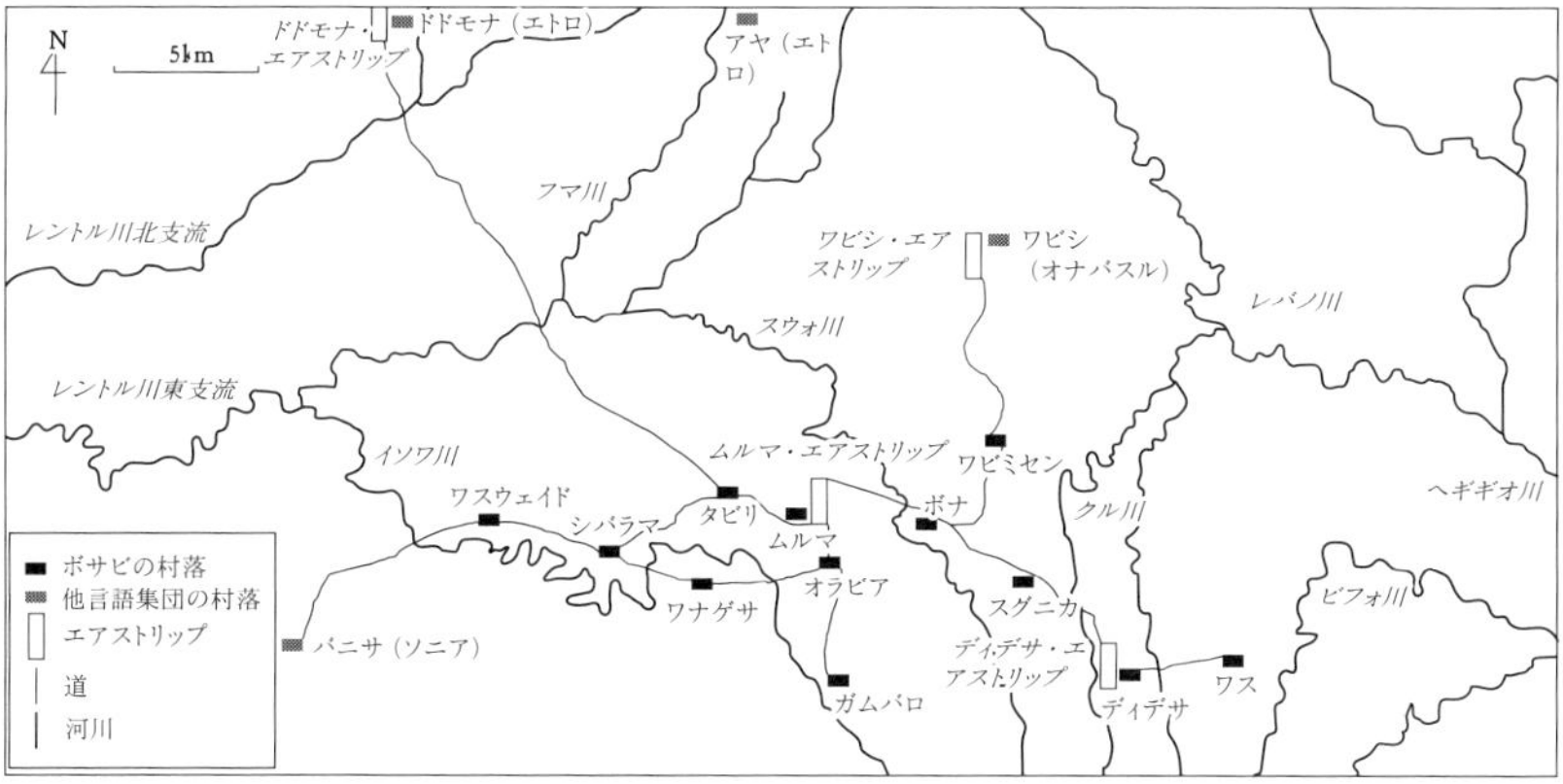

図1-2　シバラマ村およびボサビの周辺の村落と地形

びとの異なった接し方、そして異なった民族誌的記述に帰結したのではないかと思われる。しかし、その偶然性が人類学の面白さであろうし、また本書でシステム概念を検討するように、人間が集まって暮らすことの意味を考えるきっかけになったのも間違いない。

ボサビの人びとが暮らすパプアニューギニアは、ニューギニア島の東半分および周辺の大小の島々で構成される、一九七五年に独立した国家である。ボサビは、図1―1に示すように南部高地州の南西部に居住する、人口三〇〇〇人程度の言語集団である。その居住域は、標高四〇〇から七〇〇メートルの間であり、年間平均気温は最低二二度、最高二八度、年間降水量四三〇〇ミリメートル、気候による季節変化は鮮明ではなく、植生的には熱帯雨林気候であると言える。

パプアニューギニアの首都ポートモレスビーまでは日本からの直行便があり比較的容易に渡航できる。初回の調査では、ポートモレスビーから南部高地州のタリ（二〇一〇年現在は南部高地州が分割され、タリはヘラ州の州都となっている）という町まで移動し、そこからセスナ機に乗ってボサビの地域のエアストリップ（セスナ機が発着できる程度の「飛行場」）に降り立った。ボサビの居住する範囲を地図上で正確に示すのはかなり困難であるが、概略的には、南部高地州と西部州の州境にそびえるボサビ山（標高二三五五メートル）の北側斜面に散在する一二の村の人びとが資源利用している範囲がボサビの領域であると言える（図1―2）。

筆者の降り立ったエアストリップは、ボサビの領域の東端に位置するディデサという村に付設されているが、シバラマは西端から二番目に位置する村である。その間の距離は直線距離にしておよそ三〇キロメートルあり、ボサビの成人なら日の出ている間歩き続けて一日で到達するが、初回の筆者のように歩きなれない者だと丸二日間かかる。ボサビを調査対象に選択した理由もあいまいなままであったので、調査の拠点とする村もどこでもよかった。一通り東端のディデサから西端のワスウェイドまで踏破するのが最初にやるべきことであり、精根尽き果ててワスウェイドまでたどり着いたのが二日目の夕方であった。

本書でもたびたび参照することになる、ボサビにかんするシェフェリンとフェルドの民族誌（Schieffelin 1977; フェルド 一九八八）は、エアストリップに近いボナという村を舞台として描かれている。比較検討をするという意味ではボナを滞在地としてもよかったのだが、よりリモートな、より未知の対象を求めてシバラマを滞在地とすることに決めた。しかしそのような理屈は後付けであり、本当の理由は二日間歩き続けて各村の人びとと初めて出会った時、最も親切に接してくれたのがシバラマの人びとであったからである。

シバラマの村落の標高は五〇〇メートル程度、ボサビ居住域の中では最も温暖湿潤な地点に存在する。初回の調査では人の数さえまともに把握できなかったのだが、後の調査で明らかにしたところ、人口一四〇人、その構成は男性七七人、女性六三人であった（一九九九年一月一日の時点）。シバラマの人びとの所有する土地は、東西に二・五キロメートル、南北に一四キロメートルの細長い長方形状に広がり、面積が三五平方キロメートル、人口密度が平方キロメートル当たり四・〇人と計算される。

冒頭述べたように、シバラマをはじめとするボサビの村、また周辺の言語集団の村は、日本語の感覚で考えられる「村」ではない。人びとが帰属意識を持つ単位は、ロングハウスコミュニティである。ロングハウスコミュニティは、五〇人程度が居住できるロングハウスに共住する人びとによって構成されるコミュニティであり、婚姻によって結びついた複数の父系親族集団が集合している。土地所有権はそれぞれの親族集団が持っているが、コミュニティの構成員は他の親族集団の土地も基本的に自由に使用できる。ロングハウスは通常、一つの丘陵の頂上に建てられており、その頂上付近は、根菜類（以前はサトイモ、現在はサツマイモ）の畑、そしてその斜面は「倒木放置畑」になっている。倒木放置畑とは奇妙な名付けだと自分でも思うが、そう表現するしかないこの地域独特の農耕形態である。倒木放置畑はロングハウスコミュニティと共に、ボサビの人びとの暮らしを最も特徴付けるものなので、徐々に詳しく記述していきたい。

シバラマはこのようなロングハウスコミュニティが三つ集められて構成された村である。一九七〇年代にオーストラリア信託統治政府の支配の下、行政的管理を容易にするため、ボサビとその周辺の諸集団に一カ所に定住し、村落を作ることが要請されたのである。ボサビの一二の村のうち、半分はこのような再構成された村であり、あと半分はシェフェリンらが調査したボナのように単一のロングハウスコミュニティで構成された村である。シバラマの村落は一つの丘陵を切り開いて作られているが、一九九三年の時点で峰沿いには二つのロングハウスがあり（もう一つのロングハウスは村落外にある）、世帯ごとの家が一〇数戸立ち並んでいた。世帯の家は従来、生業活動のための出づくり小屋として存在していたと考えられるが、筆者が見ることのできた世帯の家は、生業活動の基地というより住まう場所としての、我々の感覚でいう「家」に近い性格を持っていると感じられた。

2　シバラマに暮らしてみる

筆者がシバラマに滞在することを決めた時にはそのような事情は分かっておらず、フィールドワークの場として思い描いていたのは、シェフェリンらが記述したようなロングハウスを中心とした暮らしであった。当初、「とにかくロングハウスに住みたい」という願いを連呼したのだが、そもそもロングハウスというのは英語表現であり、シバラマの人びとにとってその頼みは意味不明であったと、今さらながら恥ずかしくなるばかりである。結局、最初期は、行政官や保健支所職員に宿泊場所を提供するためにシバラマの人びとが立てた小屋に滞在することになった。

ボサビの人びととの言葉は言語学的に非オーストロネシアン言語に分類されており、その中のボサビ・ランゲージ・ファミリーに含まれる（Wurm 1982）。ボサビ、エトロ、ソニア、オナバスル、ベダミニ、アイメレなどが、ボサビ・ランゲージ・ファミリーに属する言語集団として類別されている（図1―1）。エトロやオナバスルの人びとが話す言語は、ボサビの言語と明らかに異なっていると言語学素人である筆者にも感じられた。さらに、言語集団ごとのロングハウスは、図1―1に示したような地理的領域に集まって存在している。ただし、古典的な民族誌において使われてきた「民族」カテゴリーをボサビやエトロという集団に当てはめるのは困難であると考えられる。このカテゴリー化の問題は、次章で詳しく考えていきたい。

筆者が小屋に滞在しながら最初に行ったことはボサビ語で会話できるようになることであった。パプアニューギニアの公用語は英語およびトク・ピジン（ニューギニア各地の言語と英語やドイツ語が混交したピジン言語）であるが、ほとんどの人はボサビ語しか解さない。ただし、ボサビの人びとは決してグローバルな世界と隔絶されているわけではなく、出稼ぎに行ったり学校に通ったりする人もいる。そのような人は否応なくグローバルな世界で通用する言語を習得しており、筆者が最初に会話できたのは学校教育を受けた英語を話す若者、あるいは出稼ぎから帰ってきたトク・ピジンを話す若者であった。それらの若者と、こちらも決して流暢ではない英語やトク・ピジンで会話しながら、「水」は「ホン」、「食べ物」は「メン」、という具合になんとか調査できる程度にはボサビ語を習得していった。

一カ月程度滞在すると、先に述べた三つのロングハウスが集合しているというようなシバラマの状況が分かってきた。例えば、いわゆる核家族世帯は村落内の家に確かに住んでいるな、配偶者と死別した人や未婚の「成人」はロングハウスに住んでいるな、村落外にある一つのロングハウスの成員はあまりシバラマの村落内で見かけないな、という状況である。そして、ボサビの人びとが何を食べてそれらをどのように生産しているのかについて、おおよその有り様も見えてくるようになった。甘くないバナナを焼いて食べることが食事の中心だな、でもサゴヤシというヤシの一種の幹から精製するサゴデンプンもよく食べられているな、他にも肉や野菜など食材のレパートリーは豊富だな、という理解である。

ボサビの生業活動は、大まかに三つの活動に大別できる。バナナ栽培を中心とした倒木放置畑、サゴヤシ利用、狩猟採集である。それぞれ後の章で詳しく記述していきたいが、食材の名称だけでも説明しておかないと

写真1-2　倒木放置畑（2006年8月筆者撮影）

話が進まないので概略を紹介する。倒木放置畑は、パプアニューギニアの中でもボサビ周辺でのみ行なわれているユニークなものである。まず、ロングハウスの周囲の森林において下ばえを刈り取り、樹木を切る前にバナナの苗を植え付ける。植え付け後に樹木を切り倒し、細かい枝葉は除去するが、太い幹などはそのまま放置する。ある程度の苗は樹木の下敷きになるが、大部分の苗は放置された倒木の間で正常に成長し、約一年後から収穫が始まる。造成より五年から一〇年程度、バナナをはじめとする多様な作物が栽培され、その後、畑は二次林に戻る。バナナは三七品種を数えるが、そのほとんどがいわゆる料理バナナであり、完熟前の果実を調理して消費する目的で栽培されている（写真1―2）。

サゴヤシ利用は、南太平洋地域に広く分布するMetroxylon属の植物、サゴヤシの幹からデンプンを精製するという生業である。サゴヤシの木を切り倒し、樹皮をはいだ後にその蕊を破砕する。次に、破砕した蕊に水を加えて絞り出すという作業によって、デンプンの懸濁液が容器に流し込まれる。デンプンを沈殿させる過程を経て水が取り除かれ、片栗粉状の塊になると出来上がりである。このデンプンは、そのまま焼いたり蒸したりして消費されるのに加え、泥の中に入れ嫌気状態に置くことで半年程度保存することができる、唯一の保存食品でもある。生成物の組成は純粋なデンプンに近く、たき火でそのまま塊を焼くという人びとの日常的な食べ方では、味もなく水分に乏しいのでかなり食べにくい。一方、竹筒に入れてたき火で蒸し焼きにしたチマキ状のものは、モチモチとした食べやすいものである。

狩猟採集は、森林、河川、あるいは倒木放置畑の中で行なわれる。陸上動物の捕獲は、知識さえ保持していれば確実に捕獲できるワナを使用することが多い。ワナは、戸板落とし（Deadfall trap）や落とし穴など多彩なワナが使用されており、森林や倒木放置畑の周りに数多く仕掛けられる。日常的な捕獲対象は、バンディクート（フクロネズミ）類である。またサゴヤシに巣食う甲虫（サゴオオゾウムシ）の幼虫も、採集される動物の中で重要なものである。魚介類の採集もザリガニ採集を中心に盛んに行なわれている。イヌを用いた狩猟もたまに行なわれるが頻度は高くない。イヌは当たり前にボサビの人びとと共存しているが、何のために「飼われて」いるのかについては一章を割いてその存在のユニークさを紹介したい。

この三つの活動に加え、サツマイモを栽培したり、ブタを飼養したりという活動も人びとは行なっていた。初回の滞在ではその活動の多様さをうまく理解できずにいた。ただ、農耕や食事を調査するにも単純に類型化はできないな、全ての人びとが同じ活動をしている訳ではないなということだけは気付くことができた。

さらに、出稼ぎに行ったり、キリスト教の牧師であったりして、現金収入のある人も少しいた。逆に言えば、それ以外に現金収入を得るすべはなく、生産が消費に直結するいわゆる自給自足の状態が日常的であるのだが、その特徴も初回の滞在ではよく理解していなかった。それまで筆者が学んできた古典的な民族誌においては自給自足の状態が当たり前に描かれていて、現代の世界でそのような状態にある人びとがほとんどいないということに無学にも気付いていなかったのである。

3　生態人類学的調査

人類学者の標榜する参与観察は、フィールドの一生活者としてその場の人びとと同じ日常を過ごすことで得られる情報を記述していく方法である。必ずしも全ての人類学者が参与観察の方法を取る訳でもないだろうが、筆者はボサビでの初めてのフィールドワークにおいて、なるべく忠実に参与観察的であろうとした。つまり、ロングハウスで寝起きし（最初はそれもかなわなかったが）、人びとが働き始めればそれに付いて行き、食事が始まれば同じものを食べて腹を満たす、そのような日常を送ろうと試みた。日本で全く異なる日常を過ごしてきた筆者にとって、その試みは当然ながらかなり過酷であった。とにかく食事がのどを通らない。簡単に紹介したように、ボサビの食事は料理バナナとサゴデンプンが中心であり、汁気の少ない、味覚に訴える成分も少ない食事である。それでも一カ月程度過ごすと、バナナの焼ける匂いを嗅ぐだけで、サゴデンプンが竹筒の中で蒸し上がるのを待つだけで、自然とよだれが出てくるようになっていた。

写真1-3　朝、サゴデンプン作りに出発（2006年8月筆者撮影）

知らない土地で、知らない人びとが何かを食べ、よく分からない技術でその何かが作られたり採られたりされる。生態人類学とはどういう学問かについては本書を通じて自分なりに整理してみるが、やはりそれら知らないことに対する、特に食事周りの物事に対する関心、好奇心が生態人類学の出発点であると今でも確信している。ボサビの生活は知らないことだらけで構成されており、本書全体も、何を食べ、それをどうやって作るかについてを基調として記述していく。詳細な方法論や観察条件について述べると紙面が足りないので、専門的に記述した拙稿を参照されたい（小谷 二〇〇一；小谷 二〇〇四；小谷 二〇〇五；Odani 2002）。

一方、食べること、作ることだけでボサビの日常が構成されている訳ではなく、おしゃべりしたり、遊んだり、子育てしたり、時には冠婚葬祭の集まりを持ったり、他のグループと紛争したり、出稼ぎに行ったりする。そのような行為の集合によってボサビの暮らしが成り立っているし、食べること、作ることは、それらの行為と密接に関係し合いながら行なわれている。食べること、作ることを調べるいわゆる生業研究は、消費量や生産性を明らかにするために、さまざまな行為によって時間がどう使われているのかを調べる生活時間調査という方法を必然的に伴う。シバラマでの滞在に慣れてきた頃、試しにその生活時間調査なるものをやってみた。

調査を行なってみると、シバラマの人びとはそれほど「働いて」いない。逆に一日のほとんどを「食べる」ことで費やしている。「食べる」ことに費やしているといっても、実際に口に入れ咀嚼し嚥下する、その行為だけをとらえれば大した時間ではない。人びとは夜明けとともに三々五々起きだして、囲炉裏の周りで体を温めながらバナナやサゴデンプンを焼く。焼きながらボーっとしたり、おしゃべりしたりしながら思い思いに腹も満たす。腹が満たされれば、畑仕事やサゴデンプン作りに向かう（写真1―3）。向かった先で一仕事終えれば、火を起こしてまたバナナやサゴデンプンを焼く。子守をしたりおしゃべりしたりしながら腹を満たし、まだやり残したことがあれば、もう少し働く。毎日午後になればたいてい雨が降り始めるので、どうしてもその日にやりたい作業があれば続けるが、だいたいは早めに切り上げてロングハウスや世帯の家に戻る。戻ったらまた囲炉裏を囲み、おしゃべりや道具作りをしながら、その日の作業で採れた野菜やザリガニを調理しつつ、やはりバナナやサゴデンプンを焼く。日が暮れるころには腹もくちくなり、残り火を囲みながら三々五々眠りにつく。

ただし、初回の滞在で行った生活時間調査は、結果的には失敗に終わった。端的に言えば、誰の生活時間を測ったのか不明であったからである。先に述べたように、シバラマは三つのロングハウスによって構成されているが、初回の調査では村落外にある一つのロングハウスの人びとの行動は全く観察できなかった。さらに、男性、女性、年齢、未婚／既婚、健康状態など個人のさまざまな状態によって、本当は生活時間に大きな違いがあった。平均して記述すれば前述のような大まかな描き方ができるのだが、それをシバラマ、あるいはボサビの人びとの生活を正確に記述できていると確信できなかったのである。

この誰が／の／を／という問題は、生活時間調査だけではなく、生業を含め今まで述べてきた全ての記述に関わってくる。そして、この問題は生態人類学だけではなく、人間を対象にする全ての学問領域で現在も問い続けられている、「主体」「アクター」「アイデンティティ」、それが集合した「社会」「コミュニティ」「ハビトゥス」の問題群に関わってくる。筆者が大学院生時代に学んだ人類生態学の考え方では、問題意識の出発点がやや異なるのだが、「誰」についての問題を「手作りのセンサス」によって解決しようとしていた。誰が「ボサビ人」で、その中の誰が「シバラマ村民」で、誰が「成人」で、誰が「子供」なのか、調査者自身で全て数え上げてみようという方法である。

多くの人類学的調査は、政府などが作成したセンサスによって、誰がその「民族」なのか、「村民」なのかを数え上げている。後の章で詳しく述べるが、少なくともパプアニューギニアの政府統計は、高地周縁のような地域では全く機能していない。調査に赴くまでは、指導教員の言うことも聞かず「手作りのセンサス」の意義を愚かにも理解していなかった。しかし、生活時間調査の失敗を通じて、どのような分析をするにしても、誰が何者であるかを調査者自らが対面的に問い続けてはじめて調査が可能になるのだと痛感した。

ボサビ語で「ゲ・オバ」、トク・ピジンで「ユー・フーサイト」、日本語に直訳すれば「あなたは何者ですか」という問いかけは、初対面の人と出会った時に必ず使う言葉である。筆者の問いかけに対して、名前が答えられることもあったし、帰属するロングハウスや言語集団が答えられることもあったし、誰某の子供や兄弟であるという関係性が答えられることもあった。また人びとからの問いかけに対して、自分の名前を答えれば済むこともあったし、シェフェリンやフェルドの本を読んでボサビの暮らしに興味を持った日本の学生だと事細かに説明することもあった。誰が何者であるかについて事細かに知ることから人類学的調査が始まることを思い知り、一から調査計画を作り直すことを思い立った。

4 調査をやり直す

筆者は、外部から来た者のために建てられた小屋に当初住み始めたのであるが、当然日々の食事にも事欠くありさまであった。フィールドワークにはさまざまなスタイルがあると思うが、筆者が大学院生時代に学んだ日本の生態人類学の慣習として、現地で参与観察的に暮らすために最低限のものしか持ち込まないというスタイルがあった。そのスタイルにはさまざまな長所、短所がある。もっとも簡単に説明できる長所として、ボサビのようなアクセス困難な地域にも複雑なロジスティックスを考える必要なく入り込めるという利点がある。そしてもっとも顕著な短所として、誰かに頼ることなしには一日たりとも生存できないという難点がある。

しかし、その短所は、生態人類学として考えればむしろ長所と言えるものである。つまり、その場で自分自身が同じ暮らしをして長期的に生存できれば、それだけでその場に住まう人びとの生存について雄弁に立証できたことになる。また、否応なく参与観察の状況に自らを置くことになるのも、最低限のものしか持ち込まないが故である。申し訳なくも人びとに寝泊まりする場所を乞い、水や食べ物を乞い、さらに調査させてもらうことを乞う。乞う一方で、自分が人びとに何を返せるのかを交渉し、演説し、たまにトラブルになる。その乞い交渉する全ての過程が、人びとの互酬のネットワークに入りこみ、社会的なものに参与していく契機となる。

シバラマの人びとには一人ひとり名前がある。人びとの名前を覚えていったのは、必ずしも生活時間調査のためという訳ではなく、むしろ日々の生活のために必要だったからである。滞在当初は名前と顔が全く一致しなかったのであるが、いつのまにか名前を持つ一人ひとりと筆者は関係を持つようになっていった。そして名前を持った人びとは、当たり前のことながら筆者とだけ関係を持つのではなく、人びとの間でそれぞれに密接な、あるいは希薄な関係を持ち、互いの生存や日常を規定している。

そのような社会的なものの中に入り込み、また生業の大まかな姿が見え始めたところで、初回の滞在はそこでぷっつりと終わりを迎えた。指導教員の調査プロジェクトに便乗して滞在していたわけで、予算も期間も限られていたからである。ようやく、少なくともシバラマの人びとについては顔と名前が一致したのに、一人ひとりがどんな個性を持ち、どんな感情を筆者に向けているのか分かり始めたのに。もったいないことであるが時すでに遅しである。

その後、筆者は、博士課程において文化人類学を学び直し、改めてボサビの地に訪れたのは一九九八年であった。その調査は一九九八年の一一月から一九九九年の一一月まで。その次の調査機会は二〇〇三年の八～九月、そのまた次は二〇〇六年の八～九月であった。本書の基本的なデータは、長期に滞在した二回目の調査において得たものがほとんどであり、初回、そして三回目、四回目のデータはそれを補足的に説明するものである。

それら引き続く調査において、マオメとユワレには特にお世話になった。マオメが姉、ユワレが弟の姉弟、共に四〇歳前後（一九九八年時点）の既婚者である。初回の調査では、二人と特別に関係が深かった訳では無い。ユワレは初回の調査の途中まで、シバラマから一〇〇キロほど南に位置する商業伐採の現場に出稼ぎに行っており、彼がシバラマに帰ってきたことも筆者は調査の後半まで気付かなかった。マオメも生活時間調査を試みるまで、他の女性と見分けが付かなかった。しかし、ある日、足の甲に大怪我をして顔面蒼白になったマオメが筆者の寝泊まりする小屋に担ぎ込まれた。畑仕事中に誤って斧を足の甲に叩きつけてしまったようである。骨か腱か、何か白いものが見えている大怪我だったので、さすがに看過できずその場で簡単な手当てをし、また数日おきに消毒と包帯替えを行った。そのような怪我でも死の原因になってしまう過酷なシバラマの衛生状態であるが、幸いにもマオメは筆者が帰国するころには何とか歩けるようになっていた。

二回目以降の調査において、マオメとユワレの属するロングハウスコミュニティに受け入れてもらえたのは、やはりその出来事が一因であったと思われる。また二回目調査の前年に夫が亡くなり、マオメが寡婦となっていたのも一因であろう。さらに、初回では状況がよく分かっていなかったのだが、ユワレは、パプアニューギニアの地域自治組織であるLLG（ローカル・レベル・ガバメント）におけるシバラマ代表委員であった。LLGといっても、グローバルな行政システムが機能していないボサビ周辺では実権のない名ばかりの組織であるが、一応「シバラマ村長」というべき立場にユワレはあった。頼まれたら断れない気のいい人物だからこそ、実質的な実入りのない代表委員を引き受け、また得体の知れない日本人をコミュニティに受け入れたのだろう。一方、最低限のものとはいえ珍しい日本の物品を分配する、たどたどしい会話であるとはいえ都市や外国の情報

写真1-4　シバラマ近景（1999年3月筆者撮影）

を語る者を他の村に渡したくなかったというのも、ユワレが筆者と仲良くしてくれた理由であると思われる。

とにかく、このようにして筆者はボサビの人びとと出会い、シバラマのシステムの中に入り込んだ。マオメとユワレは筆者が入り込んだシステムにおける顔と名前のある人間の代表であるが、本書で紹介しない人でもシバラマの人であれば、二人に負けず劣らず濃密な関係を持つようになった。他の村の人びとについても濃淡の差はあるが、やはりもはや見ず知らずの他者ではない。人びとだけではない。ユワレの所有するイヌ、マオメの飼っているブタ、畑の作物、森の木々、おいしい水、村をつなぐ大小の道、間近に見えるボサビ山の頂、身の回りの全てのものは、二回目の調査以降見ず知らずではなくなった（写真1―4）。

5　システムについて

本書では、そのように見て知った人びとや動植物や環境について、それらがどうやって生きているか、存在しているかをできる限り詳細に記述していこうと思う。ただし、その場に存在する全てを知り得た訳ではなく、生態人類学の視角の範囲内での観察に基づく記述にしか過ぎないとも言える。生態人類学の視角について、生態学や人類学の方法論を観察や分析に用いていくという説明の仕方もあるが、人びとの暮らしに対してシステムという概念を適用してみたり、適用することを検討したりという説明の仕方もある。エコシステム＝生態系という概念はすでに人口に膾炙したシステムの一つであり、さらに人間や動植物が個体として生命を維持している生命システム、人間や他の存在がエコシステムとは異なる形式で集合する社会システムのような他のシステム概念もある。それらシステム概念を使い分けながらボサビの暮らしを記述していくのが、二回目以降の調査の目的であったし、本書の目的の一つである。

生態人類学という学問分野は、人間の暮らしに対してエコシステム概念を適用してみる試みから始まったと言える。ニューギニアのマリンという集団におけるラパポートの研究（Rappaport 1968）などが、その嚆矢であろう。マリンの人びとの生産と消費、そして人口再生産が、その地域のエコシステムの平衡状態の中で規定され、また逆に平衡状態を作り上げる。人びとの行為や社会の在り方を規定するメカニズムが明確に提示された説得的な試みであった。ラパポートらの試みが生態人類学の起源であるというには、生態人類学の展開はもっと複雑なのだが、その検討はボサビの人びとの暮らしを記述した上で行ないたい。少なくとも筆者がニューギニアで調査を始めた理由の一つに、その試みに憧れがあったというのは確かである。

一方、すでに疑問を呈したように、誰がシバラマ村民なのか、ボサビなのかという社会の在り方について、エコシステム概念を適用しても部分的にしか説明できる気がしない。システムという言葉は、エコシステムだけではなく、社会システム、文化システム、経済システム、世界システムなど、人間の営みに対して適用される概念にも使われる。また、生命システム、コンピューターシステム、ソーラーシステム（太陽系）など非人間に対する概念にも用いられる。人間が認識できる存在を構成要素に分割しながら、一方で集合として記述できるシステムという言葉は非常に便利である。ただ便利に記述できるだけではなく、なぜその要素が存在するのか、なぜそれがまとまって存在するのかを、互いの関係から説明できる点がシステム概念を用いる意義である。しかし、対象がどのようなシステムであるのか、システムとして記述すると何が明らかになるのかを整理しておかないと、複数のシステムが適用されうる人間の研究を進めることができない。

人間が何を生産して何を消費するのかというテーマについて、生態人類学者は生業システムあるいは環境利用システムという言葉を用いて説明してきた。ラパポートらは、エコシステムのサブシステム、つまりそれ自体が活動や技術や作物を要素として包含するシステムである一方、エコシステムに包含される一要素として生業システムをとらえていた。ボサビの人びとの倒木放置畑やサゴヤシ利用もさまざまな要素を含み、生業システムという言葉を用いることは問題なさそうである。しかし、生業が人間の行為であり知識である面を無視するべきではなく、エコシステムのサブシステムというだけではない存在として、ボサビの生業システムを記述していきたい。

生態人類学が提唱された後にも、他の学問分野においてシステム概念にかんするさまざまな議論が展開されてきた。その中でも着目すべきなのは、自己組織化あるいはオートポイエーシスにかんする議論である。自己組織化にかんしては、人間以外にも広範な事物に対して適用が試みられている概念であり、ボサビの暮らしを記述していくには議論が散逸してしまう。オートポイエーシスは、社会学者ルーマンによって社会システムの説明に応用された概念であり、こちらの方が本書の記述の範囲内に収まるだろう。どちらの議論も、集合が形成される仕組みに焦点を当てた概念であり、さらにその言葉通り形成された集合はそれを持続する仕組みを自ら持つという考え方である。なお、一般システム論、特に生物学の立場から提起されたオートポイエーシスは自己組織化の過程に着目した概念であり（Varela, Maturana, and Uribe 1974）、一方、ルーマンはその英語表現通り自己言及性、つまりシステムが要素や境界を自己言及するという過程に着目している。ルーマンの考え方の中では両方の過程が統一的に語られているが、本書ではひとまず一般システム論の文脈で使う場合はオートポイエーシス（自己組織化）、社会システム論の文脈で使う場合はオートポイエーシス（自己言及性）、そして統一的に考える場合は括弧無しというように表記を使い分けていく。

ルーマン自身の説明を付け加えるなら、「オートポイエーシスという用語は、生命を定義するものとして考案された。（中略）さしあたり、心的システムもそして社会システムでさえも、生命システムであるということに問題は無いように思える。生命を欠いた意識や社会生活がありうるだろうか」（ルーマン二〇一六：七頁）というように、オートポイエーシスという概念によってシステムを統一的にとらえることが試みられている。システム概念を出発点の一つとした生態人類学にとって、なんと魅力的な試みであろうか。しかし奇妙なことに生態人類学とその周辺分野において、オートポイエーシス（自己言及性）を中心とするルーマンのシステム理論が検討されることはほとんどなかったように見える。ただ皆無という訳ではなく、日本の生態人類学的研究では、例えば北村が考察の枠組みとして用いてきた（北村 二〇〇八：二〇一四）。

北村は、ルーマンの論考における広義の社会システムの三類型、すなわち「相互作用システム」（北村の表記では相互行為システム）、「組織システム」、狭義の「社会システム」、を実証的に検討することを主な目的としていた。ケニア牧畜民トゥルカナ、岡山県白石島およびミクロネシア連邦ヤップの人びとの、対面的コミュニケーションによって構成される「相互作用システム」を具体的に例示しながら、行政や観光業者など外部のアクターも含めたコミュニケーションによって構成される「組織システム」、さらによりグローバルな広がりを持ち両者を包含する狭義の「社会システム」と対比させることによって三類型を実証しようと試みたのである。

この広義の社会システムにおける三類型は、本書でもボサビという集合を理解するために用いていきたい。ただ、北村の論考においてもオートポイエーシス（自己言及性）がどのような概念かについて詳しく述べられている訳ではなく、広義の社会システムと他のシステムとの異同がよく分からない。改めてルーマン自身の論考に立ち返ると、彼は「オートポイエティック・システムの理論にとって、社会システムの基底的な自己言及的過程の基礎的単位の位置を与えることができるのはコミュニケーションだけといえる」（ルーマン 二〇一六：一八頁）と定義付けている。初見では何を言っているのか意味不明な定義付けであると感じられるが、エコシステムがエネルギーと物質を基礎的な単位としてきたのに対して、コミュニケーションを単位として挙げているのが特徴であると言える。この定義付けの可能性についておいおい検討していくことになる。

どのようなシステムであっても、システムは構成要素とそれ以外を分ける境界を持つと定義される。現代のシステム論では、エネルギー、物質、情報が内部と外部でやり取りされる開放系のシステムを観察あるいは構築することが一般的だが、それでも「内部」と「外部」という区別を想定している。オートポイエーシスの考え方は、境界をシステムが自ら構成する性質に着目することから、特に開放系のシステムを観察するのに向いていると言える。本書で、エコシステム、社会システム、生業システムがどこに境界を持つのかは、それぞれのシステムを説明しながら検討するつもりであるが、まずはおおまかにそれらを観察してきたニューギニア、そしてその高地周縁というフィールドについて簡単に説明しておきたい。

フィールドというあいまいな言葉はなるべく使いたくないのだが、一九九三年から二〇〇六年までのニューギニア高地周縁という時空間のことを指していると言い換えてもいい。ただ、筆者の従事する人類学的フィールドワークという営みを表現するには、やはりあいまいな言葉の方がふさわしい。シバラマにたどり着いた様子や、マオメとユワレとの出会いなどを描いてみたが、少なくとも筆者にとってフィールドの選択は恣意的であいまいな理由に基づいていた。生まれ育った日本というフィールドからニューギニア高地周縁というフィールドに移り住んで初めて、システムという概念を適用できそうだと思い立った訳である。フィールド自体がシステムかもしれないし、システムの境界はその時空間にないのかもしれない。そのような無前提な状態でフィールドを紹介してみよう。

6 ニューギニア高地周縁というフィールド

ここまで本書を注意深く読んだ読者は、「ニューギニア」および「パプアニューギニア」の二つの呼称がある、表記ゆれに気付かれただろう。「ニューギニア」と「パプアニューギニア」は異なる場である。ニューギニアは人間の身体や、動植物や山や川が存在する物質的な場を表す。一方、パプアニューギニアは政治や経済や紛争の存在する社会的な場を表す。本書は、エコシステムと社会システムが相互に関係することも論じていきたいので、「ニューギニア」と「パプアニューギニア」が一体であるように見えることもあるかもしれないが、エコシステムと社会システムは異なった存在であることは前提としておきたい。

現在、ニューギニアにおける生業にかんする研究は、パプアニューギニアをフィールドとしたものが多く蓄積しているが、パプアニューギニアにおいて生業にかんする国家単位の統計が存在しないため、その分析は民族誌としての各論に留まる傾向がある。オーストラリア国立大学のチームが多大な時間と人員を費やしてパプアニューギニア全土の食糧生産・消費システムを網羅的に記述した一連の業績（まとめとしてはBourke and Harwood 2009）が、在来の生業システムの地理的分布、歴史的推移を理解するための唯一の情報源であると言っていい。ここまでも、これからもニューギニアおよびパプアニューギニアにかんして、個別に明記する情報以外は、概ねその業績に基づいて本書の記述を進めていく。ただし、Bourkeらの記述も、本書の対象地域である高地周縁地域に関しては前述のシェフェリンやフェルド、その他の人類学者の民族誌が情報源であり、筆者の観察と調査はそれらの研究を補完する意味合いも持っている。

まず、ニューギニアおよび高地周縁という物質的な場の特徴を簡単に紹介する。ニューギニアは、厳密には世界第二位の面積を持つ島、ニューギニア島を指す。地理的に距離の離れていない周辺の島々を含むこともできるが、内陸部に焦点を当てて記述する本書では特に含まなくてもいいとも考えられる。ニューギニア島は、概ね南緯〇度から一一度、東経一三一度から一五一度の間に位置し、面積は約八〇万平方キロメートルである。経度から見ればほぼ日本列島の真南に位置し、緯度から見ればいわゆる熱帯に位置する。

ニューギニア島の東部から西部まで中央を山脈が走り、その周囲の概ね標高一〇〇〇メートル以上の地域を高地地域と呼ぶ。中央山脈を源とする、セピック、マンベラモ、フライ、ティグルなどの大河が北流および南流し、流域には平坦な土地が広がる。それら流域の概ね標高五〇〇メートル以下の地域を低地地域と呼ぶ。高地地域と低地地域の間の、概ね標高五〇〇〜一〇〇〇メートルの地域を高地周縁と呼ぶ。高地地域と低地地域の区分は、ニューギニアに関する人類学や地理学の研究において一般的に使われる名称であるが、高地周縁という区分はその地域を研究している者にしか通じない可能性がある。しかし、標高だけではなく気候および動植物相を考えた場合、生態学的にも人類学的にも意味ある区分であると考えられる。

高地周縁地域の他地域との最も顕著な差は降水量にある。標高の高い土地に隣接しているため、海および低地から移動してきた空気塊は断熱膨張によりこの地域に集中的に雨をもたらす。McAlpineの比較によれば、年間降水量四〇〇〇ミリ以上の地域がこの高地周縁に帯状に広がっているのが分かる（McAlpine and Keig 1983: 71-83）。ボサビの居住地域には雨量計が設置されていなかったのだが、周辺のノマッド・リバー観測所の雨量計で

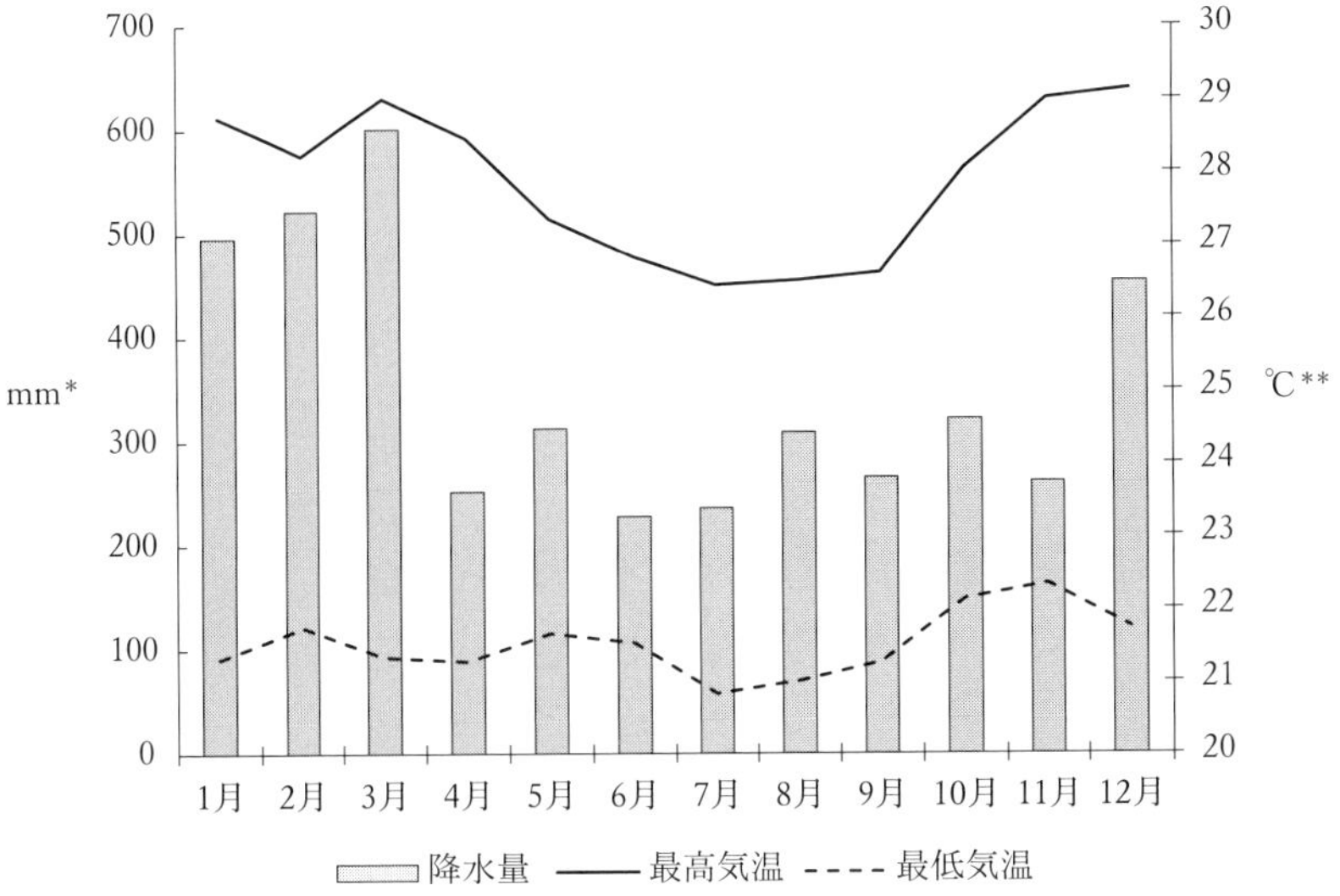

図1-3　高地周縁地域の降水量および気温の推移
*降水量は、ノマッド・リバー観測所における1951～66年の平均値（McAlpine, Keig and Short 1975: 33）
**気温は、1998年12月から1999年11月までのシバラマにおける筆者による測定値

は年間降水量四二七二ミリ（一九五一～六六年の平均）、クトゥブ湖観測所では四七三五ミリ（一九五一～六六年の平均）に達している（McAlpine, Keig and Short 1975: 29-33）。当然、熱帯雨林の樹種が極相を構成する。また特定の樹種であるが、食用資源として重要な位置を占めるサゴヤシは、標高一〇〇〇メートル以下、高地周縁から低地の水資源の豊富な地域の湿地にしか自生しない（図1―3、写真1―5）。

ニューギニア全体で見れば、その気候は熱帯雨林気候区分であり、熱帯雨林をその極相とする。しかし、高地地域は、その標高により気温はより冷涼で降水量はそれほど多くなく、低地とは異なった樹種が極相を構成する。そして本書でも後に言及するが、人間活動によって森林が消失し、草本が目立つのも高地地域の特徴である。低地地域には熱帯雨林が広がるが、海岸部に近いほど降水量が少なくなり、また気温、降

写真1-5　ボサビ山（2006年9月筆者撮影）

水量の季節性（雨季と乾季の差）が顕著になる。特に緯度の高い南側でこの傾向が見られ、サバンナの植生が広がる土地もある。

ニューギニアは動物地理学上、オーストラリア区に区分される。つまり、コウモリ以外の有胎盤類の陸生哺乳類が人間の介在なしには存在しない（厳密には数種のネズミ類がいる）という動物相の特徴を持つ。また、アカカンガルーなどの大型有袋類の生息するオーストラリアとは異なり、熱帯雨林の環境下、キノボリカンガルーなどの森林性の小型有袋類が多く生息する。家畜化された哺乳類の在来種はなく、従来からニューギニアで飼養されてきたブタとイヌはいずれかの時代に人間と共に移動してきた動物である。

社会的な場としてのパプアニューギニアは、一九七五年に独立した近代国家である。ニューギニア島の東半分は、一九世紀末からイギリスとドイツの植民地支配を受け、その後オーストラリアによる信託統治の時代を経て、パプアニューギニアとして独立した。一方、ニューギニア島の西半分は、オランダの植民地支配を経て、現在インドネシアの領域の一部(パプア州)として区分されている。ニューギニア島が西洋諸国によって植民地化される以前、生業の多様性と分布、人びとの行き来やコミュニケーションも島内で連続的であったはずだが、現在その連続性を確認することは困難である。パプアニューギニア側は、植民地、信託統治の時代を通して行政文書が作成され、二〇世紀に入ってからその記録に人類学者による豊富な民族誌が加わった。一方、インドネシア側は研究者などの国外からの入境が厳しく制限されていたため、民族誌をはじめとする情報が蓄積していないのが現状である。

パプアニューギニアには七〇〇を超える言語が存在するとされ、七〇〇万人程度の全国人口のうち、最大の言語集団エンガでも四〇万人程度しかいない(National Statistical Office 2014)。さらに、憲法で慣習法、つまり集団ごとの規範の有効性が保障されており、特に生業に関係のある土地所有と資源利用に関して慣習法が優先されている。生業と集団のまとまりが統制される条件が少ない国家なのだが、そのことは翻って国家による開発が進まないことになる。国民一人当たりのGDPを見るとパプアニューギニアは決して最貧国ではないが、政治による合意形成が困難な結果、道路や電気、水道、通信などのインフラストラクチャーがほとんど整備されていない。その結果、富が偏在する一方、国内における流通が限られ、各集団は自給自足的に生業を営む必要がある。ただし国家による統制がないことは、開発が全くないことを意味しない。多国籍企業と各集団の契約による開発、特に地下資源や木材などの開発が、その資源が存在する地域で現在進行中である。

調査時点においてボサビの人びとは、南部高地州、タリ郡、オロゴ国勢調査区分に属していた。その後、南部高地州からヘラ州が分離したり、LLGの仕組みがこの地域でも機能するようになったりして、現在のボサビの人びとの行政上の属性は調査時点と異なっている。すなわち、南部高地州、ニパ・クトゥブ郡、マウントボサビ地区に属する三つのＬＬＧ（Ludesa, Bona, Wanagesa）が、本書執筆時点のボサビの人びとのまとまりである。この属性の変化については後に考察してみようと思うが、差し当たりさまざまな分析に関係する調査時点における属性を今後の記述でも使っていく。

行政が使用してきたオロゴ国勢調査区分という名称は、一九五〇年代前半にこの地域で初めて体系的な調査を行なったパトロール・オフィサー（信託統治領の巡回行政官）が名付けたものと考えられる。パトロール・オフィサーが、クトゥブ湖のパトロール・ポスト（巡回行政官拠点）から派遣されていたために、クトゥブ湖から最も地理的に近接であるオロゴというグループの名称が使われたのである。このパトロール・オフィサーによる行政的記録であるパトロール・レポート（National Archives of Papua New Guinea 1934-1975）は、本書で過去の状況を読み取るためにこの後も使用していく。

ボサビの人びとは、隣接することによる方言の一致と歴史的および社会的な結び付きから、一二の村落（図1―2参照）を大きく四つのグループに分けて認識している。ワス（Wasu）、ディデサ（Didesa）、スグニカ（Sugunika）、ワビミセン（Wabimisen）の四村落がオロゴ（Orogo）。ボナ（Bona）、ムルマ（Muluma）、オラビア（Olabia）、タビリ（Tabili）の四村落がカルリ（Kaluli）。ガムバロ（Gambalo）、ワナゲサ（Wanagesa）の二村落がワルル（Walulu）。シバラマ（Sibalama）ワスウェイド（Wasweido）の二村落がウィセシ（Wisesi）と呼ばれている。

この中のカルリという名称は、ボサビの人びとを指すものとして現在でもアカデミズムの文脈で用いられる。この名称は、一九六〇年代後半にこの地域で初めて総合的な人類学的調査を行なったシェフェリンによって使用され（Sheffrin 1977）、「カルリ語」を話す言語集団の名称として、現在でも言語学の分野では広く用いられている（Palmer 2017）。筆者も以前はボサビの人びとを指すのにこの名称を用いていたが（cf Odani 2002）、シェフェリンらがボサビという名称を用い始めた（cf Schieffelin 1996）のを機に使用を改めた。シバラマをはじめとする、「カルリ語」話者でありながら、「カルリ」地域には住んでいない人びとをどう表現するのかが困難だからである。本書では、人びとを指す言葉としてボサビの名称を用い、また混乱を避けるため人びとの言葉もボサビ語と表記していく。

ボサビ・ランゲージ・ファミリー全体についても、行政による区分、地理的状況による区分、人びと自身による区分が不明瞭かつ不一致である状態にある。図1―1に示した各言語集団の位置は、調査時点で最も信頼のおけたショウの記述（Shaw 1986）を基に、筆者が実際に訪問して、あるいは人びとに聞いて補正したものである。しかし、ショウの論考においても、例えばサモとクボが同じ言語なのかどうかは依然不明瞭なままである。ボサビ・ランゲージ・ファミリー全体としてはニューギニア島高地周縁に居住する人びとの言語であることは間違いない一方、行政的区分は人びとの認識とはかけ離れている。ボサビの人びとから見てベダミニやハシフは地理的にも社会的にもとても近い関係であると考えられているのに対して、行政的にベダミニ、ハシフ、サモ、クボ、ゲブシは西部州に区分されている。パトロール・レポートを調べるにも、人口統計データを参照するにも、南部高地州と西部州のデータに分断されて集団間の関係が見えないのが現状である。

7 フィールドあるいはシステムの内と外

フィールドに関する説明だけでは、その場に生起したり継続したり消滅したりする事物の間の関係は分からない。それら事物の関係を明らかにすることが筆者の調査の目的であり、これからの章で記述していく内容である。そして、どこまでがボサビであり、どこまでが高地周縁なのかという設定も、やはり事物の関係性を示してようやく可能になる再帰的な行為である。ただ、ニューギニア高地周縁という物質的な場に関しては、標高であったり降水量であったり、その内側と外側を弁別できる明確な特徴がある。

物質的な場における人間以外の事物、つまり野生の動植物、丘陵や川、太陽や雨は、人間と関わらなくても勝手に存在しており、勝手に一定の状態を保っている。つまり、湿地にはなぜか一定数のサゴヤシが生えるし、森林には一定数のキノボリカンガルーが見つかる、川はある形で流れ続けているし、午後の遅い時間になると必ず雨が降る。それぞれの一定の状態には、それを持続させるエコシステムのオートポイエーシス（自己組織化）の過程があるはずだが、本書ではそこまで追究しない。それは生態学的研究が蓄積していくことによって徐々に明らかになることだろうし、蓄積していくことを生態学の後生に期待したい。

一方、ボサビの人びとはサゴヤシやキノボリカンガルーの生死に少し関わる、時々川をせき止めたりするし、雨を避けるための家を建てたりする。また、いずれかの時代に人びとはイヌやブタと共に物質的な場の外側からやってきて、その後も継続的に外側の動植物を持ち込んできた。人びとがエコシステムのオートポイエーシス（自己組織化）に組み込まれたり修飾を加えたりする様子、そしてエコシステムの中で集まって暮らしている人びとの間のコミュニケーションが一定の状態を保つ様子を記述していくのが本書の試みである。

人びとは物質的な場の内側と外側を越境するし、外側ともコミュニケートする。ボサビの人びとは「未開」ではない。グローバルな状況から切り離されてはいない。過去の何らかのグローバルな状況の中、いずれかの時点で人びとは高地周縁という場に移動してきた、そして現在、人びとは国家や貨幣経済や西洋医療を知っているし、可能であれば参加する意思はある。少なくとも一人ひとりは、筆者以上に合理的な行為の評価もするし、意思決定もする。

ただし、人びとが集まって住まっている社会的な場は「未開通」である。人びとはその場を自分たち自身で開発しているが、外部の物質的・社会的場との交通、通信は整備されていない。この「未開通」の状況は、ニューギニアという地理的位置、およびパプアニューギニアという国家の歴史的な過程によって生み出されていると言える。また、ボサビの周辺は、その地理的位置および歴史的過程によって、パプアニューギニアの中で特に「未開通」な場である。具体的には、交通網や電力網などコミュニケーションを媒介するインフラストラクチャーの建設を阻む起伏の激しい地形、そしてさまざまな要因による人口密度の低さがその理由として挙げられる。徒歩で移動できる範囲で対面的コミュニケーションによって構成される場、あるいは「相互作用システム」の内側が本書の対象とする社会的な場であると言える。

ボサビの人びとの生業、つまりバナナやその他の食べ物をどうやって生産しているのか、それらの食べ物は十分なのか、不足しているのか、生産するのに働きすぎなのか怠惰なのか、筆者はそれらの問いを明らかにしたかった。そして、それらを知る過程で、ボサビとは誰なのか、誰が働いて誰を養うのか、家族や村の人数が何人までなら十分な食事ができるのかというように、人びとのアイデンティティや集合性を理解する必要があることに気付いた。やはり、具体的な記述は社会的な場における人びとのまとまりにかんする分析から始めたい。すなわち、ロングハウスに共に住まう人びとの詳細、それを次章で論じていく。

第2章

ロングハウスに住まう

1 シバラマのロングハウス

初めてシバラマに滞在した筆者がロングハウスに住まなかったことは第1章で紹介したが、その後の調査では三つあるシバラマのロングハウスのうちの一つに無事住むことになった。マオメとユワレも住むゴボリシ(Gobolisi)というロングハウスである。初回に滞在したから当然であるが、ボサビの中で最も筆者と密な関係を持ったのがシバラマの人びとであり、たまたま筆者の存在価値を認めてくれたのがゴボリシの人びとであったからである。筆者の持ち込む最低限の物品、塩や化学調味料やサバ缶に価値を認めた人もいるし、筆者が語る首都ポートモレスビーや高地地域、さらには世界の情勢に関心を持った人もいるし、日本人の大学院生というものに好奇心を抱いた人もいた。シバラマの人びと全員と何らかの関係をすでに築いていたのだが、いろんな偶然が重なってゴボリシの人びとの関係性の中に筆者が密に組み込まれることになった。

ゴボリシ、そしてワリソー(Waliso)、アナシ(Anasi)がシバラマの三つのロングハウスの名前である。ロングハウスは当然ながら英語による表現であり、直訳すれば長屋ということになるだろうか、つまりは建物を表す言葉である。五〇人程度が寝たり、調理したり、会話したりするスペースを持つ、かなり大きめ(幅一〇メートル、奥行き四〇メートル、高さ一〇メートル程度)の建物である。ボサビ語でその建物について表現すればアァ・ミシェン(Aa Mishen)である。アァは「家」であり、ミシェンは「頭」、つまり「主要な家」という感じの表現

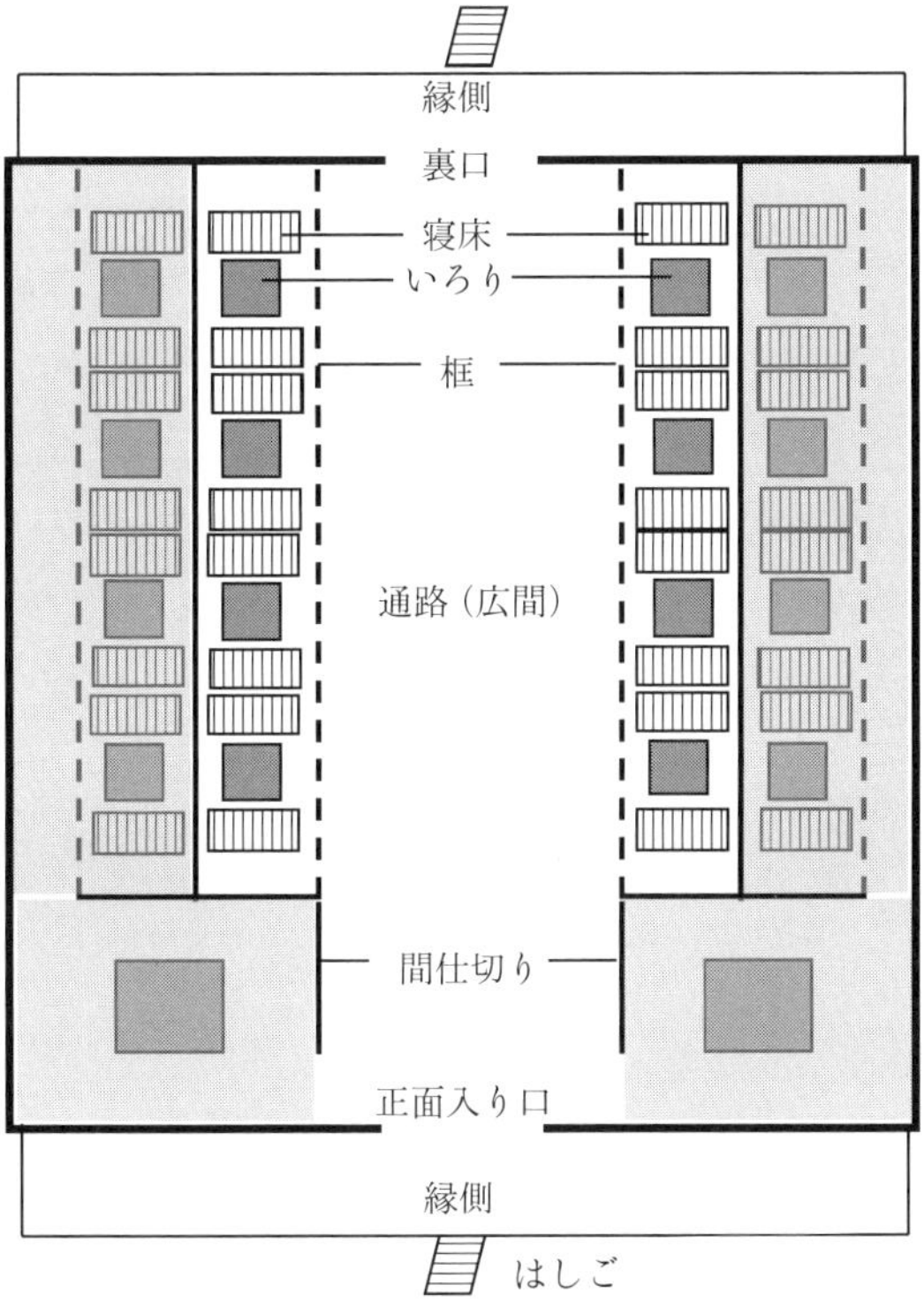

図2-1　ロングハウスの内部構造

である。その構造を平面図にすれば図２―１のようになる。

高床で作られているので、丸太を削ったはしごをつたって家に入るのだが、そのはしごが細く滑りやすいので、慣れないと建物の中に入ることも容易ではない。建物の前後には縁側が作られている。明るい場所で雨に濡れず過ごすことができるので、会話したり作業したりといった営みがそこで行なわれることも多い。建物の中に入ると、幅三メートル程度の通路が設けてある。シェフェリンの民族誌（Schieffelin 1977）のメインテーマとして記述されたように、踊りと歌を伴うイベント（ギサロ：写真２―１）もそこで行なわれるので、

写真2-1　ロングハウス内で披露される「ギサロ」(1998年12月筆者撮影)

通路というより広場あるいは舞台と表現することもできるだろう。通路を囲むように、既婚男性の寝床と囲炉裏が備え付けられている。男性の寝床の後ろには一・五メートルほどの高さの間仕切りがあり、間仕切りの後ろに配偶者である女性および子供の寝床と囲炉裏がある。女性と子どもの寝床の後ろ、つまり壁際には人ひとり通れる程度の通路が設けられている。壁には小さな窓が作られることもあるが、概ねロングハウスの内部は昼間でも暗い。

通路と寝床・囲炉裏部分の間には段差があり、日本の框のように太い構造材で仕切られている。また、図2―1の網掛けの部分に居住者以外の者が入ることは基本的にない。外部の者は、通路(広間)に通され、框部分に腰掛けながら住民である男性と会話することになる。つまり通路(広場)と男性の寝床・囲炉

写真2-2　ロングハウス内で集会を行う人びと(2006年8月筆者撮影)

裏はロングハウスの外側とのインターフェースであり、内なる公共空間であるとも言える(写真2―2)。一方、間仕切りの後ろ側はロングハウスの構造的な内側であり、ロングハウス住民の私的空間であるとも言える。正面入り口近くの囲炉裏部分は、少しあいまいな場であり、住民は男女共もちろん使用するが、もう「子ども」とは呼ばれなくなった成長した子どもたち、他のロングハウスから里帰りしてきた、あるいは離別／死別して帰ってきた女性たちが主に集まる場である。

以上のようなロングハウスの構造は、動物の体の構造にとても類似している。つまり、外壁があり、消化管のように内側にも外界とのインターフェースを持ち、体節のように配偶者同士の区画が整然と並ぶ。一方、すべての建材は、周囲に存在する植物を素材としている。構造材となる太い柱、梁は、必ずサンおよびバボックという木が用いられ、その他の横木などについてそれほどこだわりはないが、丈夫な木材が使用される。床材は厚めの樹皮あるいは割った竹材が用いられ、壁にも同じ素材が使われる。屋根はサゴヤシの葉で葺かれ、サゴヤシの葉柄を割いたものを編んだマットも床材、壁材として用いられる。全ての素材は籐をはじめとする植物繊維を用いて接合される。

2 ロングハウスコミュニティ

ロングハウスの建物がアァ・ミシェンと呼ばれることはほとんどなく、日常的にそれを指す言葉は、例えばゴボリシであれば、それにアァを付けて「ゴボリシの家」と表現する。そして、そこに住まう人びとの集まり、ロングハウスコミュニティを厳密に抽象化できる言葉はボサビ語にはなく、ゴボリシ、ワリソー、アナシとそのまま表現される。ただ、これから説明するように、その集合性はボサビにおいて、さらにボサビ・ランゲージ・ファミリーにおいてかなり共通しているので、本書ではこのままロングハウスコミュニティという抽象化を続ける。ロングハウスコミュニティは、パトロール・オフィサーが巡回していた頃からボサビ周辺の地域における「村落」の表現として使われており、このような建物と社会的集合が一致するものに対する英語表現として他地域においても一般的なのだろう。例えば、遠く離れたボルネオ島イバンの人びとのロングハウスコミュニティにかんしても多くの研究があり（内堀 一九九六）、その集合性はよく似た状況にあると言える。

ロングハウスに住まう人たちは親子関係、婚姻関係によって結び付いている。ボサビの人びとの感性に則するなら、どちらも兄弟姉妹関係と言い換えた方がいいかもしれない。古典的な社会人類学の用語を使って説明していくと、まず、人びとは父系リネージに帰属意識を持っている。この父系リネージは、動物などをトーテムとする父系クランに統合されるが、このクランは複数の言語集団にまたがっている。例えば、アモ（Amo：キバタン）というクランは、シバラマからワナゲサ、ガムバロ（図1―2参照）のボサビ語を話す村々、そしてアイメレ語、ハシフ語を話す村々（図1―1参照）に広がって存在している。

シバラマの三つのロングハウスコミュニティをクランとリネージの構成から描くと、まずゴボリシには、ウェン（Wen：スズメバチ）・クランのゴボリシ・リネージ、ヨル（Yolu：ミドリニシキヘビ）・クランのワリソー・リネージが共住している。ワリソーには、ヨル・クランのワリソー・リネージ、ケム（Kemu：シロクチニシキヘビ）・クランのムルマ（Muluma）・リネージ、ガサ（Gasa：イヌ）・クランのワナゲサ（Wanagesa）・リネージが共住している。アナシには、ウド（Udo：パプアンデスアダー）・クランのアナシ・リネージ、アモ・クランのウェネン（Wenen）・リネージ、ケム・クランのムルマ・リネージが共住している。それぞれのクラン、リネージの並べた順番は、調査時点における人数の多さの順である。

これらの構成で分かるように、ロングハウスコミュニティの名前は中心となっているリネージの名前である。ちなみに、他の村であるワナゲサ、ムルマは、単一のロングハウスコミュニティで形成された村であり、中心となっているワナゲサ・リネージ、ムルマ・リネージがそのまま村名になっている。シバラマの村落は、地理的にワリソー・リネージの所有する領域内に位置し、ワリソーとゴボリシが村落内にロングハウスを持っている。アナシは村落外にロングハウスを持っており、また実はゴボリシは村落外にもう一つロングハウスを持っている。

アモのように複数の言語集団にまたがるクランもあるのだが、同じクランに属する人びとは、共通の祖先および土地創造神話を持ち、土地の境界が認識されている。歴史的にそれらのクランが形成された時点に遡れば、過去にはクランごとのロングハウスコミュニティが存在したのかもしれない。しかし、そのような過去に遡れる文字資料は存在しない。現在この地域におけるクランの概念は多分に象徴的なものであり、日常の生活においてほとんど気にされていない。このクランに基づいて紛争が処理されたり、同盟が結ばれたりする訳ではなく、いわゆる社会の分節構造があるようには見えない。ボサビの人びとが土地所有や婚姻関係において単位として認識しているのはリネージである。

リネージは、近隣の高地地域の集団であるフリ（Huli）などでは、双系的な出自であると論じられることが多いが（Glasse 1959）、ボサビでは厳密に父系である。土地や資源は父系の子孫にのみ相続されるし、リネージから婚出していった女性も帰属は一生出生リネージにあるとされる。また、同じリネージに属する男女は兄弟姉妹であり、結婚できない。しかしこのリネージも、日常における生業の組織や、紛争や同盟の単位になっているとはあまり言えない。ボサビやその周辺の言語集団において、生業の組織や出自として意識されているのは、やはりロングハウスコミュニティである。

ロングハウスコミュニティは、姉妹交換婚、つまり男性同士がそれぞれの姉妹を交換することが推奨される慣行が複数世代繰り返され、複数の父系リネージが結び付くことによって構成されている。この慣行は、姉妹交換婚をする場合としない場合では、婚資（夫側から妻側に支払われる財産）が一〇倍以上違うという実践によって保たれている。姉妹交換によっては、リネージ同士だけではなく、それによって出来上がる二組の核家族世帯も強い結び付きを持つようになる。サゴヤシ利用の作業などにおいて協業がしばしば見られ、出作り小屋も共有することが多い。そしてこの二組において生まれてくる子供同士は、年少期の多くの時間を共に過ごすにもかかわらず、結婚相手になる可能性もある（現実的にはあまり頻度は多くなく、シバラマでは一組見られただけである）。

これまで世帯という用語を特に定義せずに用いてきたが、同じリネージの兄弟が構成する複数組の核家族、あるいはこの姉妹交換婚で結ばれた二組の核家族を本書では一世帯と数えていく。世帯という日本語からするとやや特殊な定義付けであると感じられるが、生産と消費を共にし、同居するこのようなまとまりは、やはり世帯と表現するほかない。世帯成員は、サゴヤシの生える湿地の周りの出作り小屋に共住し生業を共に行なう。村落内では世帯の家に共住し食事も普段から共にする。またロングハウス内でも隣り合った区画で寝起きする。このような関係に基づく世帯を構成していないのは、例えばシバラマでは、三四の核家族の中で実に一家族だけであった（その一世帯は核家族のみで出作り小屋および世帯の家を建てていた）。

ロングハウスに共住する人びとの関係を、ボサビ語による親族名称を用いて図示すると図2―2のようになる。図中の太い点線で囲った範囲はいわゆる父系リネージであり、必ず同じロングハウスに居住する人びとの組み合わせである。ただし、別のロングハウスに婚出していった女性は除かれる。また、理念的には祖父母から孫まで共住する可能性はあるが、一五歳平均余命が短いという疫学的状況から、実際に四世代以上同居していたロングハウスは皆無であった。

ロングハウスに共住するのは、太い点線で囲った範囲の者だけではない。姉妹交換婚で結び付いた複数の父系リネージが共住するとすでに記述した。その詳細は、細い点線で囲った同じ世帯を形成する可能性のある組

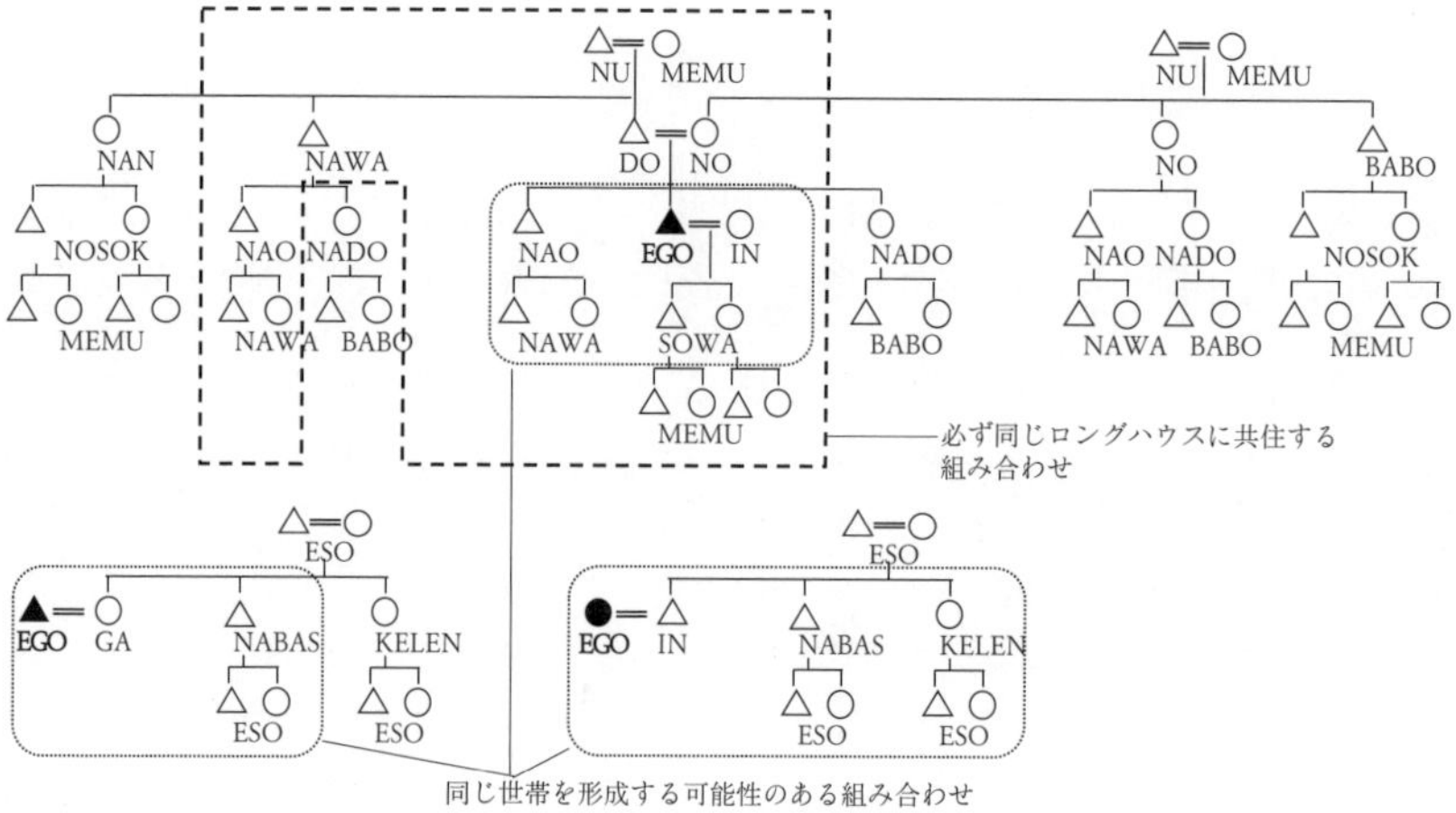

図2-2　ボサビの親族名称と居住形態

み合わせから説明できる。男性から見て、まず兄弟の核家族は同じ世帯を形成する相手になりうる。女性から見ると、夫の兄弟の核家族と同一世帯を形成することになる。一方、男性から見て、妻の兄弟は自分の姉妹と結婚している可能性が高く、同じ世帯を形成する相手になりうる。しかし、妻の姉妹は他のロングハウスに婚出している可能性もあるので、同じ世帯を形成するには困難が生じる。女性から見て、夫の姉妹は自分の兄弟と結婚している可能性が高いので、同じ世帯を形成する相手になりうる。以上のように形成された複数組の世帯がロングハウスに共住する（区画を持つ）状態を言い直すと、複数の父系リネージが共住している状態になる訳である。

兄弟姉妹が日本語の感覚と異なることも注意する必要がある。いわゆる平行イトコは「兄弟」「姉妹」と名称が同じであり、ボサビの人びとにとって兄弟姉妹そのものである。逆に、いわゆる交叉イトコは「兄弟」「姉妹」と名称は異なり、兄弟姉妹ではない。つまり、姉妹交換婚は、男性から見て親を同じくする姉妹および平行イトコである女性を交換することに

写真2-3　ゴボリシに嫁いで来た花嫁一行を歓迎（1999年6月筆者撮影）

なる。このことから、同じ世帯内、そしてロングハウス内に名称が重なる個人が多く存在することになる。姉妹交換婚が複数世代行われている結果、例えば、ある個人から見てイン（In）やガ（Ga）は同時にノソック（Nosok）である可能性は高いし、ノソックはナバス（Nabas）、ケレン（Kelen）と同じ可能性も高い。さらに、バボ（Babo）やナン（Nan）もしばしばエソ（Eso）である。

複雑過ぎてよく分からなくなってくるが、当の本人たちにとっては別に難しいこととは思われていない。男性にとって、同じ建物に住み食事や生業を共にする同世代の者はナオ（Nao）、ナド（Nado）、ノソックであり、ナオ、ナドとは一緒に住まう建物を繰り返し建設する。結婚後、妻とは同じ建物に住み食事や生業を共にするので、妻のナオとも同じ建物に住まうことになる。でも、建物を建てるべき土地や生業の基盤となる資源の所有は別々なので、妻のナオは自分のナオではなく、ナバス（同時にノソックの場合が多い）と呼ぶべきである。女性にとって、結婚するまでの感覚は男性と一緒であるが、結婚後は自分がそれまでとは異なる建物に住む可能性も高く、ナバス、ケレン（同時にノソック）と食事や生業を共にするようになる（写真2―3）。

ここでは別世代の名称を考察していないが、当の本人たちもあまり深く考えていないように見える。先に述べたように、四世代以上が同居しているロングハウスは皆無だし、ロングハウス内の区画および世帯の家にかんしては、親と結婚後の子供は別々である。別世代は、男性を介する血族がナワ（Nawa）で、女性を介する血族がバボ（Babo）、遠い血族がメム（Memu）といった感じで、筆者が問い詰めればそのように説明してくれる訳である。日本語で言うオジとオイ、オバとメイが同じ名称であることからも、人びとの別世代に対するこだわりのなさが見てとれるだろう。

ちなみに、名前と親族名称の使い分けであるが、姻族、つまりエソ（Eso）、ナバス（Nabas）、ケレン（Kelen）、そして上の世代、つまりド（Do）、ノ（No）、ヌ（Nu）、ナン（Nan）、ナワ（Nawa）バボ（Babo）は日常的に親族名称で呼ばれる。また、姻族での名称と上の世代への名称が重なる場合、姻族への名称が優先される。一方、同世代および下の世代の血族、さらにイン（In）、ガ（Ga）、下の世代のエソ（Eso）は、日常的に名前で呼ばれる。親族名称における別世代へのこだわりはないが、やはり日常において上の世代に対する敬意や畏れのような感情があるのは確かである。また、人びとは他者の名前を知ること、呼ぶことが、その者に対する邪術（後の章で論じるセイ）の発生に関係すると考えており、その影響もあるだろう。

ロングハウスに住まう人びとの関係性を形式的に解釈すると、古典的な社会人類学における限定交換の典型的な事例であると言える。親族名称はいわゆるイロクォイ型（マードック二〇〇一：二九〇―二九一頁）であり、また交叉イトコ婚は父方と母方の両方が許されている。しかし、リネージやクランがロングハウスコミュニティや言語集団にまたがって存在しているこの地域では、限定交換が閉鎖的な構造を作り出している訳ではない。ロングハウスコミュニティや言語集団も、姉妹交換をはじめとする兄弟姉妹関係を基調とした関係性をもって広域なネットワークを形成している。ロングハウス間の婚姻、さらには紛争や交易の際、クランやリネージの関係性ではなく、兄弟姉妹に当たる者が相手方にもいるかどうかが重視される。この特徴は、エトロにおける社会人類学的民族誌でも主張されており（Kelly 1977）、ボサビだけではないこの地域の人びと特有の集合性であると考えられる。

クランやリネージ、平行イトコ等の社会人類学の用語を使ってボサビのロングハウスに住まう人びとを記述してきたが、当然ながら「クラン」や「リネージ」、「平行イトコ」という言葉がボサビ語にある訳ではない。特にクラン、リネージについては、筆者はシェフェリンの記述と異なった解釈をしているように（シェフェリンはボナやワナゲサをクランとし、その中の現存の人びとによる父系のまとまりをリネージとしている）、調査者の違い、時間・空間の違いによって解釈の違いが生じうる。それでも人間同士の関係性を翻訳し、他集団と比較していくためには有効であると考えられる。一方で、これらの言葉は、人間と非人間の関係、例えば土地や資源や建物との関係を表すのに不適当である。ボサビ山やイソワ川、倒木放置畑やロングハウスは高地周縁にしか存在しないからである。ロングハウスに住まう人びとの関係が、土地や資源や建物にどう制約されているか、逆にそれらをどう改変したり生成したりするのかを見てみたい。

3 ロングハウスコミュニティの移動

ロングハウスコミュニティの構成に、生業における実践が影響を与えていることは間違いない。ロングハウスコミュニティの構成人数は五〇人程度であり、この人数は、古典的には遊動的な居住形態を持つ社会において一般的であるとされた (Goodenough 1970)、バンド社会の規模に一致する。ただし、遊動的居住形態やバンド社会のような単純な一般化ができないことを以下に述べていく。確かにボサビとその周辺のロングハウスコミュニティは、第1章で紹介した倒木放置畑の造成と同期して居住地を移動する生活をしている。五〇人程度より人数が多くなれば、それだけの人数を支え得る土地を確保することが困難になるし、少なくなれば、協業して畑を造成することが不可能になる。

倒木放置畑を造成した後の管理、収穫は核家族 (名目上は一人ひとりの既婚男性) に任される。原則として収穫物はコミュニティ成員が誰でも利用することができるが、日常的にはほとんどの場合、核家族ごとに収穫してきた生産物を消費している。しかし、管理、収穫が困難である、子ども、未婚男性、病人、高齢者などは、他者が収穫してきたものを消費する。ロングハウス内で成立している対面的な関係が、このような分配を支えていると考えられる。分配については後の章で詳しく分析するが、ロングハウスコミュニティに集まった人びとは、生産と消費におけるそれぞれの役割あるいは非役割を当然のこととして互いに関係しあう。そして生死や婚姻によって一人ひとりの名称と役割は変化しつつも、コミュニティの中のある役割は一定数の人びとが担い続ける。古典的な意味でも、ルーマンにおける広義の意味でも社会システムであると言える。

ロングハウスコミュニティが動的な全体として、土地や資源や建物のような人間以外の事物とどう関係しているか、一九九九年時点の人びとの記憶をたどった聞き取りをもとに記述してみたい。図2―3に、シバラマ村を構成する三つのコミュニティが、ロングハウスと畑をどのように移動させてきたのかを示した。図中に、丸、四角、三角の点で示したのが、それぞれのロングハウスと周りに作られた畑であり、矢印はその移動を示している。ワリソー・コミュニティのロングハウスおよび畑の移動は図中の丸に、ゴボリシ・コミュニティの移動は四角に、アナシ・コミュニティの移動は三角に、それぞれ対応している。コミュニティ名とリネージ名が重複する例が多く煩雑であるが、点線で囲んだ部分はリネージの所有する土地のだいたいの範囲であり、点線内にリネージ名を示している。シバラマの村落もすでに二回移動しており、その様子を図中では四角の移動で表した。白抜きの四角で表されたのが過去から現在に至るシバラマ村落の所在地である。

ワリソー・コミュニティは、一回目の移動以来、現在に至るまで、村落内にロングハウスを建てている。実は、一九七〇年代に行政の指導によってボサビの人びとが村を構成するようになって以来、シバラマはワリソー・コミュニティのロングハウス所在地として登録されているので、記録の上では当然なのである。少なくとも一九六九年から一九八六年までの「シバラマ村」は、パトロール・オフィサーが来訪することを聞き付けると、「シバラマ村」として登録されているワリソー・コミュニティのロングハウスに、「シバラマ村住民」として登録されているゴボリシ・コミュニティおよびアナシ・コミュニティの住民が集まるという「村」であった。そして、パトロール・オフィサーが帰ると、ゴボリシとアナシはそれぞれのロングハウスに戻るという、極め

図2-3　ロングハウスと畑の移動

て形式的な存在であった。

次章で詳細に説明するが、ロングハウスはある程度の規模を持つ丘の頂上に建設され、倒木放置畑は約五年に一回、ロングハウスの周りに新たに造成される。どのコミュニティもだいたい一五年から二〇年ごとにロングハウスの移動を行なっているので、一回のロングハウス建設に当たって、三回から四回の畑の造成が行なわれていることになる。一五〜二〇年というのは、全て自然の素材で出来上がっているロングハウスが腐食とシロアリ食害で崩壊に近づく年限と同期しているし、三〜四回というのは一つの丘陵の日の当たる部分をだいたい造成し尽くす回数と同期している。

一九九九年時点のワリソー・コミュニティの畑は、今のシバラマ村の周囲には造成されておらず、一九八六年に建設された旧「シバラマ村」の周囲に依然作られている。ゴボリシ・コミュニティは、一九八六年に建設された旧「シバラマ村」から村落内にロングハウスを建設しており、自分たちの所有する土地に一九七五年に建設されたロングハウスは一九九三年に放棄されている。倒木放置畑のみが元のロングハウスの位置に作られており、畑の作られる丘が一九九三年に移動している。アナシ・コミュニティのロングハウスは一貫してアナシの所有する土地の中に作られており、ロングハウスの移動と畑の移動が完全に一致する（写真2―4）。

ちなみにサツマイモ畑は主に、村落の周辺に造成されるが、生業生態の中に浸透し始めたのが一九八六年に建設された旧「シバラマ村」の頃である。その造成は、村の周囲を徐々に草地に変えながら、現在まで連続して続いている。ワリソーおよびゴボリシのサツマイモ畑の大部分は、一九八六年の旧「シバラマ村」、および現在のシバラマ村の周囲に作られている。アナシのサツマイモ畑は、一部はシバラマ村の周辺に作られているが、大部分は現在のロングハウスの周辺に作られている。

写真2-4　アナシのロングハウスと畑（1993年11月筆者撮影）

このようにロングハウスの移動は、畑の造成と限界によく一致している。しかしリネージの土地所有を見てみると、ロングハウスは自由に移動しているわけではなく、人間同士の関係による制約を受けていることが分かる。ワリソー・コミュニティはワリソーとワナゲサ、ゴボリシ・コミュニティはゴボリシとワリソー、アナシ・コミュニティはアナシとウエネン、それぞれのリネージの人数が多い。このことを図中で見てみると、それぞれのロングハウスと畑はリネージの所有地境界線上を移動している。もちろん境界線というのは概念の上であり、実際にはどちらかのリネージの所有地にロングハウスや畑が作られるのであるが、それでもこの制約から大きく外れた移動はない。

この現象は、近年作られ始めた村落においても、その位置と移動がコミュニティ間の境界線上で行なわれていることにも見てとれる。シバラマの村落は、以前はワリソー・コミュニティとゴボリシ・コミュニティの境界線上にあり、現在はワリソー・コミュニティとアナシ・コミュニティの境界線上にある。そして現在、それぞれのコミュニティ間で盛んに姉妹交換が行なわれており、村が社会システムとして成立しつつある。村という集合は、必ずしも生業の面で重要視されているとは言えないが、サツマイモ畑が村落周辺に作られがちなことから、村と生業が全く関係ないという訳でもない。

4 ボサビとは何か？ シバラマとは何か？

前章でニューギニア高地周縁というフィールドについて説明したように、シバラマはボサビ語を話す人びとが構成する一二の村の一つであり、一二の村は、オロゴ（ワス、ディデサ、スグニカ、ワビミセン）、カルリ（ボナ、ムルマ、オラビア、タビリ）、ワルル（ガムバロ、ワナゲサ）、ウィセシ（シバラマ、ワスウェイド）に大別されている。一二の村を構成する人びとは、自分たちのことをボサビ・カル（ボサビの人間）と呼び、その言葉をボサビ・ト（Bosavi To＝ボサビの言葉）と表現する。

一方、ボサビの人びとから見て、他の言語集団の集合性に対する認識はばらばらである。エトロおよびベダミニにかんしては、ボサビ・カルと同じような階層化がされ、それぞれヨリ・カル、ビアミ・カルである。そして例えば、ヨリ・カルのドドモナという表現はエトロ語を話すドドモナ村を指し、ビアミ・カルのモグルという表現はベダミニ語を話すモグル村を指す。しかし、オナバスルやソニアに対して言語集団を表すカテゴリ

写真2-5　アイメレ（ククネシ）のロングハウス内部（2006年9月筆者撮影）

ーはなく、ワビシ、バニサという村名でしか呼ばれない。また、サモ、クボ、ゲブシはビアミ・カルだと思われている。

ボサビ・カルであるはずの一二の村の住民も、実は全員同じ言語集団という訳ではなく、ワスウェイドはボサビ語のロングハウスコミュニティ二つとソニア語のロングハウスコミュニティ一つが集合している。ワナゲサは、ボサビ語とアイメレ語のロングハウスコミュニティが一つずつ集合していた（調査時点で、アイメレ語のロングハウスコミュニティであるククネシは新たに別の村を形成していた）（写真2―5）。

村は近年形成された集合であるからそのような状態が生じるとも言えるが、そもそもロングハウスコミュニティにも別言語の者がいる。他の言語集団から嫁いできた女性である。それほど数は多くないが、調査時点でゴボリシにエトロから一名、アナシにアイメレから一名婚入者がいた。この婚姻も姉妹交換に準じており、エトロにゴボリシから一名、アイメレにアナシから一名婚出していた。ソニアあるいはアイメレのロングハウスが村落内にある／あったワスウェイドとワナゲサでは、さらに他の言語集団との婚姻の例数は多い。

言語はコミュニケーションの最も主要なメディアであり、この地域の人びとの集合性も言語に影響を受けているのは間違いない。しかし、行政やアカデミズムが期待するような集合における規則性、階層性はないと言える。人びとは徒歩で移動できる村落に居住する同じ言語を話す者を結婚相手に選びがちだが、さまざまな理由によって近隣の、あるいはそれほど語彙の違いのない言語集団の者とも結婚に至る。そして、ある結婚は姉妹交換の連鎖を引き起こし、それがロングハウスコミュニティ、さらに村の再構成につながっていくのだと考えるのが妥当である。

ニューギニア高地周縁のストリックランド川支流からボサビ山、シサ山の山麓に至るこの地域を研究してきた人類学者は、異口同音に以上のような、ロングハウスの確固たる集合性と、逆にそれ以上の集合性をうまく説明できないさまを描いてきた。この地域にロングハウスコミュニティがいくつも存在することは間違いない。ボサビ、エトロ、アイメレのような言語による分節を使わずに、「ロングハウスに住まう人びと」のような言葉でこの地域の人びとを表象するのが妥当であるが、そんな言葉はこの地域の人びとの言語にもアカデミズムにも存在しない。

次章で詳しく記述するように、ロングハウスコミュニティはバナナ栽培中心の倒木放置畑を通じてエコシステムと関係する社会システムである。ただし、例えばエトロ辺りの環境ではサツマイモ栽培を通じて、例えばサモ・クボ辺りの環境ではサゴヤシ利用を通じてエコシステムと関係する頻度が高い可能性があり、エコシステムからだけでは集合性は説明できない。やはり、姉妹交換婚をはじめとするコミュニケーションによってオートポイエート（自己言及）する相互作用システム、それがロングハウスコミュニティであると言える。逆に言えば、倒木放置畑に最も依存している可能性のあるボサビのロングハウスコミュニティは、社会システムとエコシステムの両方から集合性を分析するのに格好の対象であると言えるだろう。

結論付ければ、ボサビとは、だいたい同じ言語を話すロングハウスコミュニティをまとめるものとして人びとが自己言及する社会システムであり、シバラマをはじめとする村とは、パプアニューギニアやグローバルな世界の中に自分たちを位置付ける仕組みとして近年構成された社会システムである。ルーマンや北村の論考における三類型で言えば、ボサビもシバラマも外部の同様のシステムとのコミュニケーションによって形成されている点に着目すれば「組織システム」と言えそうである。しかし、両者とも依然対面的なコミュニケーションによって形成される点に着目すれば「相互作用システム」であるとも言える。また、シバラマのような「村」的社会システムは、次に述べるように、サツマイモ栽培のような生業と関係しながら、ロングハウスコミュニティが解体されながら、個人や世帯の家が再構成された存在と考えられるかもしれない。

5　世帯の家に住まう

初めてシバラマに滞在した時から、人びとはロングハウスだけに住むのではなく、世帯の家を村落内に建てて日常を営んでいた。どのような状況なのかを具体的に示すため、一九九八年の調査におけるシバラマ村落の建物と畑の配置を図2―4に示した。このような状況が、近年の構造変化によって生じたのか、ロングハウスコミュニティがこの世に存在するようになってからずっと継続しているのかよく分からない。次章以降で論じる生業の状況からは近年における傾向だと考えられるが、実証できる歴史的資料はない。同じような世帯の家は、村落外のサゴヤシ群生地などの周辺にも建てられている。村落内の世帯の家と同じ精巧さを持つものから、掘立小屋に近いものまでその形態に一貫性がないが、誰が寝泊まりするかなど使われ方は村落内外で同様であった。

既婚男性であれば必ずロングハウス内に寝床がある。むしろ、既婚男性全員の寝床を確保するためにロングハウスの大きさと区画割りが行なわれる。しかし、既婚男性はどちらかといえば世帯の家で過ごすことが多く、ロングハウスの寝床を使っているのは、未婚の兄弟であったり独立前の男子であったりする。女性についてはよく観察できなかったのだが、既婚女性はやはり世帯の家にいることが多く、ロングハウス内の区画は独立前の女子が使用することが多かったのだと思う。また、子供が独立し配偶者と離別／死別した者は、男女問わずロングハウスに起居することが多かった。

世帯の家の構造は、ロングハウスをミニチュアにした感じである（写真2―6）。つまり、高床式で縁側があり、内部は間仕切りによって男性区画、女性区画に分かれている。男性区画、女性区画とも、通路を挟んで囲炉裏が一対、寝床が二対といった構造が一般的であり、女性区画の奥に通路は設けられていない。男性区画では、既婚男性、その未婚の兄弟、独立前の男児が起居し、女性区画では既婚女性、独立前の女児、そして男女問わず乳幼児が起居していた。ただし、ロングハウスほど男女の区別は厳密ではなく、少なくとも食事時は男

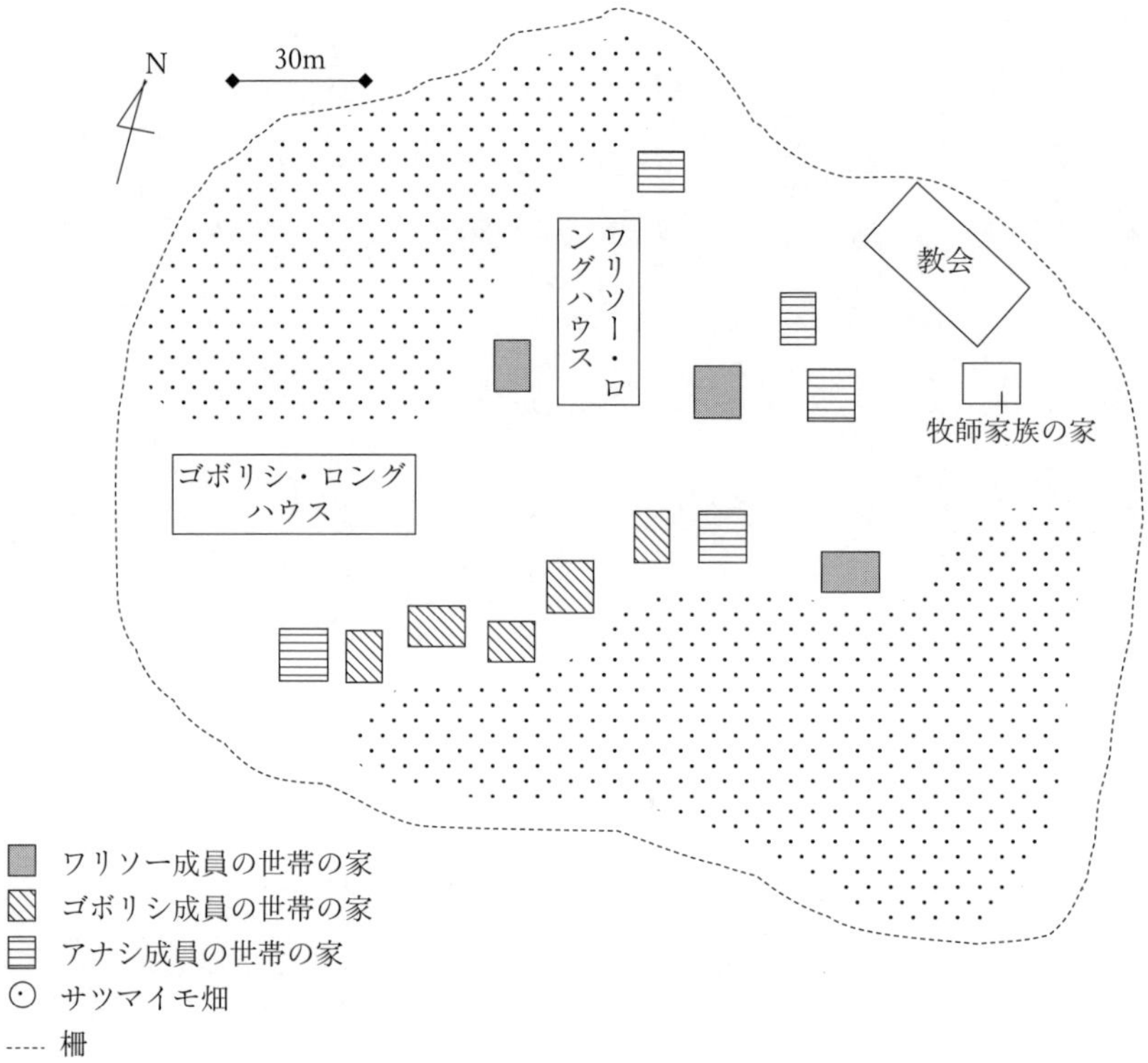

図2-4　シバラマの村落

性区画の囲炉裏を囲んで世帯全員が集まり、食べたり会話したり作業したりしていた。

すでに紹介したように、筆者は一九九八年の調査から、マオメとユワレにお世話になりながらゴボリシのロングハウスに寝泊まりするようになった。ロングハウスの一角に蚊帳を張って荷物を置き、バナナやサゴデンプンを日々食べさせてもらいながら、日本から持ち込んだ塩や化学調味料や缶詰を共食していた。しかし、マオメとユワレも村落内に世帯の家を持っており、実際には食事は世帯の家でとることが多かった。

マオメとユワレは姉弟であるが、厳密には姉妹交換婚の組み合わせ

写真2-6　建築中の世帯の家（1993年8月筆者撮影）

世帯を構成していない。二人には、さらにサガレウォという兄がおり、亡くなったマオメの夫ノゴベとサガレウォが言葉通りの姉妹交換をしている。一九九三年の初回の調査ではノゴベとサガレウォが世帯の家に共住していたのだが、ノゴベが亡くなった後、ユワレの核家族がその家に共住するようになった形である。逆にサガレウォは一九九八年の調査からは一核家族だけで世帯を構成していた（前述の一核家族のみの世帯は彼の世帯である）。というのも、サガレウォは妻を三人持っており（うち一名はすでに死亡、その一名がノゴベの姉である）、一核家族としては子供も含めた人数が多大であったからである。ただし、ユワレの妻サゴムのナワ（Nawa＝父方オジ）はサガレウォの娘と結婚しており（別世帯形成）、ユワレとノゴベも広い意味では姉妹交換をしている形である。ちなみに、これらすべての人びとがゴボリシ・ロングハウス構成員であり、マオメ、ユワレ、サガレウォはゴボリシ・リネージ、ノゴベ、サゴムらがワリソー・

リネージである。

マオメとユワレの世帯の家は、以下の人びとがよく利用していた。マオメ、マオメ（ノゴベ）の息子ダブソワ、娘バイとワルメ、ユワレと妻サゴム、その娘ナニシ、サガレウォの息子アブル、そして一見関係の不明な男性ソサである。他にもサガレウォの息子の中で結婚前の数名がたまに同居、共食することがあったが、彼らはどちらかというとゴボリシ・ロングハウスに起居することが多かった。アブルもロングハウスに起居することもあったが、相性が良かったのか、よくユワレ、そして筆者と行動を共にしていた。関係の不明な男性ソサであるが、彼の形式的な帰属はボサビではなくエトロである。彼の母親がゴボリシ・リネージなのだが、未婚の状態でエトロの男性との間に彼を授かったらしい。ある程度の年齢までエトロのコミュニティに居住していたそうだが、父親と母親が共に亡くなった後、ゴボリシに身を寄せることになったそうである。

他の世帯の状況も、実態はマオメとユワレ世帯の状況と似たり寄ったりであった。アブルやソサのように、世帯の家には規範を必ずしも反映しない人びとも居住する。よく考えれば筆者もその一人である。そして世帯の集合でもあるロングハウスコミュニティも、ソサや筆者のようにうまく規範を当てはめられない人びとを含んでいる。人びとは、図2—2のような抽象的な集合の規範を頭の中でなんとなく思い浮かべながら、一方で、家の広さはどれくらいか、食べ物は十分か、一緒に住む相手が気の合うやつか気に食わないやつかと日々判断して集合しているだけであると言える。ただし、集合の規範は、家の広さや十分な食べ物を提供できることを反映しているのは間違いなく、また、気が合うか合わないかは関係なく、まず兄弟姉妹から同居が始まるように、全く任意のコミュニケーションによって社会が形成されている訳ではない。

図2—4には、ボサビの人びとの集合性とその変化に示唆を与えるもう一つの要素が写り込んでいる。教会

（ボサビ語でもトク・ピジンでもロトゥ（Lotu））である。キリスト教の布教と受容は、現在のボサビの人びととの集合性に間違いなく影響を与えている。ボサビの地域で布教している団体はＥＣＰＮＧ（Evangelical Church of Papua New Guinea）である（Shields 1993）。教会は、ロングハウスコミュニティではなく村を単位として建設され、そこにボサビあるいは他の言語集団出身のパスタ（pastor＝牧師）世帯が常駐して、毎日集会を行なう。牧師世帯の家は、ロングハウスとは異なった構造を持っている。すなわち、我々が家の構造として思い浮かべる、壁で完全に区切られたいくつかの部屋で構成されている。そのような構造を持つ世帯の家も一九九八年には一棟あり、二〇〇三年、二〇〇六年にはさらに増えていた。

一九六〇年代半ばからこの地域での布教が始まったのだが、その頃はいざ知らず、現在キリスト教的活動は日常として人びとに浸透している。信仰心は個人によって差があり、また教義もボサビ的に解釈されたりするが、シバラマでも日曜日には全村民の約半数が集まって賛美歌を歌う等の活動を行なっている。そもそも筆者やシェフェリンの降り立ったディデサのエアストリップは、ＥＣＰＮＧ（その当時はUnevangelized Field Missionという団体名）の布教を契機に建設されたものであり、行き交うセスナ機は実はキリスト教布教のために設立された会社（Mission Aviation Fellowship）のものである。

シバラマのような村、そして世帯の家は、サツマイモ栽培と関係するだけでなく、キリスト教布教と関係しているのかもしれない。さらには、オロゴ国勢調査区分から三つのＬＬＧ（Ludesa, Bona, Wanagesa）へ移行した行政的区分も、ボサビの人びとの集合性の変化を反映していると考えられる。本書では、生業に着目しながら、ロングハウスコミュニティとは何かについても引き続き考察していくつもりであるが、さらには行政やキリスト教、その他の要因についても考察を試みてみる。

第3章

バナナを栽培する

1 バナナは主食である

ロングハウスコミュニティはバナナを通じてエコシステムと関係する。前章でロングハウスが倒木放置畑と共に移動していくさまを記述したが、その畑で主に生産されるのはバナナ、ボサビ語におけるマグ（Magu）である。主にというのは難しい概念で、人びとが「主に食べている」のか、「植え付け数・生産量が主」なのか、「人びとが主な食べ物と考えている」のか、「主な現金収入源」なのか、それぞれ意味合いが異なっている。まずは、「主に食べている」、つまり主食が何かという意味でバナナを評価してみよう。なお、マグを「バナナ」と呼ぶのが適当なのかどうかについても検討の余地があるので、後に考察したい。

どのような生産物が人びとの栄養素摂取に寄与しているのかを、表3—1に示した。その方法として、八つの核家族の三三人に対して、家族内の各個人が摂取した生産物の重量を、調理された後、摂取される直前に秤量した。一つの核家族当たり一週間連続して計測し、八つの家族で計二カ月の調査セットを一九九九年の一～二月、および七～八月に実施した。なお、八家族のうち四家族に対しては、次章で分析する生活時間調査および生産性の調査も並行して実施している。食物摂取量の結果は食品ごとに可食部重量に換算し、栄養成分表を用いて各生産物から摂取されたエネルギー、タンパク質、脂肪の量を算出した。栄養素への換算は、Dignanらがオセアニア地域の在来食品および購入食品を網羅的に分析した食物成分表（Dignan 1994）を用いた。成分表に

表3-1　生産物の栄養素摂取に対する寄与

エネルギー（2437kcal）*

順位	食品名	学名	摂取量（kcal）	%
1	バナナ	*Musa spp.*	779.8	32.0
2	サゴ	*Metroxylon sagu*	647.0	26.5
3	パンダヌス	*Pandanus conoideus*	352.4	14.5
4	サツマイモ	*Ipomoea batatas*	199.4	8.2
5	サトウキビ	*Saccharum spp.*	85.2	3.5
6	ブタ	*Sus scrofa*	66.7	2.7
7	ヤムイモ	*Dioscorea spp.*	50.0	2.1
8	タロイモ	*Colocasia esculenta*	49.5	2.0
9	バンディクート	*Echymipera spp.*	38.0	1.6
10	パンノキ	*Artocarpus altilis*	25.5	1.0

タンパク質（50.2g）*

順位	種名	学名	摂取量（g）	%
1	バナナ	*Musa spp.*	10.20	20.3
2	バンディクート	*Echymipera spp.*	5.55	11.0
3	パンダヌス	*Pandanus conoideus*	5.53	11.0
4	ザリガニ	*Cherax spp.*	4.68	9.3
5	ブタ	*Sus scrofa*	3.70	7.4
6	サツマイモ	*Ipomoea batatas*	3.14	6.2
7	ハヤトウリ	*Sechium edule*	3.10	6.2
8	ヘビ類**		3.01	6.0
9	サカナ類**		1.98	3.9
10	ヤムイモ	*Dioscorea spp.*	1.26	2.5

脂肪（23.1g）*

順位	種名	学名	摂取量（g）	%
1	パンダヌス	*Pandanus conoideus*	10.10	43.8
2	ブタ	*Sus scrofa*	5.04	21.9
3	バンディクート	*Echymipera spp.*	1.76	7.6
4	ヤシオオオサゾウムシ	*Rhynchophorus ferrugineus*	1.08	4.7
5	バナナ	*Musa spp.*	1.01	4.4
6	サカナ類**		0.53	2.3
7	サツマイモ	*Ipomoea batatas*	0.47	2.1
8	ヘビ類**		0.35	1.5
9	トリ類**		0.30	1.3
10	サトウキビ	*Saccharum spp.*	0.26	1.1

*括弧内の数値は、順位外の食品も含めた総摂取量(成人換算値)
**これらに分類される全ての種を合計したもの

記載のない食品にかんしては、記載のある生物学的に同じ分類群の食品で代替した。

分析においては、調査対象であった八家族中八人の成人男性の平均年齢三五・三歳、平均体重五四・二キログラムを用い、三三人、一人ひとりの摂取量を成人一人当たりの摂取量として標準化した。その際、FAO／WHOによる性別、年齢、および体重別のBMR（Basal Metabolic Rate）換算式（FAO/WHO/UNU 1985）を用いた。その結果、成人男性換算して一日一人当たり、エネルギーは二四三七キロカロリー、タンパク質は五〇・二グラム、脂肪は二三・一グラムを摂取していることが分かった。記録された全ての品目に対する分析は附表1（巻末）に示している。表3—1および附表1において「類」と記載したのは正確な生物学的分類ができなかった食品であるが、ボサビ語でどのような名称であるかは附表2（巻末）に記載し、附表2の説明は次章で行なう。

表3—1では、それぞれの栄養素について総摂取量の中に占める割合の高い順に一〇種の食品カテゴリーを示している。一〇品目を合計しても一〇〇%にならないが、さらに多くの食品カテゴリーを示すのはこの分析の本意ではないので表3—1では省いた。とにかく、エネルギーとタンパク質の摂取量で、それぞれバナナが一位である。高地ではサツマイモ、低地ではサゴデンプンに栄養素摂取を依存しているという報告の多いパプアニューギニアの中で、高地周縁のこの地域におけるバナナ栽培の占める位置の大きさは特異なものであることが言える。少なくとも、シバラマの人びとにとってバナナは主食なのである（写真3—1）。

摂取される栄養素から見た生産物の評価は次章で改めて行なうが、パンダヌスだけはここで紹介しておきたい。パンダヌスは、日本語でタコノキと総称される植物で、*Pandanus conoideus* がここで消費されている具体的な種である。ニューギニアで *Pandanus conoideus* は広く生産・消費されており、トク・ピジンではマリタ（Marita）と呼ばれている。ボサビ語ではオガ（Oga）、バナナと同じく倒木放置畑で栽培される作物であり、表3—1に

写真3-1　倒木放置畑のバナナ（2006年8月筆者撮影）

おいて脂肪で一位、エネルギーで三位である。この貢献度の高さが、倒木放置畑が単なるバナナ畑と呼べない最も大きな理由でもある。その果実はこん棒状で硬く、生で食べるものではない。バナナの葉等で焼石と共に包むことによって蒸し焼きにし、蒸し上がったものを水で溶くことによってジュース状の液体となる。そのまま消費することもあるが、普通は焼いたサゴデンプンやつぶしたバナナと混ぜ合わせた粥状のものを食べるのが好まれる。とにかく植物性脂肪に富み、マーガリンのような食味でサゴデンプンやバナナの味わいに彩りを添える食材なのである（写真3―2）。

写真3-2　パンダヌスを蒸す（2006年9月筆者撮影）

2　倒木放置畑

ロングハウスの周りにある畑を何と呼ぶかは、なかなか難しい問題である。バナナが主に栽培されている畑であるが、同時に栽培されるパンダヌスもかなり重要な食材である。他にも野菜を中心にさまざまな食材が栽培されている。さらには、昆虫も「栽培」されし、ロングハウスを建てるための建材も「栽培」される、つまりバナナ畑ではない。ボサビ語では畑はエゲロ（Egelo）と呼ぶが、この畑と対比したいサツマイモ畑と語彙の上では区別はされていない。高地地域で広く行なわれているサツマイモ栽培は、ボサビでも行なわれており、焼畑と整地を伴う。ひとまず、サツマイモ畑と比較する意味で、本書ではこの畑を倒木放置畑と表現している。

倒木放置畑は、ロングハウスが建てられている丘陵の斜面の二次林に好んで造成される。斜面に造成されるのは水はけを良くするためと考えられるが、急峻な斜面は労働が困難なことと、土壌の流出が激し過ぎるために避けられている。二次林が好まれるのは、巨木が少ないため樹木の伐採が容易であることによる。さらに、ロングハウスが移動するさまを描いたように、人びとはコミュニティが所有する土地にロングハウスを建てるのだが、過去に使用した丘陵を利用することが多く、必然的にその周りは二次林である。人びとは、ロングハウスを建築し畑を順次造成していくための二次林と、狩猟採集およびサゴデンプン生産の場としての一次林に分割して利用している傾向があるのだと考えられる。

新しい畑の造成は、古い畑において、バナナの収量が落ち始めた時、あるいは人口増加や他の生産物の不作などで消費量が生産量を上回った時に計画される。造成には、ロングハウスコミュニティの成人全員の参加が義務付けられている。シバラマ全員の参加による造成も行なわれるらしいが、一九九八年一一月から一九九九年一二月までに二回行なわれた造成においては、いずれもロングハウスコミュニティの成員の協業で行なわれ、そのコミュニティの所有する土地に造成された。参加人数は、一回は三〇人、一回は三四人が参加していた。

最初に男女の協業によって、草本、潅木などの下ばえが刈り取られ、樹木を残した状態で整地が行なわれる。耕うんは行なわれず、男性が掘り棒を使用して一メートルから二メートルの間隔で穴を掘り、女性が古い畑から採取してきたバナナの苗(正確には吸芽)を植え付けていく。バナナには品種があるのだが、植え付ける時は品種が何であるかは気にされない。バナナの苗は網袋に満杯の状態で運ばれてきて、どれがどの品種かは人びとも見分けがつかないのだろう。ここまでの作業が数日で行なわれ、その後、約一週間そのままの状態で放置される（写真3—3、3—4）。

約一週間が経過し、バナナの苗が根を張り、芽吹き始めた状態で、男性のみによって樹木の切り倒し作業が始まる。直径三〇センチ程度までの樹木は一人ひとりで、それ以上の樹木は、足場を作りながら数人がかりの作業で切り倒されていく。その際、バナナの苗がどこにあるのかは、気にされることはない。一週間程度でこの作業が終わると、畑のほとんどは切り倒された樹木の幹と枝葉で覆われ、畑というよりは木材伐採の現場のような様相を呈する。切り倒しが終わると、木の切り株や岩などを目印に核家族ごとの区画が定められる。これより後、畑作業は、コミュニティの協業から核家族の作業に移る（写真3—5、3—6）。

写真3-3　整地した土地に穴を掘る作業
（1999年3月筆者撮影）

切り倒しの作業から数カ月は特に決まった作業はないが、建材あるいは薪材として利用できる倒木は、この期間に畑から運び出される。数カ月経過すると、他の雑草と共に、バナナの苗は倒木の間から目立って伸長してくる。この頃から、世帯によって勤勉さは異なるが、草取りが行なわれる。バナナの間引きは行なわれないようである。雑草の刈り取りによって生まれたスペースには、パンダヌスおよびパンノキをはじめ、アイビカ（ト

写真3-4　穴にバナナを植え付け（1999年3月筆者撮影）

写真3-5　伐採作業（1999年4月筆者撮影）

写真3-6　伐採後の畑の様相（1999年4月筆者撮影）

ロロアオイ）、ピトピト（蕊を食材とするイネ科植物の一群）、タロイモ、ハヤトウリ、カボチャ、その他の野菜類が植えられる。パパイヤのように近年導入されたと考えられる果樹も、家族の好みによって時折植えられる（写真3―7）。

また、雑草と共に雑木も基本的には除去される。しかし、有用な樹木の幼木は成長するに任せる。おそらくケンパス（*Koompassia Malaccensis*）だと推定されるが、ロングハウスの柱材によく使われるサン（San）という樹木は大事にされるし、ニューギニアでよく食されるガリプナッツ（*Canarium Indicum*）、ボサビ語でウカ（Uka）が生えていればもちろん残す。後述する、バナナの原種に近いと推定される品種、ガリスも果実は利用されないが、残される「樹木」の一つである。サトウキビ類（ニューギニア原産であるため数種含まれると考えられる）、タケ類も樹木に含まない方がいいだろうが、雑草と同様に生えてくる。サトウキビは除去しながらその場

写真3-7　造成から数カ月後の畑(1999年5月筆者撮影)

で齧るし、株を残しつつ繁殖するに任せる。タケ類は、タケノコが利用できる種、道具に使用する種なら積極的に残す。

人びとはバナナを三七の品種に分類している。早い品種は九〜一〇カ月で収穫できる状態になるが、多くの種類は約一年後から収穫が始まる。このような多くの品種を保持している主要な理由は、その収穫時期の差異である。早い品種は九〜一〇カ月、中くらいの品種は一年〜一年半、遅い品種は一年半〜二年、収穫できるまで期間がかかる。このようなタイムラグを利用して、一度に造成した畑から、年中連続的に収穫することが可能になるのである。

収穫においては、幹を根元から切り倒し、同じ苗から生えつつある若芽(正確には吸芽)を生育しやすくする。若芽が競合するように生えていると、一つの若芽だけが生育するように他の若芽を切り取ってしまう。残した若芽はその品種に応じて、同

写真3-8　畑の手入れ（2006年8月筆者撮影）

じ期間を経た後、収穫される。このようにして畑が更新されていくのであるが、その連作には限界が存在する。連作が続くと、実が小ぶりになり始め、また実を結ばない木も増え始める。その限界には、世帯ごとがどのくらい勤勉に除草しているか、どのように若芽を間引きしているかに加え、品種ごとの連作限界も存在する。通常その限界は四年から五年であるが、ほとんど手入れされない畑では二年で限界を迎えることもある（写真3—8）。

バナナの収穫が限界になると、今度はパンダヌスおよびパンノキの収穫が始まる。パンダヌスおよびパンノキの苗の成熟は、パンダヌスで三年から四年、パンノキで五年以上というように、ちょうどバナナの収穫が終わる時点で収穫が始められるようになっている（写真3—9）。パンダヌスおよびパンノキは、いわゆる果樹であるので、バナナと異なり周年

写真3-9　収穫間近のパンダヌス（2006年8月筆者撮影）

ごとに同じ樹木から収穫されるのであるが、やはり収穫の限界が存在し、それは収穫の開始から概ね五年程度である。除草などの手入れによってはこの限界は伸びる可能性はあるが、これらの作物が収穫され始めた畑に対して手入れされることはほとんどない。その頃には、すでに新しい畑が造成され、バナナの収穫が始まっているのである。パンダヌスおよびパンノキの収穫が開始される頃には、多少の潅木が畑の中に生え始めているが、収穫の限界が近づく頃になると、辺りには陽樹が茂り始め、二次林の様相を呈してくる。そして畑の造成から一〇年から一五年で、パンダヌスおよびパンノキの収穫が停止され、畑は完全に放棄される。

焼畑を行なわず、整地せず、倒木を放置するこのような農法は、土壌の劣化を防ぐのに有効であると考えられる。第1章で説明した

写真3-10　カミキリムシの幼虫を採集（2006年8月筆者撮影）

ように、この地域の環境の特徴として、年間降水量が五〇〇〇ミリ近くに達する極端な多雨がある。このような環境の中で、焼畑したり整地したりすればすぐに表土が流出する。石垣などを組んで表土の流出を止めることもできるのだろうが、倒木を放置するというのも同じ効果を持つ。なにしろ主要な生産物がバナナとパンダヌスである。多少足元が悪くても、多少細かい作業に支障が出ても、倒木の上を歩きながら（筆者には難しい行為であるが）案外楽に手入れ、収穫が行なえるのである。

さらに、倒木を放置しているとおまけが付いてくる。先に倒木放置畑では昆虫も「栽培」していると表現したが、倒木には必ずカミキリムシの幼虫が巣食うし、あるいはシロアリが湧く。人びとは除草・収穫などの畑作業をしながら、その片手間に倒木を割って回る。

カミキリムシの幼虫が見つかればいいおやつになる（写真3―10）。シロアリが湧いている木片は、かごに入れて川の中に沈めておくと、ザリガニやテナガエビの類が寄ってくるので一網打尽にできる。こうやって採集されるザリガニは、表3―1の栄養素摂取の順でタンパク質に対する貢献度がかなり高いのである。

ボサビとその周辺の人びとが行なっているこのユニークな生業を倒木放置畑という造語で説明してきたが、少しその語句について説明しておきたい。日本など常畑が当たり前であった地域では、常畑ではない農耕実践を指す適切な語彙が少ない。人類学において最初にその課題に取り組んだのが、フィリピンの「焼畑」農耕民を研究していたコンクリンであった。彼は、常畑ではない農耕実践を「移動耕作」（Shifting Cultivation）と定義し、「焼畑」をしたりしなかったり、「休耕」をしたりしなかったりする様態でさらに分類すべきだとした（Conklin 1961）。英語においても常畑ではない農耕はあいまいに「焼畑」（Slash and BurnやSwidden Cultivation）と表記されてきたが、コンクリン以降、生業研究においては彼の定義を使うことが多い。ボサビで見られる倒木放置畑のような農耕実践は、実は全世界で広く行なわれてきたことが分かっており、「移動耕作」の中のスラッシュアンドマルチ（Slash and Mulch）として分類されている（Thurston 1997）。ただ、Thurstonが、全世界のスラッシュアンドマルチにおいて多様な実践が行なわれていることを論じているように、やはりボサビの実践は、スラッシュアンドマルチのような農耕の中の倒木放置畑と名付けるしかないと考えられる。

3 マグか「バナナ」か

本書ではボサビ語のマグ（Magu）をバナナと表現している。しかし、それでいいのだろうか？　日本語での「バナナ」は外来語であり、アラビア語あるいは西アフリカの言語における指という言葉がなまったものがその語源だそうである。無理に漢字にしようとすると「実芭蕉」、つまり実のなる芭蕉という言葉があるが、日本であまり流通している言葉とは言えない。バナナの生産が盛んである台湾では、「香蕉」という言葉がバナナに当てられている。日本の一般的な人びとにとって、「バナナ」は小売店で果実を購入するだけの存在であり、どのように栽培されているのか、そもそもどんな植物であるのかを意識されることが少ないからだろう。

世界で一般的に理解されている語彙としてのバナナは、バショウ属（*Musa*属）の植物の中で果実が食用に利用されるものを指す。バショウ属の一般的な特徴として、幹に見える部分は幹ではなく、葉および葉柄の組織が円筒状に巻き付いた偽茎という組織である。つまり、バショウ属の植物体は樹木ではなく、草本である。バショウ属の中で果実が食用とされる、いわゆるバナナは、相同染色体を三本持つ三倍体がほとんどである。その原種は、*Musa acuminata* および *Musa balbisiana* であり、二倍体である。*Musa acuminata* 由来の染色体をA、*Musa balbisiana* 由来の染色体をBと表記することが多いが、その表記に従えば栽培品種はＡＡＡ、ＡＡＢ、ＡＢＢ、ＢＢＢなどの異質倍数体として記述できる。日本などで商品として流通しているのは、基本的にキャベンディッシュという品種であり、ＡＡＡという染色体構成のものである。

ただし、原種が*Musa acuminata*および*Musa balbisiana*ではないバナナも存在し、*Musa fei*がその代表である。*Musa fei*はボサビでは確認できなかったが、ニューギニアやオーストラリア、オセアニアの島々で広く利用、栽培されている種である。一方、果実を食べるためには栽培されていないが、バナナの原種の一つ*Musa balbisiana*は、和名がリュウキュウイトバショウであり、リュウキュウイトバショウは芭蕉布の原料として琉球列島を中心に工芸作物として栽培されている。工芸作物としての*Musa*属は、なんといってもマニラ麻の原料である*Musa textilis*がフィリピンを中心に重要な商品作物となっている。また、芭蕉（*Musa basjoo*）も観葉植物として東アジアを中心に利用されてきた。

日本語で「バナナ」と表現した時のニュアンスは、日本で流通しているキャベンディッシュ種のイメージに影響されてしまい、バショウ属の多様な種、品種、そして栽培形態、利用形態をうまく表現できない。ボサビにおけるマグは、もちろん果実を生産することを主な目的として栽培されているが、工芸作物としての一面もある。東南アジア、南アジアで広く実践されているように、皿として葉を利用することはもちろん、葉はさまざまな用途に使われる。パンダヌスを石蒸し焼きにする時の包み材、ウフェ（Ufe：トク・ピジンではムームーと呼ばれる、地面に大規模な穴を掘って、その中に食材と焼き石を積み重ねる蒸し焼き料理）の覆い材、採集したザリガニやイモムシなどを包んで持ち帰る時の入れ物など、包んだり下敷きにしたりするための材料としてマグの葉が用いられる。また幹（正確には偽茎）の部分も縦に長く割くことにより、ウフェの覆い材としてよく利用される。

ガリス（Garis）というマグの一品種は、原種*Musa acuminata*に近いと考えられる二倍体の品種である。ガリスは種入りでありおいしくないので、果実を取るために栽培されていない。そもそも意図して栽培しているのか

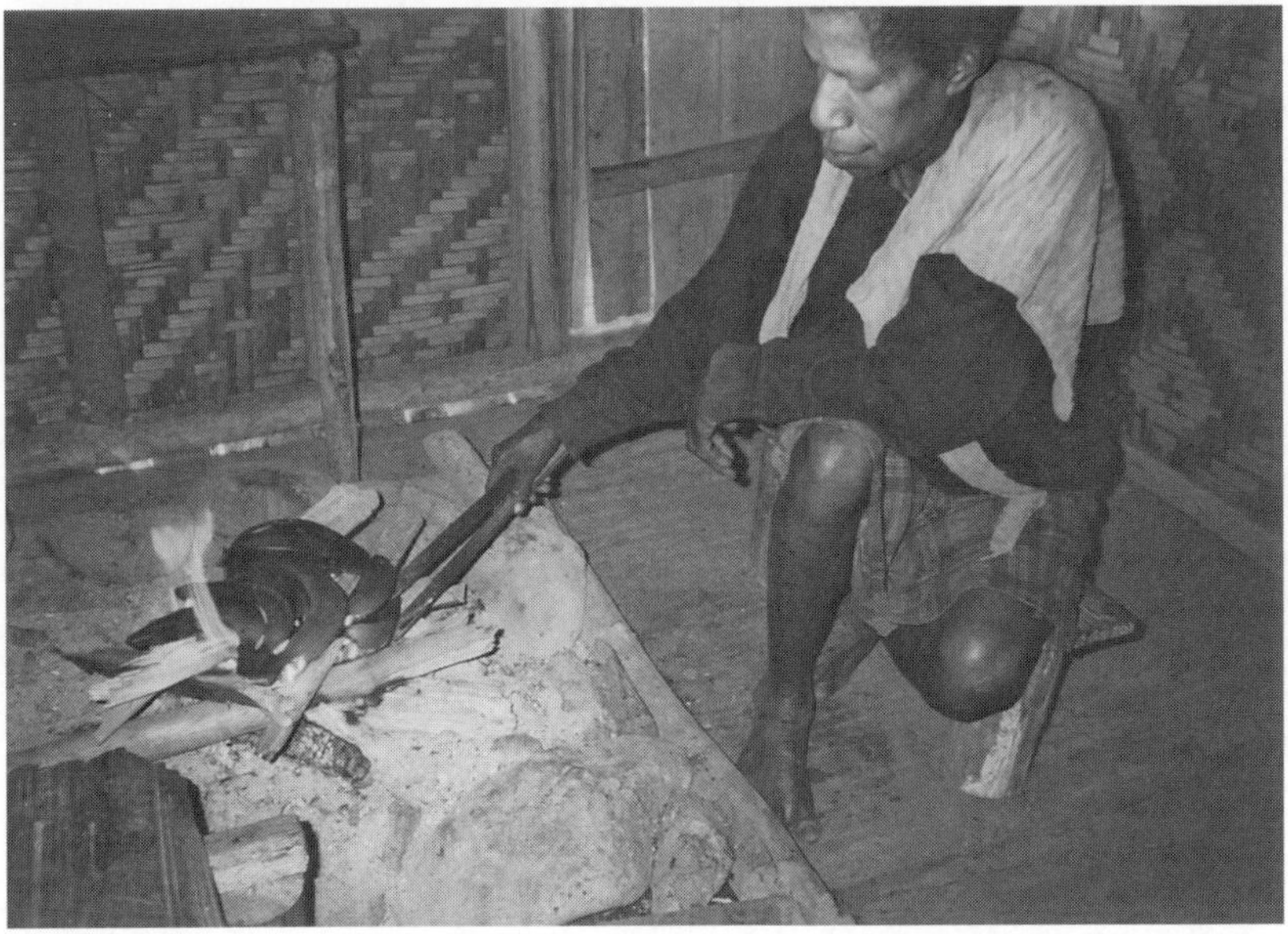

写真3-11　バナナを焼くマオメ(1999年9月筆者撮影)

怪しい。人びとは、ガリスが畑に生えていると「鳥の糞に種が混じっていたな」と推察するが、駆除することはせずに生えるに任せている。前述したように、古い畑から新しい畑に苗を選別せずに持ってくるのだが、その際にもガリスが混じっていると考えられる。さまざまな用途で使用されるマグの葉、まずはガリスの葉が優先的に用いられる。果実収穫用のマグから葉を切り取ると、少し実の出来が悪くなることを人びとは知っているので、影響を考える必要のないガリスの葉が先に切り取られるのである。

ガリスの利用でも分かるように、果実の利用はもちろん重要であるが、人びとはマグを果実、葉、茎(偽茎)、若芽(吸芽)、その他の部分、それぞれに使い道がある作物として認識している。やはり、「バナナ」という言葉では、マグの多様な品種、利用形態をうまく表現できない。そもそも、日本の人びとが「バナナ」でイメージする軟らかい、甘い果実は、ボサビの人びとはあまり食べない。ボサビの全ての品種は、熟するまで待てば甘くなるのだと推定されるが、基本的に収穫は熟す前の青い（緑色）果実の段階で行なわれる。未熟の果実をそのまま焚火で焼いたり、石蒸し焼きにしたり、鍋で茹でたりする、いわゆる料理バナナとしての利用が中心である。軟らかくも甘くもない、それでも品種によってそれぞれに味の異なる主食、ジャガイモやタロイモのような味・食感のする主食としてのイメージがボサビの人びとのマグなのである（写真3―11）。

人びとは果実が熟せば軟らかく甘くなることを知っており、乳児にはそのような状態のものを離乳食として与えることもある。ちなみに離乳食は、母乳がまだ与えられている三、四か月の頃から与えられ始め、マグがその中心である。熟した果実も与えられるのだが、焼き上がった、あるいは茹で上がった未熟の果実を親が十分噛んだ上で、ペースト状のそれを乳児の口に指で与えるという行為がボサビの人びとの間でよく見られた。

とにかく、なぜ人びとはマグを未熟の段階で収穫するのか。生態学的に考察すれば、それは生産性のためである。熟すまで果実を放置すると、コウモリ、鳥、小型哺乳類、さまざまな虫によって食害を受ける可能性が高まる。未熟の段階でも食害を受けることも多い以上、早め早めに収穫すること、調理すれば食べられる段階ですぐに収穫することが合理的である。ちなみに、特にコウモリ（フルーツバット）は狩猟対象として人気の動物であり、わざと熟すまでマグを放置しておきコウモリや鳥を捕獲するということも観察された。

ただし、この食害対策が客観的理解であるとするなら、参与観察的理解において、食感・味がマグの料理バナナ的利用の理由であると言える。第1章で述べたように、最初は、甘みがなく、硬くて、水分の乏しいこの食材がとにかく喉を通らなかった。しかし、慣れると、ほどよくうま味があり、歯ごたえよく、お腹にたまる感じのするこの食材の食感・味が食事に不可欠であると感じるようになった。さらに、品種ごとに、少し甘みがあるとか、モチモチ感がたまらないとか、とにかく腹持ちがいいとか、日々の食事にバリエーションをもたらすことも、柔らかく甘いだけではない料理バナナ、マグの良さであると感じるようになった。

4　バナナ再考

ボサビの人びとにとってマグは「バナナ」ではなくマグなのであるが、それではマグを、そしてボサビの生業を世界の中に位置付けることができないので、話をバナナに戻そう。これまで表記してきたように、括弧付きの「バナナ」は日本で流通しているバナナに対して、括弧のないバナナはBanana、つまり世界で（主に果実が）利用されているバショウ属の植物を筆者は指し示しているつもりである。とにかく、*Musa fei*などバショウ属の他の有用植物がニューギニアに多く存在し、またガリスのように原種*Musa acuminata*に近いと考えられる品種がボサビ周辺でも普通に見られるように、ニューギニアはバナナと人類の関わりを考察するのに重要な場である。

ニューギニアにおけるバナナ栽培は、農耕の起源を世界的に見た場合、かなり早い段階で始まった農耕であると考えられている。ボサビの地域から東北に三〇〇キロメートルほど離れたところに、ニューギニア中央高地の北側にクック湿地という場所がある。この場所で、ケンブリッジ大学やオーストラリア国立大学のチームが考古学的調査を継続している。その分析の結果、クック湿地では約七〇〇〇年前からバナナおよびタロイモの栽培が行なわれていたことがわかっている（Denham et.al. 2003）。このクック湿地は、その発見の重要さから

「クックの初期農業遺跡」として世界遺産にも登録されている。

クック湿地のある場所は、現在サツマイモが主に栽培されている地域の中にある。ニューギニア高地のサツマイモ栽培は、ブタ飼養、焼畑による環境改変、ビッグマンという権力者を生み出す社会構造と互いに関連しながら、特徴的なエコシステム、社会システムの一部として行なわれており、多くの研究が蓄積している。生態人類学の嚆矢であるラパポートの民族誌も、やはりサツマイモ栽培を分析の対象として重視している。しかし、クック遺跡の調査チームが論じているように、ニューギニア高地に中米起源の栽培植物であるサツマイモが導入されたのは、たかだか三〇〇年前であると推定され、それまでは高地地域でもバナナおよびタロイモが主な生産物であった。

Current Anthropology誌上で特集が組まれたように（Douglas and Yosef 2011）、人類学・考古学の知見を集約して農耕の多元的起源を明らかにする研究が近年盛んに展開されている。ニューギニアにおけるバナナ栽培は、世界の農耕の多元的起源を立証していく上で、さらに農耕が取り入れられた後のエコシステムや社会システムの多元的展開を考察するために重要な対象であると言えよう。ボサビの倒木放置畑がそのような起源から連続している実践であるというのは暴論であろう。しかし、少なくとも品種や栽培方法の一部は、クック遺跡で約七〇〇〇前に開始されたバナナ栽培と関連付けて考えることもできそうである。

バナナの品種と分布についての先行研究も少し紹介しておきたい。Perrierらの研究［Perrier et.al. 2011］によくまとめられているのだが、バナナの遺伝解析、および語彙に関する言語学的分析を基にすると、原種*Musa acuminata*には複数の栽培化地域があったと結論付けられている。すなわち、*Musa acuminata*にはニューギニアのbanksii、ジャワ島周辺のzebrina、ボルネオ島のmicrocarpa、フィリピンのerrans、マレー半島周辺のmalaccensis

と truncata、インドシナ半島周辺の burmannica と siamea という亜種が存在したと報告されている。その後、ニューギニアとジャワの間、ニューギニアとフィリピンの間、フィリピンとボルネオの間で、初期のそれら単為結果性のＡＡ、つまり二倍体品種の交雑が起こり、またその過程でＡＡＡのような三倍体化も起こったと推定されている。*Musa balbisiana* は中国南部が原産地であると論じられている。*Musa balbisiana* がニューギニアとフィリピンの間で生成した *acuminata* の品種群と交雑することにより、ＡＢのような二倍体栽培品種群、ＡＡＢやＡＢＢのような三倍体栽培品種群を生成したと推定されている。

その論文では、ニューギニアとジャワの間で起こった二倍体品種の交雑を、遺伝解析だけでなく語彙にかんする言語学的分析からも推定している。具体的には、ニューギニア内陸部からインドネシア領パプアの海岸地域、そして小スンダ列島に至る地域で、ある品種群、あるいは全バナナを muku、あるいはそこから派生した mugu などの語彙で呼ぶことを系統的に分析している。ボサビ語はその分析に含められていないが、マグ（magu）は、やはりこの語彙群に含められるべきである。

ニューギニアにおける現代のバナナ栽培は、人類史における農耕の起源を考察していくために、あるいはバナナの伝播と分布を分析していくために重要な研究対象である。しかし、現在それに依存する人口が膨大であるサツマイモ、あるいはメラネシア周辺地域における特異な資源であるサゴヤシに比して、バナナにかんする研究の蓄積は非常に少ない。前述の考古学的研究を除けば、ビタミンＡの含有量に着目した一連の栄養学的研究（Englberger 2006）が目立つ程度であり、品種や栽培方法に着目した研究は、ボサビを含む高地周縁に多少蓄積している程度である（Dwyer 1993; Odani 2002; 口蔵・須田 二〇一一；口蔵 二〇一二）。

パプアニューギニア全土の食糧生産・消費システムを調査、分析した Bourke らの著作について第1章で紹介

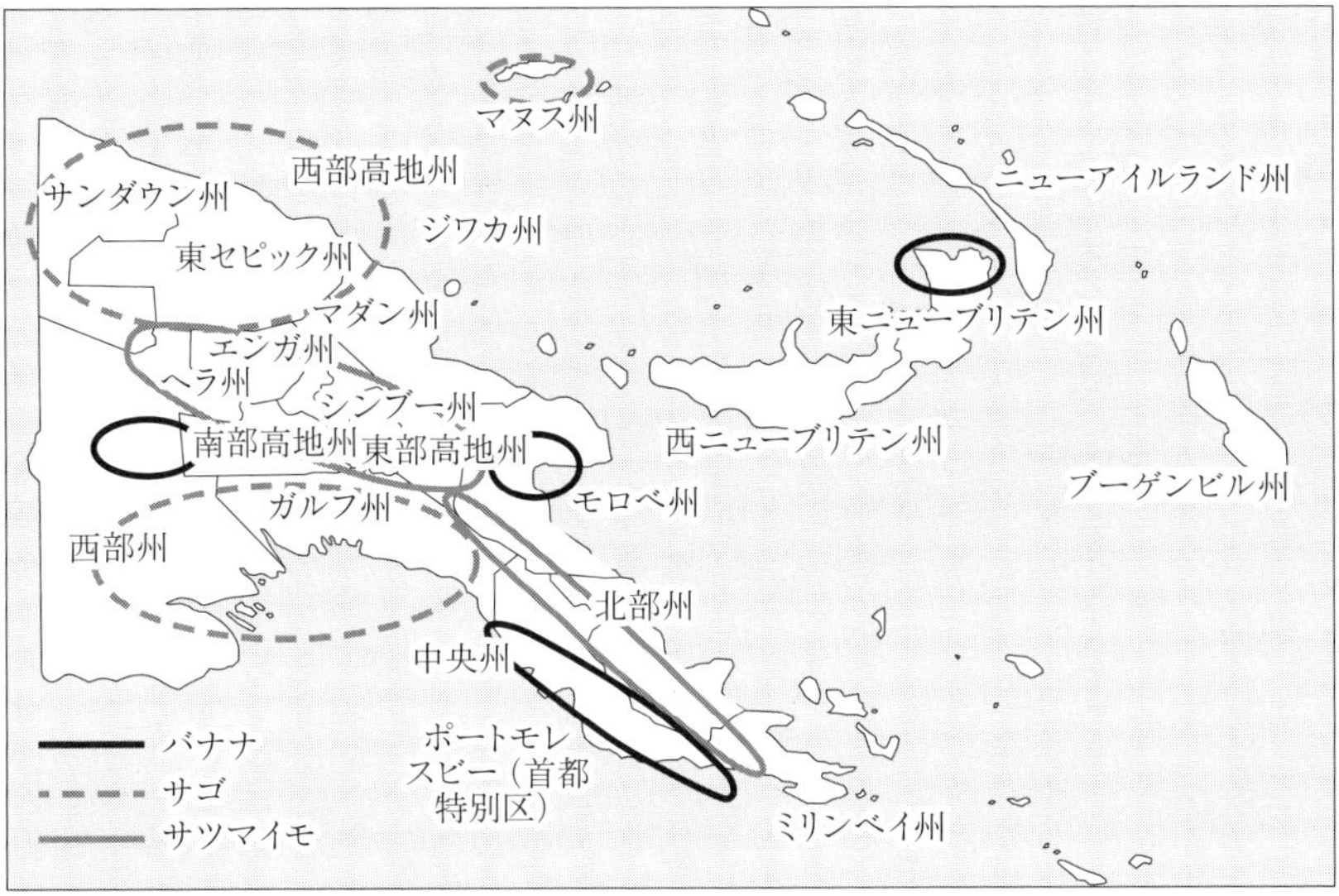

図3-1　パプアニューギニアの主食分布

したが、そのデータは在来農耕にかんする全体的な比較をするのに唯一信頼できるものだと言える。その中で、主食（Staple food）の分布についてまとめられた内容を基に作成したのが図３―１である。バナナを主食とする地域は四つに分けられることが見て取れる。つまり、西部州北部から南部高地州南部のボサビを含む高地周縁、モロベ州マーカム川流域、中央州海岸地域、および東ニューブリテン州の一部地域である。しかし、Bourke等のデータはバナナに特化したものではなく、品種ごとの利用形態や分布は依然分からないことが多い。

筆者らは近年、ボサビ周辺以外のバナナの利用を明らかにすべく、モロベ州マーカム川流域、中央州海岸地域において調査を行なった（Odani et.al. 2019）。本書ではその詳細を取り上げないが、少なくともボサビ周辺の栽培実践とは異なっていた。逆に言えば、モロベ州マーカム川流域、中央州海岸地域の栽培実践はある程度似通っており、トク・ピジンでカラプア（Kalapua）と呼ばれる品種群が高い頻度で栽培されている特徴があった。カラプアは、洪水および乾燥の両方に耐性の高い品種群であると考察され、両地域のエコシステムに適合的である一方、一年を通じて降水量の多い高地周縁ではその特徴が活かせないと考えられる。ただし、口蔵らの記述によれば、サモ・クボにおいてKarabueという方名の品種があり、ゲノムタイプもABBであることから、カラプア品種群の一品種であることが示唆される。また、口蔵らはその品種が近年の導入種であることを聞き取りによって明らかにしている。

ボサビの主食であるマグを、バナナとして世界の中で考察してみると、人間とバナナと環境の関係、その関係の歴史的展開についてさまざまなことが明らかになる。バナナの栽培起源の一つであると提唱されるニューギニアにおいて、現在バナナの生産消費がどのように多様であるかを明らかにすることは、ニューギニアにおける考古学的分析、ひいては世界におけるバナナの拡散と人間の移動を再考するための情報も提供することにつながると期待される。また、マグあるいはバナナを、ボサビ、さらにはニューギニアの人びとの在来の遺伝資源として再評価し、人びとの活動や権利を考えるための基礎情報を提供するためにも、ローカルレベルのバナナ利用についての研究の進展が期待される。

5　倒木放置畑システム

すでに述べたように、ボサビの人びとはバナナを三七の品種に分類している。ボサビにおいて調査を行なっ

表3-2　バナナの37品種

調理の有無	生	調理	調理	調理
食感	軟らかい	軟らかい	硬い	硬い
味覚	甘い	甘い	甘い	甘くない
収穫時期	半年から1年半	1年から1年半	1年半から2年	1年から1年半
	biyok garago hora sarekai sau sukubarami-apple sukubarami-sabo sukubarami-sau weliobo	andowa maibabo mara maremane sibe	baba biami-magu bobieribi garis gasu gurumara hogore kiriwa-magu mushamu sarima sigu simagu waru weru yuwabo	agua daragua duo himu murumu so tirifi uwaran

た時点では、筆者はバナナの品種同定にかんする方法論を習得しておらず、ガリス以外の三六品種の世界の中での位置付けについては未知のままである。しかし、人びとの分類は形態、食味、生育速度に基づいており、生物学的分類と対応可能なものであると推定される。表3—2に性質の似通った品種を四群に分けて三七品種を表してみた。品種の聞き取りに当たっては、まず実物（果実、あるいは植物体全体）があればその名称を聞き取り、また実物が存在しなくても、人びとがボサビの領域内で栽培されていることを知っている品種に対してその知識を聞き取った。

まず、生で食べることが多いのか、調理して食べることが多いのかによって品種を分けることができる。前述のように、人びとはバナナを基本的には調理して食べるが、生で食べることが好まれる品種もある。生で食べることの多い品種のうち、sukubaramiと名の付く品種は明ら

	家族A	家族B	家族C	家族D
1年から1年半で収穫する品種				
agua				
andowa			26	28
daragua				
duo			27	25
himu				
maibabo			15	28
mara	1	26		
maremane	23	19	74	70
murumu	31	27	116	112
sibe	62	161	48	47
so				
tirifi	384	424	130	122
uwaran	25	23	31	31
計	526	680	467	463

	家族A	家族B	家族C	家族D
1年半から2年で収穫する品種				
baba				
biami-magu		15		
bobieribi			45	40
garis				
gasu			39	44
gurumara		66		
hogore				
kiriwa-magu				
mushamu		30	17	18
sarima				
sigu				
simagu				
waru				
weru				
yuwabo	55	67	81	75
計	55	178	182	177

かに近年導入された品種である。sukubaramiは、シュガーバナナ（Suger Banana）がなまった命名であり、パトロール・オフィサーやキリスト教の伝道者が「シュガーバナナ」と言って持ち込んだものと考えられる。その中のsukubarami-saboはキャベンディシュ種と推定された。

食感の「軟らかい」「硬い」は、体感できる水分含有量に基づく分け方である一方、ボサビの人びとの身体感覚と結び付いた分け方でもある。人びとは「硬さ」（haraido：ハライド）を生命力や男性性と結び付けて考える。ちなみにエトロ語におけるボサビの人びとの総称はハラド（harado）であり、他者から見てボサビの人びとがハライドを重視すること、度々言及することをよく表していると言える。人びとは「硬い」ものを食べなければ生命力を保てないと考えるし、筆者の経験からも実際に腹持ちがいいと感じられる。一方、「軟らかい」（tanyo：タンヨ）も

表3-3　品種と植え付け数

	家族A	家族B	家族C	家族D
半年から1年で収穫する品種				
biyok	37	72	16	18
garago				
hora				
sarekai	66	108	85	79
sau				
sukubarami-apple				
sukubarami-sabo		3		
sukubarami-sau				
weliobo				
計	103	183	101	97

のはやはり食べやすいし、乳幼児や高齢者などハライドが少ないと考えられている者も含め万人に好まれている。「甘い」「甘くない」も、体感できる糖度の違いに基づく分け方であるが、やはり誰が食べるかにも関係している。「甘い」品種は乳幼児や高齢者などに好まれると考えられている一方、「甘くない」品種は生命力の強い男性に好まれると考えられている。

収穫時期は苗（吸芽）を植え付けてから収穫に至るまでの時間である。成長速度と結実するまでの時間は、品種ごとの生物学的性質によって決まると考えられる。食味とはあまり対応関係がない一方で、調理の有無とは関係している。つまり生で食べられることの多い品種は、収穫までの時間が短い。これは、生で食べられる品種の全世界的な特徴というよりは、ボサビの人びとが収穫時期の短い生食可能な品種を選んで導入し、好んで栽培し続けている結果であると考えられる。

ボサビの人びとが知識として知っている三七品種が、実際にどのように利用されているのかをまとめたのが表3―3である。一九九九年一月時点で、表中の四家族の区画に植えられていた三二一二株のバナナを品種名に分けて数え上げた結果である。まず、三七品種中一八品種が観察され、一九品種は植え付けられていなかった。当たり前であるが、知識として存在することと、実際に存在することは異なるし、また知識として存在し

写真3-12　tirifi（白く長い）とsibe（黄色く短い）（2003年8月筆者撮影）

ていても全ての人が同じように利用する訳でもない。表3―3は、あくまである時点、ある家族が利用していた、ボサビの人びとの資源利用形態の一部分である。

一番多く植えられていたのはtirifi（ボサビ語で「肋骨」の意）であり、八家族に対して行った栄養素摂取量調査においても、バナナの中で約五〇％をその品種が占めていた（写真3―12）。次に多く植えられていたのはmurumuであり、tirifiと同じく調理を必要とし、「硬く」「甘くない」品種である。ボサビの人びとにとって、tirifi, murumuのような調理を必要とし、「硬く」「甘くない」バナナが好まれていることが分かる。ただし、人びとの考え方によれば、多く植えられる品種の選択において、食感が基準になるというより、病虫害に強く連作回数も多い品種が選ばれているようである。逆に言えば、病虫害に強く連作回数も多い品種は畑に残り続けるので、多く植えられているように見えるという面もある。

倒木放置畑の畑の造成はロングハウスコミュニティの成人全員によって行なわれ、その後の管理は家族単位で行なわれると説明したが、表中の家族AとB、家族CとDは同じロングハウスに住まう家族である（ただし本書の定義上の別世帯）。畑の造成において苗は古い畑から持ってくるが、苗の掘り起こしは品種を選択することなくランダムに行なわれており、家族単位の区画は造成後に決められる。つまり、新しい畑の品種比率は古い畑の比率にある程度一致すると考えられる。AとB、CとDの品種構成は似通っており、その予想通りの結果であった。一方、AとBのロングハウスコミュニティ、CとDのロングハウスコミュニティの品種構成は異なっており、やはりコミュニティごとの品種比率は再生産されるのだと結論付けられる。

品種ごとの収穫までかかる期間を大まかに示してみると（表中の収穫期間）、収穫期間ごとの品種合計株数が似通っていることも見て取れる。収穫期間の異なる品種が混在することによって、収穫の変動が少なくなるのだと記述してきたが、表3—3のような結果がその詳細を表している。ここで注意しておきたいのは、人びとが収穫の変動が少なくなるように畑の品種構成を細かく調整している訳ではないことである。前の畑でも持続的な収穫が得られていたから、新しい畑造成時に意識的に品種構成を変える必要がないことを人びとは「知っている」。逆に、収穫が持続的でなかった時に初めて、人びとは品種構成を変えるべきだと知るであろうが、次章で詳しく分析するようにそのような事例は観察されなかった。だからこそ、苗の掘り起こし、植え付けはランダムに行なわれている一方で、同じロングハウスコミュニティの倒木放置畑は何世代にもわたって、ある程度同じ品種構成が持続されることになる。

ただし、品種構成が全く変化しないわけではない。造成後の家族単位で管理される区画では、連作するべく残される品種、好みに合わないから除去される品種などを個人が思い思いに選択する。また、外部から持ち込まれた品種も好奇心によってどんどん導入される。表3―3の同じコミュニティに属する家族の品種構成が異なるのはそれ故である。そして、コミュニティごとの倒木放置畑全体の品種構成も、世代を重ねるたびに少しずつ変化していくと考えられる。以上のように、倒木放置畑という全体を構成する、品種、各個人（核家族）の行為、ロングハウスコミュニティ内の協業といった各要素それぞれが多様な特性を持ち、多様なふるまいをする一方で、全体としてある一定の品種比率、ある一定の収穫量が再生産される。各要素はむしろさらに多様さを増すようにふるまい、比率や収穫量は変化もするが、既存の品種や前の畑の収穫量を持続するような範囲内で変化する。このような自己参照的に、再帰的に全体が構成される様態は、倒木放置畑がオートポイエート（自己言及）するシステムであることを示す。

6　倒木放置畑のレジリエンス

生態人類学のみならず、経済学や心理学など、システム論を分析枠組みとして用いる学問分野で、近年レジリエンスという概念が着目されている。とりわけポリティカルエコロジーという研究枠組みにおいては、グローバルな政治経済に包含された人びとの生業の脆弱さ（ヴァルネラビリティ）を分析するための中心的概念である（Berkes and Folke 1998）。生態学におけるレジリエンス概念の提唱者のホリングは、レジリエンスをシステム

（特にエコシステム）のリスクに対する「強さ」を表わす概念として定義した（Holling 1973）。システムが多様性、冗長性を持つ時にリスクに対して頑健であり、レジリエンスが「有る」あるいは「高い」と判断される。一方、システムが多様性を失い簡潔になる時にリスクに対して脆弱であり、レジリエンスが「無い」あるいは「低い」と判断される。

ボサビの倒木放置畑は変動に対して頑健であると考えられる。バナナだけを見ても、その品種は多様であり、家族ごとの品種選択も多様である。そしてその多様さは、少なくとも時間経過による収穫の変動を平準化している。ひいては干ばつや病虫害のようなリスクに対してその影響を分散させ、変動に対して強い性質を持っていると考えられる。実は、バナナだけではなく、パンダヌスも筆者が収集した限りで二〇品種が存在する。植物性脂肪を食べたいという人びとの欲求に従って、パンダヌスをある程度の本数植えるのは確実であるが、バナナと同じように、コミュニティに存在する品種の中から個人の好みによって品種が多様に選択される。パンノキや野菜、昆虫までも生産されることも、倒木放置畑の多様性を高めている。このようなボサビの人びとの倒木放置畑の実践を抽象化すると、「自然の森林を収穫可能な森林に転換したシステム」（ギアツ 二〇〇一：六四頁）という古典的な生業システム解釈の一つであると考えることができる（写真3―13）。

ギアツはこのような抽象化を、インドネシアの焼畑農耕の行なわれている地域の特徴を記述する際に行なった。序章で紹介したラパポートの、エコシステムの一要素として生業システム、さらには社会システムを位置付ける視角も、概ねこのような解釈と通底していると言える。ただ、「自然の森林」が遍く現存するという安易な解釈はするべきではない。少なくとも、生業は人間が存在する場で観察される事象であり、人為の加わらない森林は生業研究の対象ではないのである。レジリエンス、そしてオートポイエーシスという概念は、そのよ

写真3-13　放棄直後の倒木放置畑（1999年9月筆者撮影）

うな「自然性」についての考察も可能にする。レジリエンスが高くオートポイエートしているシステムは、「自然」であるように見える。というより、「自然」の定義を、レジリエンスが高くオートポイエートしている状態であるとした方がいいのかもしれない。ボサビの倒木放置畑のような実践は、エコシステムのレジリエンス、オートポイエーシス（自己組織化）を変容させることができず、むしろ人びとが積極的にそれらを模倣し、エコシステムのサブシステムとなるふるまいをするという生業のあり方であると考えられる。

では、レジリエンス、オートポイエーシス（自己組織化）を変容させるような生業システムはどのように成立するだろうか。ギアツとラパポートはどちらもエコシステムと人間の関わりを論じる上で人口という変数を重視している。ラパポートはエコシステムの平衡状態、そしてその一部としての人間集団の平衡状態を分析する指標として人口（あるいは生息数）を主に用いた。また、ギアツは「自然の森林を収穫可能な森林に転換したシステム」が存在する「外インドネシア」と、「開放的な土地（筆者意訳：整地され森林のなくなった土地）、単一の作物、高度に特化した耕作」（ギアツ 二〇〇一：七七頁）として解釈される水田稲作が優先的である「内インドネシア」の違いが表れる原因を人口密度に求めた。エコシステムのレジリエンス、オートポイエーシス（自己組織化）を変容させる／させないを解釈するために、まず人間の行為（介入）の頻度と規模を見ることは必須であり、その最も基本的情報が人口および人口密度であると言うことができる。

ただ、それらの研究は共に本書の出版時点から半世紀以上も前のものであり、「自然の森林を収穫可能な森林に転換したシステム」はもう少なくなってしまったのかもしれない。世界人口が七〇億人を超え、世界の多くの人びとは「自然」と関係するより、人間同士で関係する頻度が高い現実を生きている。そのような現状において倒木放置畑の実践は、エコシステムのレジリエンス、オートポイエーシス（自己組織化）を変容させないためにはどのような条件が必要であるかを知る数少ない事例であると言える。

参照した文献に限って言えば、ラパポートやギアツは人口や人口密度の単位、つまり「部族」や「国家」を所与のものとして、それらがどのように社会システムとして再生産されるのかは検討しなかった。彼らの研究の後に現れたオートポイエーシスの概念や、レジリエンスに着目するポリティカルエコロジーの視角は、その検討を可能にするように思える。希少な事例が観察されるからという理由より、むしろ古典的な生業の解釈で困難だった社会システム、エコシステム、そして生業システムの関係を考察することが現在の研究枠組みにおいて可能だからという理由で、本書はボサビの生業に着目する。次章でさらに倒木放置畑以外の生業システムを記述することによって、この地域のエコシステム、そしてロングハウスコミュニティをはじめとする社会システムとの関係を追求していく。

第4章

サゴを打つ

1　サゴ打ちは生業である

前章でバナナが主食である、と宣言した。この宣言をいきなり覆すことになるが、ボサビの主食はサゴである。なぜなら、ボサビ語で、食べ物はメン（men）、同時にサゴもメンだからである。ちょうど日本語における「めし」や「ごはん」が、食べ物を指すと同時に炊いた米を指すのと同じニュアンスである。消費に占める割合、ロングハウスコミュニティとの関係性から考えると、バナナがボサビの人びとの主食であると言えるのだが、人びとの認識からするとサゴが主食なのかもしれないのである。

サゴデンプンの作り方は第1章で軽く紹介したが、サゴヤシの幹部分を粉砕しておがくず状になったものを、水を注ぎながら叩くことでデンプンが抽出されてくる（写真4―1）。この、おがくず状のものを叩くこと、もう少し言いやすい日本語で言い換えるとサゴを打つことは、ボサビ語でメノ・ベセマであり、働く、生業を行なうと同様のニュアンスをもって人びとに使われる。働くという言葉は、ナノクという別の言葉もあるが、筆者が「何をしに行くの?」と問うて、基本的に返ってくるのは「メノ・ベセマ」という答えが多い。もちろん本当にサゴを打ちに行くことも多いが、村落外で畑仕事や狩猟採集をする場合でもメノ・ベセマと大雑把に答えることも多い。ちょうど日本語で、必ずしも何かに「仕えに行く」わけでは無いが「仕事に行く」と答えるような感じである。

写真4-1　サゴ打ち（2006年8月筆者撮影）

　前章では、ロングハウスコミュニティの存在と関係付けながら、倒木放置畑についてさまざまな視角から眺めてみた。しかし、ボサビの生業は倒木放置畑だけではない。サゴを打つこと、サツマイモを栽培すること、狩猟採集すること、それぞれがボサビの人びとの生存を支えており、それぞれが人びとの社会関係によって維持されており、そしてこの地域の環境の中で合理的に行なわれている。その様態を、生活時間調査や生産性調査などによる定量的データを示しながら、彼らの言葉、生業＝サゴを打つと題して紹介していこう。

2　サゴヤシ利用

　すでに示した栄養素摂取量調査の結果にお

いて、サゴデンプンはエネルギー摂取の二番目に位置しており、一番目のバナナとの差もそれほどない。サゴヤシ利用は第1章で説明した通り、サゴヤシ（*Metroxylon sago*）の蕊からデンプンを精製することを主とする生業である。高地周縁においてサゴヤシは、標高約七〇〇メートル程度（同じボサビでもディデサ周辺などではあまり自生しない）の場所まで半自生している。逆に言えば、サゴヤシが半自生する標高の限界までボサビの人びとが住まっていると言うこともできる。サゴヤシは、湿地であれば約一五年のサイクルで「自然」に再生産する。半自生というのは、サゴヤシの自生するような湿地は男性個人の所有地であり、所有者は既存のサゴヤシの本数に応じて、自らの湿地にサゴヤシの苗を移植するからである。

デンプンは一連の作業によって、その幹から精製される。まず男性によって、サゴヤシの木が切り倒される。発芽してから一〇年から一五年、花が咲く前に切り倒すのが理想とされる。ただし、人びとは何年目かということは特に数えておらず、だいたい成人男性がひと抱えできるより少し太い程度（直径七〇センチ）になった頃に切り倒すことが決められる。皮が剥がれた後に（写真4—2）、その蕊がウド（Udo＝デスアダー）と呼ばれる独特の道具によって破砕される（写真4—3）。次に、破砕されたおがくず状のものが、女性によって水を注ぎながら叩かれることによって、デンプンが精製されてくる（写真4—4）。デンプンは、沈殿させることによって水が取り除かれ、片栗粉状の塊になると出来上がりである。沈殿しても水分は残るので厳密な計測が困難であるが、出来立てのデンプンの量を量ると、一本のサゴヤシからだいたい七〇キログラムのデンプンが精製される（写真4—5）。

これらの一連の作業は、そのサゴヤシが生えている湿地を所有する男性の世帯によって行なわれる。独身男性や離別・死別を経た男性がこの作業を行なうことは少ないが、たまに行なう場合は兄弟姉妹関係を通じて女手を加え、必ず複数人で作業を行なう。すでにシバラマの世帯構成を紹介したが、兄弟の関係で結ばれた二核家族、姉妹交換婚で結ばれた二核家族が世帯を構成するのは、このサゴデンプン精製を行なうための人手を確保するためであるといっても過言ではない。兄弟であれば所有する湿地は隣接しているので、その辺りに一棟、姉妹交換婚世帯であればどちらかの男性の所有湿地に一棟、あるいは両方の所有湿地に二棟というように出作り小屋（あるいは家）が併設されていることが多い。

一度切り倒すと、世帯は出作り小屋に寝泊まりし、三日程度で一本のサゴヤシを処理しきる。高温多湿の環境下、切り倒した後は早く全部を処理する必要があるが、たかだか一本の木なので人手を増やし過ぎても意味はない。成人男性二人が木を切り倒し、チップに破砕していく、成人女性二人がチップを棒で叩きながら水を加えデンプンを搾り出す。そのような分業がちょうど良いのだと考えられる。時間が足りない時や、独身者がこの作業を行う場合には、血縁を頼って手助けを呼ぶ必要があるが、その時には、生産されたサゴデンプンをその場で均等に分配することで、貸借関係を残さないようにしている。

サゴデンプンは、ニューギニア低地地域で広く生産消費されている。セピック川流域の集団は、デンプンをお湯で溶いてモチ状に固める方法を用い、のど越しの良い食べ方をするが、ボサビ周辺の集団はそこまで手をかけた調理はしない。最も単純な食べ方は、デンプンの塊をたき火に放り込んで焦げた部分を剥がしながら食べるやり方である（写真4─6）。これは、バナナの説明で述べたような「硬い」（ハライドな）食べ方である。人びとはこれで強く健康になるのだと考えているが、バナナと違って、筆者は水分が少なく味のしないこの料理に最後まで慣れなかった。

少しのど越しの良い食べ方として、手ごろな長さに切った竹にデンプンを削り入れ、たき火で蒸し焼きにす

写真4-2　倒したサゴヤシを割る（2006年8月筆者撮影）

写真4-3　粉砕作業（2006年8月筆者撮影）

写真4-4　水を注いで抽出（2006年8月筆者撮影）

写真4-5　絞り出されてくるデンプン（2006年8月筆者撮影）

写真4-6　焼かれるサゴデンプン（2003年8月筆者撮影）

ることでチマキ状のものを作る調理法がある。前述したようにパンダヌスと混ぜ合わせるのもメジャーな食べ方である。また、獣肉や魚が手に入れば、それをサゴデンプンで包み、さらにバナナ（マグ）の葉で包んで蒸し焼きにすると、脂肪がデンプンに染み出したおいしい食べ物が出来上がる。サゴデンプンは、パンダヌスの葉を編んだ容器でパッキングし、泥の中に入れて嫌気状態にすることで半年は保存することができる。果実や根菜が大部分を占めるボサビの食品の中で、サゴデンプンは唯一の保存食品なのである。

写真4-7　フェレ（2003年8月筆者撮影）

　サゴヤシを切り倒すのは、デンプンを取るためだけではない。ロングハウスの詳細について述べた際に触れたように、サゴヤシの葉は屋根を葺く主要な材料であり、葉柄を割いたものも編み上げて壁材や床材として用いられる。樹皮は床材として用いられるほか、湿地のぬかるみに敷き詰めて足場として使用される。さらに、サゴデンプンを精製するための道具自体もサゴヤシから作られる。女性がおがくず状の蕊を置いて叩く舟形の土台は、サゴヤシの葉柄の根元部分を二つつなぎ合わせて作られ、また叩く棒も、しなやかに振るえる葉柄の中ほどの部分が使われることが多い。

　切り株やチップを取るのに使わなかった部分は放置されるが、そこにフェレ（fere：正確にはメンフェレ＝mennfere）と呼ばれるゾウムシの一種（*Rhynchophorus ferrugineus*）の幼虫が湧く。その幼虫を培養するために、切り株ではなく、わざわざサゴヤシを切り倒すこともある。フェレは脂肪摂取量の四番目に位置しているように、ボサビの人びとの主要なおかずの一つである（写真4—7）。また、デンプンを抽出した後の搾りかすは、飼いブタのエサにもなる。

3 サツマイモ栽培

サツマイモは、エネルギーで四番目、タンパク質で六番目と、現在の人びとの栄養素摂取において不可欠な食品である。ただし、その栽培は近年になるまでボサビではあまり普及していなかったと考えられる。サツマイモ栽培は、ニューギニアの高地地域で広く行なわれている生業であり、マウンド技術を使った大変生産性の高いものである。中央アメリカ、ヨーロッパ、東南アジアという順に伝播してきたサツマイモが、ニューギニア高地には約三〇〇年前から広まったと考えられている。考古学的調査が進んでいない高地周縁では、その栽培がいつ頃広まったのかよく分かっていない。高地の集団と隣接するエトロでは、一九六〇年代の最初期のパトロール・レポートからサツマイモ栽培が記述されている。また Kelly や Dwyer による民族誌（Kelly 1977; Dwyer 1990）において、サツマイモは品種にそれぞれ固有名が与えられている記述があり、少なくともエトロでは人類学者が調査に入る以前にサツマイモ栽培が広がっていたことが示唆される。

しかしボサビにおいては、一九七〇年代のパトロール・レポートになって初めて記述され、またサツマイモはどの品種についても、エトロがサツマイモの一般名称として使用しているシアブル（Siabulu）としか命名されないことから（人名と連続させて Gigio-Siabulu、あるいは地名と連続させて Mendi-Siabulu と言うように命名されている）、

写真4-8　サツマイモ畑火入れ（1993年10月筆者撮影）

サツマイモ栽培はエトロから近年導入されたのだと考えられる。このことは、多くの品種で、誰によって、どこから導入されたのかの情報を、現在でも確実性のある情報として得ることができることでも傍証できる。つまりボサビへのサツマイモ栽培の本格的な導入は一九七〇年代であると推測できる。

サツマイモ畑は、村落内、あるいは村落外の世帯が所有する家の周りに作られる。その造成から収穫まで、全て世帯の成員、あるいは独身者なら一人によってなされる。村落内、あるいは村落外であっても、世帯の家の周りはすでに樹木が伐採され整地が行なわれている。その敷地内であっても畑を作る場所は水はけをよくするために多少の斜面が好まれる。畑が作られる際は、雑草が刈り取られ、火が入れられる（写真4—8）。火入れがされた後、耕うんがなされ、マウンドが作られる。マウンドは高地西部地域で主流である円形のものと、高地東部地域で主流である長方形のものが混在しているが、円形の形式

写真4-9　放棄された旧シバラマ村とサツマイモ畑跡地（2003年8月筆者撮影）

写真4-10　煮たサツマイモとザリガニ（2003年8月筆者撮影）

はキリスト教ミッション経由で、長方形の形式は行政経由で導入されたものと考えられる。マウンド一つの大きさは四㎡から五㎡であり、そこに一〇から二〇程度のサツマイモの苗が植えられる。苗は古い畑、あるいはコミュニティの他の成員の畑から、品種を選別して用意される。ここまでの作業が一週間ほどで行なわれ、サツマイモ以外の植物がその畑に植えられることはない。ただ、サツマイモ畑の周囲、主に村落内の整地された土地には、パパイヤやパイナップル、ネギやピーナッツなど、明らかに近年導入されたと考えられる作物を、個人が思い思いに植えている。

倒木放置畑の周りを柵で囲うことはされない一方、サツマイモ畑は柵で囲われる。ブタによる食害を防ぐためである。除草はこまめに行なわれ、約三カ月後から収穫が行なわれる。品種は六種であるが、収穫の時期はバナナと同様に品種によって異なる。二カ月程度で収穫が始まるものから、六カ月程度で始まるものもある。一回の収穫で、一つのマウンドに植えられたサツマイモは全て収穫される。一回で放棄される畑も存在するが、多くの場合、耕うんを行なった後、新たにマウンドが作り直され連作が行なわれる。この連作の回数は、ほとんどその土地の肥沃さに依存していると考えられるが、通常二回から四回である。三回から四回を経ると、収穫されるサツマイモは小ぶりになり、一つの苗からできるイモも少なくなってくる。

収穫が限界を迎えた畑は放棄されるのであるが、その跡地は、土壌の疲弊と侵食が進み、雑草も生えない状態になる。数年するとイネ科の雑草が生い茂るようになるが（写真4―9）、潅木が生えるようになるには、土地の斜度などの条件によって異なるが一〇年程度かかると考えられる。ボサビの地域にサツマイモ栽培が導入された一九七〇年代は、ちょうどシバラマのような村が形成され始めた時期でもある。図2―4に示したように、シバラマ村には複数のロングハウスと世帯の家があり、サツマイモ畑がその周囲に造成され、全体が柵で囲われている。サツマイモ畑の造成と柵の拡張が村落内で繰り返されていく結果、村落は赤土の露出した状態になっていく。シバラマの村落は、一九七〇年代から二回移動しているが、村・サツマイモ畑複合の跡地が二次林に遷移している例は観察されなかった。写真3―13と4―9を比べてほしい。一〇年程度経っても草本しか生えない村落・サツマイモ畑複合の跡地は、すぐに二次林に戻る倒木放置畑の跡地と非常に対照的である。

サツマイモは、鍋などの調理器具を用いて煮て食べられることが多い（写真4―10）。囲炉裏や石焼きにおいて蒸し焼きにされることもあるが、時間がかかりすぎるためにあまり好まれていない。ボサビに存在する全ての品種が糖度に富んだものであるが、人びとはその中でも糖度のより少ないものを嗜好するようである。ちなみに同じような食べ方がされる食品として、タロイモ、ヤムイモがある。しかし、「イモ」という根菜類を総称する言葉はボサビ語にはないので、サツマイモ＝シアブル（Siabulu）、タロイモ＝ディエフェニ（Diefeni）、ヤムイモ＝エファァラ（Efara）は人びとにとって異なった栽培植物である。サツマイモ畑にはサツマイモだけが植えられる一方、タロイモ、ヤムイモは倒木放置畑に植えられる。ただし柵のない倒木放置畑ではブタなどの食害を受けるため、シェフェリンの民族誌の記述にあるように、過去には柵の付いたタロイモ専用畑が存在したようである。調査時点のシバラマではタロイモ専用畑（およびヤムイモ専用畑）は観察されなかった。

4 狩猟採集

写真4-11　マヒ（バンディクート）（1999年10月筆者撮影）

ボサビの人びとは、狩猟を生業の中心に置いているようなより低地の集団に比べて、それほど狩猟に熱心ではない。動物の捕獲は、知識さえ保持していれば確実に捕獲できるワナを使用するような活動に負うところが大きい。ワナは、戸板落とし（Deadfall trap）や落とし穴など多彩なワナが使用されており、倒木放置畑の周りの森林に数多く仕掛けられている。男性は暇を見つけてはワナを見回り、獲物のかかり具合を確かめに行く。そこで最も多く捕られるのは、バンディクート（Bandicoot）、ボサビ語でマヒ（Mahi）である（写真4—11）。バンディクートは逃げるときにはぴょんぴょん飛び跳ねる、行動の特徴も生態学的ニッチもちょうどウサギのような動物であり、倒木放置畑が格好の採餌場所になっていると考えられる。

ワナは、バンディクートが捕獲できる程度の大きさのものが

写真4-12　戸板落とし(Deadfall trap)(2006年8月筆者撮影)

普通であるが(写真4―12)、人びとは時々巨大な落としワナや括りワナを森の中に仕掛ける。野ブタを捕獲するためである。野ブタの捕獲の社会システムに対する意味は後の章で改めて論じるが、栄養素摂取量の上位に来るように、人びとは生態学的にもそれなりにブタに依存している。栄養素摂取量調査の際には飼いブタ(カボ：Kabo)と野ブタ(イゴ：Igo)を区別せずに分析したが、そして区別が難しい理由は後の章で論じるが、摂取に貢献する割合が大きいのは野ブタである。人びとは、森の中を移動する際、よく足元を見ている。動物の足跡やフンに注意しているのである。飼いブタがいるはずのない場所にブタの足跡やフンがあると、落としワナや括りワナを準備し、獲物がかかるまで何日でも見回り続ける。獲物がかかったら槍や弓矢をもって仕留めるし、かからなければさらに別の場所

写真4-13　ダギ（ザリガニ捕り籠）（1999年10月筆者撮影）

にワナを仕掛けるのである。

ブタ以外にも日常的な移動の際に見つけた足跡やフンによって、ヒクイドリやキノボリカンガルー、クスクスの存在を察知してそれらを狩猟することもある。ただし、その頻度はとても少なく、またワナを準備することもない。数日間、槍や弓矢（クスクスの場合は木を切り倒すための斧）を持ち歩いて、それらの動物に遭遇すれば仕留めるようとする一方、遭遇しなければ諦めてしまうのが普通である。ヒクイドリ以外の鳥類は視認によって存在を察知し、うまくいけば弓矢で仕留めるが、それほど深追いすることもないので、やはり捕れる頻度は非常に少ない。栄養素摂取量の結果に出てくるように、視認によって捕らえられるのは、その場で手づかみでも捕獲できる爬虫類、特にヘビ類であった。ワニ類、カメ類はヘビ類ほど生息数が少ないからか、まれにしか捕獲されない。小型トカゲ類、および両生類のカエル類はよく視認されるが、子どもがおやつとして捕獲することが多く、成人は特に興味を示さないように見えた。

魚介類の採集は、ザリガニ採集と釣りを中心に盛んに行なわれている。ザリガニ採集は、倒木放置畑の項で記述したようにシロアリの巣があれば喜んでエサとして用いられる。しかし、シロアリの巣がなくても、食べ残しやサゴデンプンの搾りかすでも代用できる。ダギと呼ばれる籐で編んだ籠にそれらのエサを入れ、水中に一日投入しておくことでザリガニが採集される（写真4―13）。また、近年、出稼ぎに出た若者はよく水中メガネを買ってくる。水中メガネを用いて、直接手づかみでザリガニを捕ることの手軽さが受けているようである。ダギを用いる採集、水中メガネを用いる採集は、どちらも図1―2で描いた河川の本流ではなく、それに流れ込む幾多の支流で行われる。支流は概ね流れが緩やかで濁っており、ザリガニの生息地としても、視認の困難さからも、それらの採集方法が適していると考えられる。

出稼ぎに出て若者が買ってくる他の人気商品として、釣り針、釣り糸がある。言うまでもなく釣りのためである。ニューギニア（そしてオーストラリア区）の淡水魚相は独特であり、トウゴロイワシ目のレインボーフィッシュの仲間が多く生息している。ボサビの釣りで捕れるのは、基本的にこのレインボーフィッシュの仲間であり、最大でも一〇センチ程度しかない小魚ばかりである。たまにナマズ類やウナギ類が釣れると、その大きさ、脂肪分の多さからおかずとして大変喜ばれる。一方、本来ニューギニアに生息しないはずのコイ目の魚がたまに釣れることもあり、ニューギニア淡水魚相への外来種の侵入がうかがわれる。

昆虫類の採集は、すでに述べたサゴヤシに巣食うサゴ甲虫の幼虫が主な対象である。さらに倒木放置畑の倒木に巣食うカミキリムシ類の幼虫もよく採集される。さらに、数種のガの幼虫、バッタ、カマキリ、昆虫ではないが数種のクモも食用として利用されていた。植物性の食品も日常的に採集される。それぞれ採れる季節が決まっているものが多いが、ウカをはじめとする堅果類、フトモモをはじめとする果実類、タケノコ、筆者には全く分類不可能だったが多くの種類のキノコである。昆虫やそれらの植物性食品が、森の中あるいは倒木放置畑の中で日常的に採集されていた。

写真4-14　樹上待ち受け猟小屋（2006年9月筆者撮影）

以上の狩猟採集活動は、日常的に個人あるいは世帯単位で行なわれるものである。一方、狩猟採集には、非日常的にそれ以外の社会的単位で行なわれる活動もある。代表的なものとして、シェフェリンが通過儀礼の一環として解釈した、未婚男性のグループによる狩猟トリップがある。一週間程度、未婚男性だけで森の中で生活し、その中で成人男性としての知識とふるまいを身に付けるという活動である。筆者が調査時点で観察、そして参加した限りでは、未婚男性のグループは一年に数回、キノボリカンガルーや鳥類を狩猟することを目的とするトリップに出かけていた。ただし、現在のシバラマでシェフェリンの解釈したような目的はなく、どちらかというと楽しみのために狩猟に出かけるのだと感じられた。

また特定の目的のために不定期で行われる狩猟もあった。主にゴクラクチョウの羽を捕るために、男性数人で交代して森に寝泊まりし、狩猟機会を待ち続けるという猟である。彼らは、ゴクラクチョウを

写真4-15　魚毒漁のためのダム建築（1993年8月筆者撮影）

射るために樹上に寝泊まりできる「小屋」を作り上げ、機会が訪れるまで何日でも待ち続ける。ゴクラクチョウの羽は、ボサビの人びとのギサロと呼ばれる歌舞の衣装として用いられる他、高地地域の人びととの交易品として大変重視されている。現金、あるいは他の威信材を得る必要のある者、特にそれらの財を結婚に向けて用意する必要のある未婚男性が、この「樹上待ち受け猟」を行なうのである（写真4―14）。

魚毒漁も不定期に、大規模に行なわれる狩猟採集活動である。一九九三年の調査期間中に一度だけ行なわれたのは、結婚に際した機会であった。その結婚は、アナシの男性がワナゲサから女性を迎え入れたものであったが、女性が嫁いできた後にアナシの成員が総出で魚毒漁の準備を行なった。図1―2にボサビを流れる主な河川の名称を記したが、その一つイソワ（Isowa）は川幅二〇メートル程度のかなり大きな河川である。そのイソワ川がいくつかの流れに分岐する地点に何日もかけて木造のダムを建築し、完成したところで氾濫しない程度に流れをコントロールしながらせき止める（写真4－15）。そのタイミングで、五〇人程度のワナゲサの人びとを招待し、つる植物（*Derris spp.*）から取った魚毒をせき止めた水に投入する。三〇分もすると大量の魚が気絶して浮かび上がってくる。それをワナゲサの人びと、アナシの成員が手づかみで捕って回る。捕まえた魚をそのまま持って帰るワナゲサの人もいれば、アナシのロングハウスに集まって、アナシの人びとと魚を共食するワナゲサの人もいる。このような大規模な魚毒漁は、ボサビ周辺だけではなくニューギニアの各地で行われている実践であると考えられる（田所二〇一四）。

倒木放置畑も含めた、これまで述べたボサビの生業によって獲得される動植物を附表2（巻末）にまとめた。残念ながら、分類学的手法を習得したり、標本収集の手続きを取ったりという用意をしていなかったので、方名と、目視あるいは聞き取りによるおおまかな分類にとどまっている。目視は筆者が食べたり直接生体に出会ったりした際に行ない、聞き取りはバナナの分類と同じく複数名の知識を総合して行なった。それでも動植物の特徴がつかめなかったものは、備考が空欄になっている。鳥類にかんしては、フェルドによる素晴らしい分類が存在するので、それを参照されたい（フェルド一九八八：三四七―三五一頁）。ボサビの人びとの資源利用、環境認識の多様さを示すために掲載したが、網羅的で正確な民族生物学的記述は筆者の今後の研究課題でもあるし、さらなる研究者の参与を期待したい。

5　生業活動時間

第1章で懸案であったと述べた生活時間調査であるが、一九九八年からの調査では、コミュニティの性質を明らかにし、シバラマの人びとと対面的関係を築いた上で無事実施することができた。その結果をまとめたものが表4—1である。方法としては、四核家族八人の既婚男女（夫婦）の活動時間を、筆者とシバラマ住民のアシスタント一名が行動を共にすることによって、明確にカテゴリー化される活動を計測した。観察時間は、六時から二一時までの一五時間である。夫婦が別々の活動をする場合、筆者とアシスタントが手分けして計測した。一家族当たり一週間、計一カ月のセットを、一九九九年の一月、四月、七月、一〇月の四セット、次の生産性の調査と並行して行なった。前章から紹介している栄養素摂取量調査もすでに述べたように並行して行なった。なお、インフォーマントＡａ、ＢｂがワリソーI、インフォーマントＣｃがゴボリシ、インフォーマントＤｄがアナシの成員である。

表4—1から、生産物の消費量も多かった倒木放置畑での労働とサゴヤシ利用が生業活動の中で全体的に見て大きな割合を占めている。サツマイモ畑での労働は、前二者の活動に比べれば五分の一程度である。栄養素摂取量の調査では、動物性タンパク質は狩猟採集活動の生産物が多かったが、生活時間を見ると狩猟よりも採集の方が彼らの生業活動の中で大きな割合を占めていることが分かる。水汲みは乾燥地域の生態人類学的研究

表4-1　生活時間調査の結果*

	男性						女性						合計	
	A**	B	C	D	平均	標準偏差	a	b	c	d	平均	標準偏差	平均	標準偏差
「倒木放置畑」における労働	1.50	0.48	1.89	1.78	1.41	0.64	1.36	0.91	2.20	2.45	1.73	0.72	1.57	0.65
サツマイモ畑における労働	0.61	0.30	0.25	0.08	0.31	0.22	0.66	0.15	0.50	0.08	0.35	0.28	0.33	0.24
サゴデンプン精製	1.03	1.33	1.14	0.68	1.04	0.27	1.58	3.09	1.43	1.40	1.87	0.81	1.46	0.72
採集（食料資源）	0.80	1.79	1.03	0.80	1.10	0.47	0.18	0.10	0	0	0.07	0.09	0.59	0.63
採集（非食料資源）***	0	0	0.14	0.39	0.13	0.18	0	0	0	0.39	0.10	0.19	0.11	0.18
狩猟	0.25	0	0	0.45	0.18	0.22	0	0	0	0	0	0	0.09	0.17
水汲み	0	0.15	0.15	0.05	0.09	0.08	0	0.05	0.05	0.18	0.07	0.07	0.08	0.07
その他の生業活動****	0	0.81	0	0	0.20	0.41	0	0	0	0	0	0	0.10	0.29
会合	0.35	0.05	0.33	0.40	0.28	0.16	0.35	0.10	0.23	0.35	0.26	0.12	0.27	0.13
キリスト教の礼拝	1.33	0.98	1.08	1.16	1.13	0.15	1.33	0.98	1.13	1.16	1.15	0.14	1.14	0.14
奉仕活動	0.48	0.83	0.13	0.56	0.50	0.29	0.48	0.75	0.13	0.43	0.44	0.26	0.47	0.25
他村訪問	0	0.03	0.75	0.41	0.30	0.36	0	0.03	0.20	0	0.06	0.10	0.18	0.27
移動	0.93	0.80	1.54	1.10	1.09	0.32	0.95	0.98	0.90	0.79	0.90	0.08	1.00	0.24
調理と食事	5.14	4.66	3.94	4.40	4.53	0.50	5.41	4.73	4.85	4.88	4.97	0.31	4.75	0.45
休息	1.89	2.46	1.78	2.11	2.06	0.30	2.00	2.80	2.51	2.29	2.40	0.34	2.23	0.35
睡眠	0.71	0.35	0.89	0.64	0.65	0.22	0.71	0.35	0.89	0.63	0.64	0.22	0.65	0.21

*単位は全て時間（h）
**アルファベットの大文字と小文字は、夫と妻に相当する
***薪材採集等
****建物、柵の建築

において多く考察されてきた生業活動であるが、ボサビの人びとにとってはあまり苦にならない労働である。非常に高い降水量と石灰岩台地と火山灰砂台地の入り混じる地質的特徴により、村落の周り、ロングハウスの周りを問わず所々で泉が湧いている。ボサビのおいしい水、世界に誇れる資源である。

個人の状況、ジェンダー役割によって、生業活動に費やす時間に差が見られる。顕著なのは、狩猟および採集活動に男性がそれなりの時間を費やすのに対して、女性はほとんどそれらの活動をしない。一般的な民族誌において採集によって得られると分析される生産物が、ボサビにおいては倒木放置畑で生産されるという特徴も関係しているだろう（分析では倒木内のカミキリムシ採集等も倒木放置畑労働に算入している）。一方、サゴヤシ利用に関しては、女性の費やす時間が少し長い。切り倒し、粉砕する作業より、おがくず状の蕊を叩き、水でデンプンを抽出する作業の方に時間を多く費やすことを示している。サツマイモ畑の大小や、村落内におけるロングハウスの有無など、個人の時間の使い方に影響する要素は多様である。ただし、男女それぞれ四人の標準偏差がそれほど大きくないことから考えると、人びとの時間の使い方はある程度の個人差がありながらも一定のパターンがあるのだと言える。

その他の活動の中で顕著なのは、調理と食事に関する活動である。鍋などの調理器具を出稼ぎに行った者が購入してくるとはいえ、依然、調理の中心はたき火、あるいは焼き石とバナナの葉を使った蒸し焼きであり、出来上がるまでに長い時間がかかる。この炊事および食事の時間の間に、人びとはさまざまなコミュニケーションを行ない、あるいは道具製作などの家事を行なう。さらに、昼寝をしたり一人でボーっとしたりする休息もそれなりに長い。一五時間観察しているので、それ以外の時間を全て睡眠時間と考えると九時間睡眠していることになる。実際には観察時間外でも調理と食事は継続しているし、まれに深夜に狩猟に行ったという聞き取りも得られた（表4―1の結果には含まれない）。それでも、生業活動に費やす時間はたかだか四時間程度であり、それ以外は思い思いの活動をしていることが分かる。社会的活動も、その詳細から会合、キリスト教の礼拝、奉仕活動、他村訪問と四つのカテゴリーに分けて計測した。キリスト教礼拝を筆頭に無視できない時間を社会的活動に費やしているが、その分析は後の章で行なうこととする。

第1章で記述したシバラマの人びとの一日を、定量的に分析すると以上のようになる。狩猟採集集団の労働時間の短さ、いわゆる「始原の豊かな社会」論は生態人類学の黎明期から主張されてきたが、例えばサーリンズ（サーリンズ 一九八四）がまとめた労働時間が三〜四時間というデータに対して、今回の調査結果はだいたい同じ程度の生業活動時間を示している。ボサビの生業は狩猟採集に特化していないが、労働時間が三〜四時間ということで、人びとは「豊かに」暮らしていると言えるのだろうか。実は「始原の豊かな社会」論は前提が誤っていると考えられる。つまり、農耕社会や産業社会に生きる「我々」が長時間労働しているという前提が誤っている。「我々」のカテゴリー化は、第1章に述べた「誰が／の／を／」の問題と同一である。

例えば、平成二三年社会生活基本調査（総務省統計局 二〇一二）によれば、対象者一八万人の全対象期間の平均値をとると日本人も三・三時間しか「仕事」に費やしていない。もちろん、例えば「有業者」だけを見ると、六・〇時間を「仕事」に費やしている。では、「無業者」は「我々」ではないのだろうか。また、「有業者」は就職前や退職後の無業状態を前提に、「有業者」である現在に労働時間を集約しているだけであり、ライフステージの平均を取るとやはり三・三時間程度の仕事時間なのではないだろうか。さらに、我々の「家事」は「仕事」ではないのだろうか。エコシステムではなく社会システムの中で分業が進み、さらに個人においてもその分業がライフステージごとに振り分けられる「我々」の社会と、ボサビのような分業があまり顕著ではなく（それでも性的分業は明確であるが）、労働が多様ではあるがばらつきの少ない（標準偏差の少ない）社会を比較することは容易ではない。生産と消費が直結していても、一年のうちで、あるいは生涯のうちで労働のパターンが同様なボサビのような生業システムと、農繁期と農閑期が存在するような生業システムを比較することも困難である。やはり、サーリンズのまとめも今回の結果も、同様の生業システムおよび社会システムの間で比較を行なうべきデータであると考えるべきである。

世界各地のある程度同様の生業システムにおける労働時間に関して、口蔵による詳細なレビューが存在する（口蔵二〇〇一）。口蔵も、データの代表性、そして労働時間の定義の恣意性から、同じように「始原の豊かな社会」論を批判している。口蔵は、さらにニューギニア各地の二一の集団（その内五集団は同一言語集団の異なる村落あるいは異なる年代）における生業活動時間の平均値を算出している。その結果は三・八時間であり、ボサビのデータとだいたい一致している。ただし、口蔵は食物の加工等に要する時間を生業活動時間に足し合わせて労働時間として再計算を行なっており、その労働時間は平均五・七時間である。ボサビのデータも、「調理と食事」データを細分化すれば比較が可能であったかもしれないが、筆者にとって、調理、食事、道具制作、会話は一体化した不可分の行為であると判断された。とにかく、口蔵の指摘するように、データの代表性、そして活動のカテゴリー化の問題から、集団間の、生業システム間の生活時間比較が容易でないことは間違いなく、まずはボサビの生業システムの中で数値を検討していくことが重要であろう。

6 生産の季節性

栄養素摂取量調査でエネルギー摂取量上位四位までの生産物の、一九九九年一月、四月、七月、一〇月の生産量を一家族一日当たりの平均値で図に表したものが図4―1である。生活時間調査と同じ対象四家族、同じ期間つまり家族ごと一週間、計一カ月のセットを四セットという調査を実施した。対象家族と筆者が行動を共にし、収穫、生産されてきた生産物を直接秤量し、可食部重量に換算した。結果において、バナナはほぼ一定して多く生産されており、四月だけはサツマイモとトレードオフする形で生産が落ちている。サゴデンプンも一年を通じてある程度生産されているが、七月だけ大きく生産が落ちる。サツマイモは四月だけ多く生産される一方、一月には生産がほぼゼロに近づく。パンダヌスは総重量において最も生産が少なく、七月は生産がほぼゼロに近づく。

隣接するエトロに対する生態人類学的研究（Dwyer 1990）において、パンダヌスの生産の季節性に同期して、あらゆる生業に季節性が見られることが報告されている。その分析によれば、エトロでは、パンダヌスとサツマイモの生産は雨季に多く、サゴデンプンの生産が乾季に多い。図1―3に示したように、ボサビの居住域でもそれほど明確ではないが乾季と雨季があり、四月から一一月まで降水量がやや少なく、一二月から三月まで降水量が多い。エトロにおける季節性と比較すると、乾季の最中である七月に生産が落ちるパンダヌスのパタ

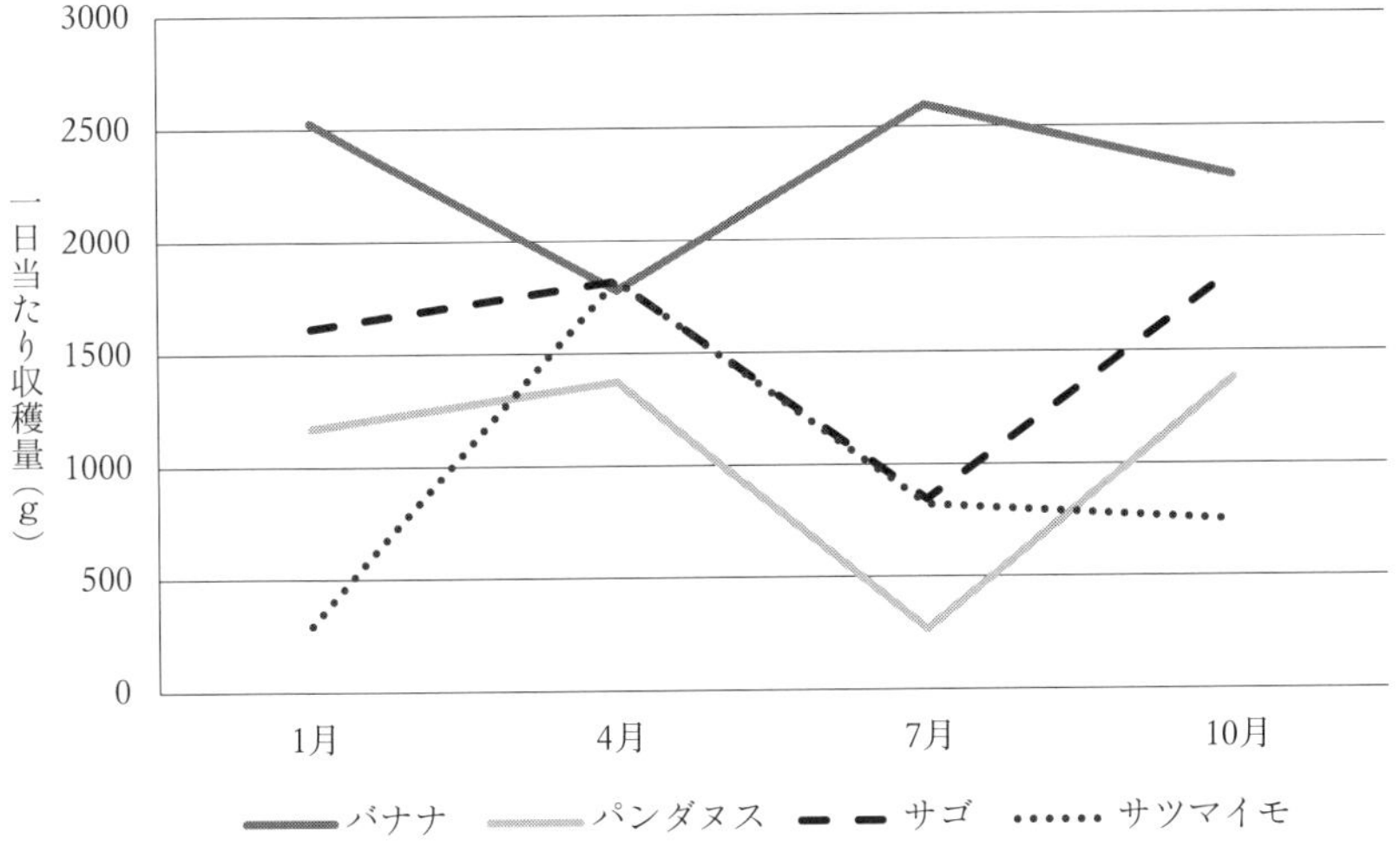

図4-1　生産物の季節変動

写真4-16　パンダヌスとサゴデンプンミックス（2006年9月筆者撮影）

ーンは一致している。エトロでもバナナに明確な季節性が見られなかったことが報告されているが、それはボサビでも同様である。一方、七月に生産が落ちるサゴデンプンは、エトロのパターンと逆である。サツマイモのパターンもどちらかといえば逆である。以上の違いは、ボサビのバナナ栽培に季節性がないこと、一方、エトロのサツマイモ栽培に季節性があることが背景にあると考えられる。その上で、季節性が顕著であるパンダヌスを何と一緒に食べるか、という嗜好も関係していそうである。ボサビの人びとは、サゴデンプンをパンダヌスと混ぜて食べることを特に好む。逆に言えば、パンダヌスが採れない時期にわざわざサゴデンプンを作るくらいなら、バナナだけ生産していた方が楽であると考えているのである（写真4―16）。

すでに分析したように、多品種のバナナを栽培し、生産の減少する時期を作らないというのが倒木放置畑システムである。倒木放置畑に依存して年間の生産を平準化した上で、サゴヤシ利用、サツマイモ栽培を並行して行なうというのが、ボサビの生業の特徴である。エトロでも倒木放置畑を作っている。というより、これまでボサビの事例で考察してきたように、ボサビ・ランゲージ・ファミリーの最大の共通点であるロングハウスコミュニティは倒木放置畑と不可分なのだと考えられる。ただし、Dwyerの記述にあるように、エトロの倒木放置畑の主な栽培作物はサツマイモである。このサツマイモへの依存の度合いが高いことによって、サツマイモ栽培とサゴヤシ利用を季節によって切り替えるやり方で年間の生産を平準化するというエトロの生業が形成されるのだと考えられる。

エトロにサツマイモがいつ導入され、それまでの生業の組み合わせがどう変容したのか、現在の人類学の知見から明確に考察することはできない。さらに、ボサビでもそれぞれの品種や栽培作物がいつから導入され、現在の生業の姿がいつから持続しているのか、やはり分からないことばかりである。その分析のために、今後のこの地域における考古学的研究の蓄積を期待したいし、逆に言えばDwyerや我々のような研究が蓄積していくことによって、未来の人類学者がそれらの事象を明らかにしてくれることを期待したい。現在言えることは、隣接し、同じロングハウスコミュニティという社会システムを持ちながら、異なったエコシステムとの関わり方、異なった生業の組み合わせ方があるということである。そして、その背景に、標高・気温・降水量などの物理的要因だけではなく、ヒト・モノ・情報が集団間をどのように行き交うのかという歴史的、社会的要因があることも間違いなさそうである。

7　生産性

これまで四家族の生活時間と主要作物生産量を分析してきたが、この対象者たちに対してさらに所有する畑の面積を計測するという調査を行なった。土地生産性および労働生産性を評価するためである。一年間の調査期間中に、インフォーマントＡａは新たなサツマイモ畑を、インフォーマントＤｄが新たな倒木放置畑の区画を造成したが、それぞれ収穫には至っていなかったので分析には合算しなかった。生産量（重量）ベースおよびエネルギーベースの土地生産性と労働生産性の結果をまとめたのが表４―２である。栄養素摂取量調査の結果からパンダヌスを無視することはできないので、倒木放置畑における生産物は、バナナのみの欄とバナナとパンダヌスを加えた欄を作成した。サゴヤシ利用は、区画化される領域において生産されるものではないので土

表4-2　土地生産性および労働生産性

	土地生産性 (kg*/ha/year**)	土地生産性 (10^6kcal/ha/year**)	労働生産性 (kg/h)	労働生産性 (kcal/h)
「倒木放置畑」 バナナのみ	1443	1.544	1.46	1564
「倒木放置畑」 バナナとパンダヌス合計	2035	2.413	2.13	2524
サツマイモ畑	5579	4.965	2.81	2497
サゴヤシ利用			1.05	3532

*kgは可食部重量
**1年間の値に換算

地生産性を示すことはしなかった。生産性をエネルギー効率でも評価したが、生産物のエネルギーは栄養素摂取量調査と同じく栄養成分表を用いて算出し、労働のエネルギーは、労働時間に、アクティビティ・ファクターの値3・0（草むしり程度）と基礎代謝量を掛け合わせて算出した。

表4—2を見てみると、労働時間当たりの生産性は、サゴヤシ利用が一番高いことが分かる。大塚がより低地に居住するギデラにおける研究で明らかにしたように（Ohtsuka 1983）、サゴヤシ利用は非常に労働時間当たりの生産性が高いのである。しかしサゴデンプンの生産性を単位面積当たりで考えてみた場合、サゴデンプンではその数値化が困難なのでこの表では土地生産性部分を空欄にした。そもそも栽培というよりも採集と考えたほうがいい生業形態なので、サゴヤシの再生産に必要となる面積は、ほとんどコミュニティが所有している土地全体に等しいと考えられる。少なくとも栽培される他の生産物に対して、はるかに広い土地の所有が必要であることは間違いない。

倒木放置畑の土地生産性を見てみると、生産量とエネルギーの産出の効率どちらを見ても、サツマイモ畑の半分から三分の一というように生産性が低い。また算出方法の統一が困難なものの、例えば口蔵のレヴュー（Kuchikura 1994）における他の集団の生業（以下の数値は10^6kcal/ha/year換算）と比較してみると、高地地域の集団におけるサツマイモ栽培が一〇前後の数値、高地周縁の集団におけるタロイモ栽培が五前後の数値を示すのに対して、倒木放置畑の土地生産性は低い。サツマイモ畑も、倒木放置畑に対しては土地生産性が高いが、他の集団の土地生産性に対して高い数字を示してはいない。

一方、労働生産性を見てみると、倒木放置畑のバナナのみではサツマイモ畑の方が生産性は高いが、バナナとパンダヌスを加えた場合、その差はほとんどなくなる。土地生産性と同じく、口蔵のレビューにある他の集団と比較してみても（以下の数値はkcal/h換算）、高地の集団におけるサツマイモ栽培が二〇〇〇から三〇〇〇の数値を示すのに対して、ほぼ同程度の生産性である。また、高地周縁の集団におけるタロイモ栽培が一〇〇〇から二〇〇〇の数値を示すのに対して、それを上回っている。

土地生産性は、人口密度が高く土地の利用が制限される条件において重要な変数である。人口密度が平方キロメートル当たり五〇人を超えることもある高地地域でサツマイモ焼畑栽培が主要な生業であることはその一例である。では、人口密度の低い条件で土地生産性は高い必要があるだろうか。シバラマの人びとが所有する範囲で計算した限り、ボサビの人口密度は平方キロメートル当たり四人であり、所有が明確でない土地も含めると人口密度はさらに低いはずである。そのような条件で土地利用が制限されることは考えにくく、また、ロングハウスコミュニティが存在することによって、広い土地を一度に造成することが可能であり、倒木放置畑の土地生産性の低さは問題にならないのだと言える。さらに、倒木放置畑は生産終了後速やかに二次林に移行する一方、サツマイモ畑が森林に移行するスピードがはるかに遅いことを考慮すると、休耕期間も含めた長期的な土地利用面積は案外同じ程度になるのかもしれない。

労働生産性がパンダヌスを含めた倒木放置畑とサツマイモ畑で同等であるということは、人びとの好みでどちらの生業に注力するかを選択できる余地があることを示唆する。ボサビの人びとは、倒木放置畑の栽培作物とその品種にも多様性を持たせていたように、結果からするとレジリエンスの高い持続的な選択をするように見える。また、倒木放置畑だけに依存するより、労働生産性や土地生産性をあまり深く考えずに、サツマイモ栽培もサゴヤシ利用も同時に行なうことによって生業全体に多様性を持たせようとしているのが現在の生業の組み合わせであると言える。

ボサビの人びとは労働生産性や土地生産性をアカデミックに計算している訳ではないが、十分な食べ物が得られること、できれば楽をしたいことを常に考えているし、「調理と食事」の場面ではまさにそういうことばかりが日常的に会話される。極端に労働生産性や土地生産性の低い活動、例えばゴクラクチョウ猟に全員が専従することは選択されないだろう。しかし、生産性の差がわずかであるなら、あるいはサゴヤシ利用のように土地生産性を評価するのが困難であるなら、生業全体になるべく多様性を持たせるように人びとは選択している。要するに、いろいろやってみたいし、いろいろやってみるべきだと人びとは考えている。

しかし、ボサビの人びととというように一般化すれば生業の多様性を追求しているのだという考察となる一方、本書で問い続けているように、誰の生業なのかをも考える必要がある。それぞれの生業の詳細を述べた際、どのような人びとの組み合わせでそれが実施されるかを記述した。人びとの組み合わせは、エコシステムによって規定される生態学的に合理な人数と個々人の役割によって選択される一方、社会システムによって規定される人間関係によって選択されてもいるはずである。サツマイモ栽培は近年導入された生業であると考えられる。その導入が、社会システムとどのように関わるのかを次に考察してみたい。

8 サツマイモ畑とシバラマ村

一九九三年の調査で唯一意味あるデータがとれたのは、畑の測量であった。人びとの名前をよく覚えていなくても、長時間行動を共にするほど仲が良くなくても可能な調査であったからである。倒木放置畑の区画を誰が管理しているのか、およびサツマイモ畑を誰が造成し管理しているのかを個人ごとに特定し、形状と傾斜によっていくつかの長方形に分割してメジャーで測量した。同様の測量は一九九九年の調査でも行った。ちなみに、表4—2の土地生産性を算出した際に用いた面積の数値は、一九九九年の調査で明らかにしたものを使用した。以上の結果を示したものが表4—3である。

区画の総数、つまり計測した畑の総数は、核家族や世帯の数と一致しない。倒木放置畑は、ロングハウスコミュニティ全員で造成し、区画分けした後に核家族単位で区画を管理し収穫を行なう。サツマイモ畑は、基本的には世帯で造成し管理する。ただし、独身者や高齢者、さらに任意の個人が、核家族や世帯の単位によらずに畑を作り区画を管理することもある。区画の総数には、その数も反映しているのである。結果を見ると、倒木放置畑、サツマイモ畑、共に一九九三年より一九九九年の方が区画数および面積が増加している。この増加は、人口増加に関係しているとも考えられるし、この調査では明らかにできないサゴヤシ利用とのバランスの変化によるのかもしれない。

表4-3　倒木放置畑とサツマイモ畑の量的変化

	倒木放置畑		サツマイモ	
年	1993	1999	1993	1999
区画の総数*	28	37	19	45
総面積（m^2）	74646	102013	14592	26779
区画あたり平均面積（m^2）	2666	2757	768	496
区画あたり標準偏差（m^2）	1579	1763	402	322

＊個人が管理・収穫を任されている部分を1区画と数えた。

一方、区画当たりの面積が倒木放置畑ではほとんど変化していないのに対して、サツマイモ畑では減少していることにも着目したい。つまり倒木放置畑はロングハウスコミュニティの協業によって造成されるのに対して、サツマイモ畑は、導入された当初はコミュニティ全員とはいかないまでも世帯単位以上の協業によって造成されていたが、次第に個人や少人数で造成されるようになってきていると考えられるのである。このことはサツマイモの導入が、単なる作物導入というだけではなく、社会システムの変容と密接に関連していることを示唆する。

倒木放置畑の土地生産性の低さが人びとにとって問題にならないのは、この地域の低人口密度もさることながら、コミュニティの労働力を投入して広い面積の畑を造成できるからである。核家族あるいは個人で畑を造成するには、やはり土地生産性を考慮する必要がある。そこで、労働生産性に差がなく、土地生産性（短期的に見た）の高いサツマイモ畑は、ロングハウスコミュニティの紐帯を重視しない者にとって選択すべき生業となる。倒木放置畑やサゴヤシ利用と違って、サツマイモ畑なら全く一人でも生計を維持できる可能性がある。

すでに紹介したように、村落の形成、行政の介入、キリスト教の布教、そしてサツマイモの導入はほぼ同じ時期、一九七〇年代前後に開始されている。それらの変化をもたらしたアクターもその意図もバラバラではあるが、村という社会システムを人びとは形成しつつあるように見える。「世帯の家に住まう」の項で定性

写真4-17　村落内のサツマイモ畑（2003年8月筆者撮影）

的に、「生活時間調査」の項で定量的に記述したように、人びとは、村落内ではロングハウスコミュニティの紐帯を超えて、牧師の下、日々の礼拝を行なう。そして、個人ごと、世帯ごとにサツマイモ畑で働き、行政の指導の下、集会や共同作業を行なう。村落外では、世帯ごとにサゴデンプン作りや狩猟採集を行ないながら、ロングハウスコミュニティの紐帯の下、倒木放置畑で働き、集団的狩猟採集を行なう。このように人びとは現在、ロングハウスコミュニティ的な生活と村落社会的な生活を日常に混在させている。そこには個人差もあり、属性で判断するならば、若者は村落社会的な生活を優先させる傾向がある一方、高齢者はロングハウスコミュニティ的な生活を優先しているように見える。

実は、一九七〇年代に記述されたシェフェリンの論文（Schieffelin 1975）において、すでにこのサツマイモ畑の拡大とロングハウスコミュニティの紐帯弱化という現象が予測されている。その予測からすると、一九九〇年代の筆者の調査で人びとが依然ロングハウスに住まい倒木放置畑により依存しているという結果が出たことは、その変容が急激ではないことを示唆する。また、Dwyerによるエトロの事例で紹介したように、倒木放置畑でサツマイモを栽培するという、導入された作物に対して別の関わり方もあり得る。しかし一九六〇年代までボサビに導入されなかったと考えられる食物であるサツマイモが、現在、エネルギー摂取の一〇%近くを占め、倒木放置畑とは異なった方法で造成される畑の面積が増え続けているという結果は、変容が着実なものであることを示している（写真4―17）。

9　複数の生業システム、複数の社会システム

ここまで倒木放置畑以外の生業について、それがいかなる存在かを考察せずに話を進めてきた。倒木放置畑は生業システムである。人間の外部に存在し、人間が関与せずとも存在するエコシステムとは異なり、人間の身体や行為も要素に含む。多品種のバナナやパンダヌス、その他の動植物も要素とし、それらの要素の構成と互いの関係は長期間持続する。そして、はたから見てひとまとまりと認識できる景観とそれを表す「畑」（エゲロ）という言葉がある。では、サゴヤシ利用、サツマイモ畑、狩猟採集、その他の食料生産の営みはどうであろう。

まず、サゴヤシ利用は生業システムである。この章の冒頭で論じたように、人びとは働くことをメノ・ベセマ、食料をメンと認識し、また、サゴヤシの生える湿地はリネージに代々所有されるひとまとまりの存在である。むしろ、倒木放置畑が存在する以前から、この地域の人びとにとってサゴヤシ利用は生業システムであり続けている可能性がある。その系譜については次章で詳しく論じてみたい。倒木放置畑とは異なり、その構成要素はそれほど多様ではないように見えるが、サゴヤシにも二三品種があり、棘の有無やおいしさ（筆者にはまだ味の違いが認識できないが）に違いがある。そしてその湿地における品種構成は、時々苗が移植されることによって人間が介入している。また、サゴヤシは、デンプンを精製するためだけではなく、フェレ（サゴ甲虫）を生産するため、葉や樹皮を建材として用いるためなどにも利用される。サゴヤシ利用は、さまざまな人間の行為も要素として包含し、行為する人間が入れ替わっても同じ関係性が持続していく。

狩猟採集活動をシステムと解釈するには、その活動にまとまりがないように見える。逆に言えば、我々生態人類学者が狩猟採集民というまとまりを思い浮かべながら、そのような人びとが行う活動をまとめようとしているだけに見える。例えば、倒木内のカミキリムシ幼虫採集は倒木放置畑システムの一部であると考えられるし、人びともそう感じているはずである。また、ゴクラクチョウ狩猟や大規模魚毒漁は日常的な食物獲得という文脈の中で解釈できない。それぞれの狩猟採集活動をよりミクロに分析すれば、使われる道具や捕獲採集される動植物、そしてそれらに対する人間の行為の構成と関係に一定の持続性が見られるかもしれない。しかし、倒木放置畑およびサゴヤシ利用のシステムとはスケールが異なる。

しかし、狩猟採集活動には、一定の方向性があるとも解釈できる。サゴヤシ利用は、地域のエコシステムに包含されながら少しだけ人間の行為が介入するシステムであり、サゴヤシ湿地に生息し、あるいは行き来する動植物はもとより多様である。また倒木放置畑は、「自然の森林を収穫可能な森林に転換したシステム」と解釈でき、やはり畑という場に生息し、あるいは行き来する動植物は多様である。そして人びとは、狩猟採集できる動植物が持続的に一定量存在するように、倒木放置畑システムおよびサゴヤシ利用システムに対して働きかけている。表3—1に見られたように、人びとは動物性タンパク質を狩猟採集の対象物に依存しており、狩猟採集できる場がなくなるとおいしいものが食べられなくなることを知っている。バンディクートやフェレやザリガニが生息するように、畑や湿地やそれらを包含するエコシステムの多様な構成を維持しようとしている。つまり、狩猟採集活動は、倒木放置畑システムおよびサゴヤシ利用システムに包含されたり、エコシステムに包含されたりする、個別の行為、あるいはよりスケールの小さいサブシステムなのだと解釈できる。

サツマイモ畑はどうだろう。すでに比較したように、エトロのサツマイモは倒木放置畑で生産されるので、ボサビの倒木放置畑と同じシステムの構成要素の異なる存在だと考えられる。一方、ボサビのサツマイモ畑は焼畑と整地を伴い、柵に囲われた土地での単作である。倒木放置畑とは切り離された実践である。そしてこれまで分析したように、ロングハウスコミュニティの紐帯を必要としない、村落社会、あるいは核家族だけからなる社会に親和的な生業である。また、ボサビへのサツマイモ畑の導入は、マウンドの作り方に長方形と円形のものが混在するように、行政の指導とキリスト教布教の両方から別々に行なわれたと考えられる。

サツマイモにも七品種があるが、品種の使い分けにパターンはないように見える。そして単作であることを考慮すると、倒木放置畑およびサゴヤシ利用のシステムに比べてスケールの小さい、採集狩猟中の一活動と同様の存在であると解釈できるかもしれない。しかし、サツマイモ畑の導入の経緯や作り方、畑における働き方は、村落社会やキリスト教の布教のような、倒木放置畑およびサゴヤシ利用のシステムが関わるロングハウス

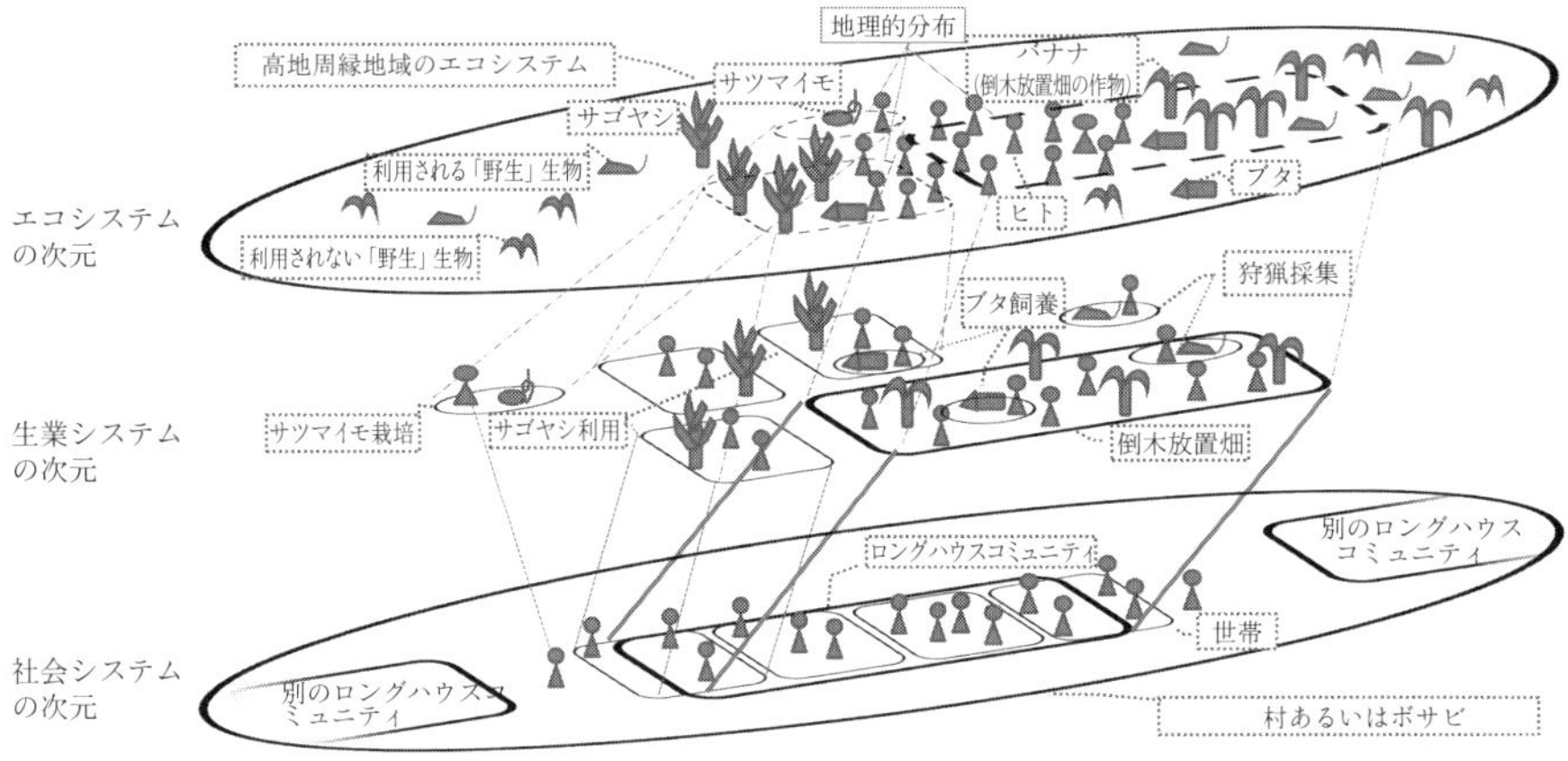

図4-2　複数の生業システム・社会システム

コミュニティとは異なった社会システムと関係している。そして、まだ記述していないブタ飼養という生業と密接に関係している。ブタ飼養とその社会システムとの関係性については後の章で詳しく紹介するが、少なくとも倒木放置畑とロングハウスコミュニティの関係より、サツマイモ畑と村落社会の関係の中にブタ飼養が介在すると考えられる。このように対比的にとらえてみると、サツマイモ畑は、倒木放置畑およびサゴヤシ利用のシステムと同スケールのシステムであると考えられる。

以上の関係性を図4―2に示してみた。ボサビの人びと(厳密に言えばロングハウスに住まうボサビ・ランゲージ・ファミリーの人びと全員)はロングハウスコミュニティという社会システムを構築し、帰属している。そしてロングハウスコミュニティ全体として倒木放置畑という生業システムを構築して、環境を改変し資源を獲得している。ロングハウスコミュニティの中には、個人、核家族、世帯という構成要素があり社会システムの再生産に関与している。それらは倒木放置畑システムの構成要素でもあるが、同時にサゴヤシ利用という生業システムをそれぞれ構築して、資源を獲得している。倒木放置畑とサゴヤシ利用は、システムであると同時にこの地域のエコシステムの構成要素でもある。人びとの身体はそのままエコシステムの構成要素であると同時に、倒木放置畑とサゴヤシ利用を通じて間接的に、そして各狩猟採集活動を通じて直接的にエコシステムから資源を獲得する。以上のような関係性は、時には断片的に、時には詳細に、パトロール・レポート、シェフェリンやDwyerやその他の人類学者による民族誌、そして筆者の調査結果に継続して表象されてきた。つまり、それぞれのシステムが表象に表れる平衡状態をオートポイエートしてきたと考えられる。

一方、少なくとも現在のボサビの人びとは、個人、核家族、世帯という構成要素として、シバラマのような村という社会システムを構築し、帰属しようとしている。いまのところ村はロングハウスコミュニティの紐帯で成立しているが、ロングハウスの建物がなくなっても村は存在しうると考えられる。キリスト教の教会は、ボサビそして周辺の集団の村に一棟ずつ建てられており、毎日少なからず人びとが集合して互いにコミュニケートしている。人びとは、村や畑を柵で囲って、その中で個人、核家族、世帯が別々にサツマイモ畑という生業システムを構築して、資源を獲得する。サツマイモ畑ももちろんエコシステムの構成要素であるが、森林や動物相の再生産を妨げるという面で、既存のエコシステムの平衡を撹乱し変容させていく要素であると言える。また、サツマイモ畑は、ブタ飼養以外の他の生業システムと直接の関係を持たない。以上のような関係性は、シェフェリンの時代から予測され、須田によるクボの調査でも観察されている。変容していく過程も含めてオートポイエーシスを解釈するなら、サツマイモ畑という生業システムと村という社会システムは互いに拡大再生産するような関係をもってオートポイエート（自己言及）していると言える。

古典的な生態人類学の民族誌では、単一のエコシステムの中に単一の社会システムが形成され、単一の生業システムが存在するように記述されてきた。しかし、前章で検討したように、レジリエンスに着目するようなポリティカルエコロジーの文脈では、個人が選択しうる生業システムは複数存在するように描かれている。一方、ルーマンの社会システム論では、個人の身体をもシステムの環境としてとらえる。つまり、個人の身体は複数のエコシステムの構成要素になりうるし、複数の社会システムのコミュニケーションに参与する。ボサビ周辺のエコシステムを複数とらえるのはなかなか困難であるが、少なくとも人びとは複数の社会システムに同時に参与し、また複数の生業システムに同時に参与していると考えられるのである。

では、ボサビ周辺のエコシステムはどのような存在か、そのシステムに人びとはいつからどのようにして関わるようになったのか、人間と同じく「外来者」であるイヌを論じながら次章で考えてみたい。特に、エコシステムとの関わり方の一側面であるドメスティケーションについて論じてみる。

第5章

イヌと移動する

1　ボサビのイヌ

ボサビの人びとの周りにはイヌがいる。調査期間中あまり気に留めなかったほど当たり前に存在し、人びとにもやはり存在を当然視されている。筆者にも、食事をする際によくまとわりついてきた。むしろ、一九九三年に調査に入った際、最初に筆者に積極的に近づいてきたのは人間ではなくイヌであった。ヨシという名前の付けられたそのメスイヌは、最初に会った時は三歳程度であったと思われ、その頃一人で食事を摂ることの多かった筆者のおこぼれに与ろうとよく家の中に勝手に入ってきた。一九九八年に再度会った時には毛もずいぶん抜けて老犬になっており、二〇〇三年には亡くなっていた。でも、今度はヨシの子供たちが成犬になってやはり筆者にまとわりついてきたし、今でも子孫たちは普通にシバラマをうろついているだろう（写真5―1）。

ただし、エコシステムの構成要素として、イヌはボサビの地域、さらにはニューギニアに固有の存在ではない。高地周縁という場で紹介したように、動物地理学的境界線であるウォーレス線の東側、つまりニューギニアやオーストラリアはその西側と動物相が異なる。イヌをはじめとする有胎盤類は、自力で海を越えることのできたコウモリ類以外、人為的な移入を抜きにしては生息してこなかったと考えられている。そもそも人間も有胎盤類である。過去いずれかの時代に、人間だけで、あるいは他の動植物と共に、海を渡ってきた者の末裔が現在のニューギニアの人びとである。

　ボサビのイヌはあまり役に立っていないように見える。前章で論じたように、動物を捕獲するためにボサビの人びとはワナを多く使用し、イヌや弓矢にあまり頼らない。栄養素摂取量の表でも示したが、よく捕獲される哺乳類は、バンディクート、そしてブタである。ブタについての複雑怪奇な飼養／捕獲実践の解釈は次章で論じるつもりである。バンディクート、ボサビ語でマヒは、体長二〇センチメートルほどの小型の有袋類で、倒木放置畑の中や周辺などのやや開けた場所によく現れる。前述のように、バンディクートのこの地域の環境における生態学的ニッチは、有胎盤類生息地域におけるウサギ目の位置にあると推測される。

　バンディクートは開けた場所で採餌するらしく、畑の中や周りに設置されたワナによくかかる。一方、その巣穴は二次林の中に点在する。その巣穴に潜むバンディクートを狩るのがイヌの主な役目であると言える。狩猟というより、イヌは普段から飼い主と付かず離れず生活しており、たまたま巣穴を発見した時に狩ってきたように見える。イヌは巣穴を掘り返してバンディクートを捕獲し、飼い主のもとに持ってくる。そして、飼い主が消費した後、おこぼれの骨や肉片をもらい受ける。

　野ブタも大掛かりなワナで捕獲されることが多いが、もう少しイヌが目立つ役割をする。行き止まり、あるいは落とし穴や戸板落とし（Deadfall trap）状のワナの方向に追い立てる時、野ブタと直接格闘する状態にならないよう飼い主を守るような動きをイヌがする。また、まれではあるがチームを組んだ男性が弓矢や槍を持って野ブタを狩る、いわゆる狩猟イメージそのままの狩りの際には、人びとと一緒に立ち向かったり、追い立てたり

写真5-1　ボサビのイヌ（2006年8月筆者撮影）

する。イヌの存在が最も輝く時であろう。筆者は一度も立ち会えなかったが、ボサビの地域において最も凶暴な動物であるヒクイドリを捕る時にも、そのような狩りが行なわれるらしい。

イヌは必ず誰かに所有された存在である。ロングハウスや村落の外で筆者は「野生」のイヌを見たことがなく、人びとも誰のものでもないノライヌはいないと考えている。筆者の主観的印象を述べれば、パプアニューギニア全土で「野生」のイヌ、つまり人間と関わりを持たない個体群は存在しないと思われる。人口密度の高い高地地域のマーケット周辺、あるいは首都ポートモレスビーなどの都市の中で、誰の所有にも属さないノライヌと考えられる個体に出くわすこともあるが、それらは残飯等を通じて何らかの形で人間と関わっていると言える。

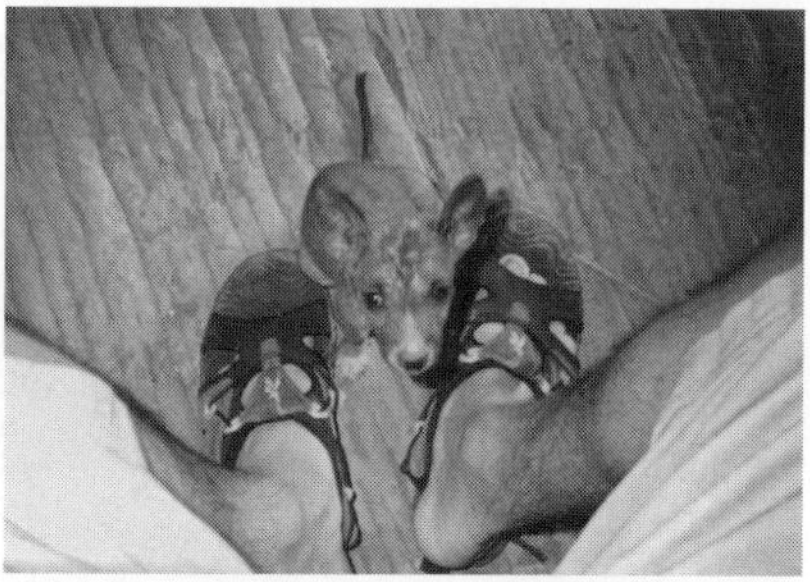

写真5-2 筆者になついていた子イヌ（1999年6月筆者撮影）

ロングハウスの周り、あるいは世帯の家の周りで、イヌは群れを形成し人間の家族と共住している。家族や世帯が「サゴ打ち」に行くときは群れで付いていく。人びとが調理や食事をしている時はその周りをうろうろし、夜間は縁側の囲炉裏で寝る。イヌの所有は日常的には明確でない。しかし、例えばイヌを狩猟に借りたりする時の交渉で明確になるように、厳密には個々のイヌが個々の男性に所有されている。後述するように、イヌの繁殖に人間は積極的に関わらないので、子イヌは母イヌの所有者の所有に帰する。そして、子イヌが父親から息子に譲渡される形で、人間の家族とイヌの群れはある程度並行して存在する。ただし、人びとはイヌの性格（勇敢さ、粘り強さなど）に関心があり、その性格が血統によると考えているので、他の家族への子イヌの譲渡も頻繁に行われる（写真5―2）。

子イヌは、焼いたバナナを与えられたり、ノミを取ってもらったりして、それなりの関心をもって飼養される。また子イヌの方も、筆者のようなよそ者に対しても警戒心をあまり持たず懐いてくる。しかし、体毛が生え代わる一歳程度になると、狩猟時を除き人びとは日常におけるイヌに対する関心を失い、エサをイヌのために用意することもなくなる。残飯はしばしば与えられるが、イヌの方もスキをうかがって人びとから食物を盗もうと試みる。ちなみにボサビ語で「盗む」はガサドマ（gasadoma＝イヌのふるまい）である。また、子ブタなどを襲うこともあり、打ち叩かれたり、縄で前足を首に縛る罰を受けたりする。一方、イヌ本来の食性ではないこともあるが、農作物は荒らさない。イヌは自ら野生動植物を探して食べているとみられ、時折獲物の小動物を所有者のもとに持ってくるし、また何か悪いものを食べたのかよく村落や道端で嘔吐している。ノミが多くいるせいか、高温多湿の気候のためか、多くのイヌが皮膚病を持ち、悪化して潰瘍となることもある。イヌの健康状態は良いとは言えず、寿命は七、八歳程度と考えられる。

2　ニューギニア・シンギング・ドッグ

このようなボサビのイヌ、ひいてはニューギニアのイヌが当たり前ではない存在であることを考えさせられる議論が、ニューギニア・シンギング・ドッグ（以下シンギングドッグと略）を巡って近年交わされている。シンギングドッグは、アメリカの動物学者Koler-Matznickが中心となって一九九〇年代に「再発見」されたイヌの一種である（Koler-Matznick et al. 2003）。シンギングドッグの名称は、一九五六年にパトロール・オフィサーのSpeerとSinclairが、ニューギニアのレバニ渓谷という場所（図1―1のアガラ居住域のすぐ北方）で二匹のイヌを手に入れ、ニューギニア・シンギング・ドッグという品種名でシドニーのTaronga動物園に寄贈したことに由来する。そして、オーストラリア博物館の学芸員Troughtonによって、*Canis hallstromi*という学名が提唱された（Troughton 1957）。その後、シンギングドッグの存在や分類学上の位置付けが議論されることはほとんどなく、学術的には忘れさられた存在になっていたが、Koler-Matznickらがアメリカの動物園で繁殖に成功したシンギングドッグに接触することで事態が展開したのである。

Koler-Matznickらは、ニューギニア・ハイランド・ワイルドドッグ・ファウンデーションという団体を設立し、アメリカの動物園で繁殖している個体の観察、各地の博物館に所蔵されている骨格標本の計測によって、シンギングドッグの形態学的および行動学的分析を続けている（Koler-Matznick et al. 2007）。彼女らの形態学的分析において統計解析は行なわれてはいないが、日本のシバイヌなどと特徴的な差異がない結果のように解釈できる。一方、行動学的分析からは、シンギングドッグという名付けの通り、ハウリング（遠吠え）を複数個体が連鎖して頻繁に行なうことが、他のイヌと比較して特徴的であることが確認できる。

彼女らの研究は、団体名にワイルドという語句が含まれているように、シンギングドッグの野性性に着目したものである。一連の論文ではシンギングドッグの起源について、人間と何らかの関係をもってニューギニアに移入してきたことが考察されているが、ドメスティケートされる前の状態であったことが主張されている。そして、インドネシア・パプア州におけるニューギニア・ハイランド・ワイルドドッグ・ファウンデーションとパプア大学の共同調査によって、一五匹からなる野生個体群が発見されたと二〇一六年に報道されたように(Pash 2017)、移入から一度もドメスティケートされないままの野生個体群が存続していることが仮定されている。

以上のようなKoler-Matznickらの主張に対して、本書で何回も依拠しているDwyerらは、シンギングドッグがニューギニアの周縁的な地域におけるある程度普遍的なイヌであり、*Canis hallstromi*のような種名が与えられるべきではないと主張している(Dwyer and Minnegal 2016)。Dwyerらは、すでに取り上げたエトロとは別に、一九五六年にシンギングドッグが捕獲されたレバニ渓谷から一〇〇キロメートル程度南の地域に居住するクボ(図1—1)においても長年フィールドワークを行なっている。彼らの主張は以下の三点に集約される。

①ヨーロッパ諸国による植民地化が始まった時点で、すでに「野生のイヌ」と「村落のイヌ」の遺伝子プールはニューギニアにおいて同一であった。

②「野生のイヌ」がいるのならば、その系統学的起源はニューギニアにおける最初の「村落のイヌ」にさかのぼる。

③植民地化以前のイヌの遺伝的特徴を保っている個体で構成される「村落のイヌ」の個体群がニューギニア各地に存在する。

Dwyerらの主張は、彼らがフィールドワークを行ってきたクボの村落に生息するイヌに対する観察に依拠している。彼の観察によれば、クボやその周辺(ストリックランド川上流地域)のイヌはKoler-Matznickらが挙げるシンギングドッグの全ての特徴を持つ。そして、ドメスティケーションの定義にもよるのだろうが、クボのイヌは決して「野生のイヌ」ではない。クボのイヌは、人間と共に居住し、人間に利益をもたらし、また人間から利益を得ている。さらに、クボやその周辺では、イヌ以外の移入種であるブタにおいても野生と飼養の境界があいまいであり、再生産に関して野生個体群と飼養個体群を分ける意味がない。そしてシンギングドッグが最初に捕獲されたレバニ渓谷とクボの居住する地域は近接しており、また共にニューギニアの中でも西洋世界から最もリモートな地域である。以上から、Dwyerらは、Koler-Matznickらの「発見」したシンギングドッグが「村落のイヌ」から隔離された個体群ではないと結論付けている。

では、ボサビのイヌは、ただのイヌなのか、シンギングドッグなのか。そして、シンギングドッグは野生なのか、逆にボサビ周辺のエコシステムにおいて「野生」とはどのように定義付けられるのか考えてみたい。ただし、その前に、ニューギニアやオセアニアにおけるイヌに関する考古学的、生物学的知見を紹介しながら、ボサビの人びとやイヌの系譜について整理しておきたい。

3 オセアニアにおけるイヌの分布と考古学的・生物学的知見

ニューギニアのすぐ南、オーストラリアにディンゴという「イヌ」が生息することはよく知られている。ディンゴについても、イヌなのか別種の生き物なのか、ドメスティケートされた存在なのか野生なのかが依然議論されている状態であり、さらにシンギングドッグの「再発見」がその議論を活性化している。生態学の立場からCorbettらがディンゴを*Canis lupus dingo*と表記する一方(Corbett 1995)、分類学の立場からJacksonらは*Canis familiaris*と表記する(Jackson et al. 2015)。*Canis lupus dingo*、つまりタイリクオオカミ(*Canis lupus*)の独立した亜種とする表記はイヌとは異なるという立場であり、一方、*Canis familiaris* という表記はドメスティケートされた状態も含めイヌそのものであるという立場である。ちなみに、イヌそのものの学名表記も揺らいでおり、ドメスティケートされた存在としてタイリクオオカミとは別種とする *Canis familiaris* という表記と、ドメスティケーションの如何によらずタイリクオオカミと同じ種とし、亜種のレベルでドメスティケーションの有無を表す *Canis lupus familiaris* という表記が併存している。

一方、実在するディンゴは、オーストラリアにおいて植民地化後に各地から持ち込まれたイヌと交雑し、それ以前の形態学的、行動学的特徴はあまり残っていないとされている。そして学術研究から離れれば、オーストラリアにおけるディンゴという言葉は、遺伝的特徴におけるイヌかディンゴかにかかわらず、人間の管理下を離れた状態にあること、つまりノライヌであることを指す言葉である。しかし、ほとんど交雑せず、また人間と関わらないディンゴの野生個体群がいるのも確実であり、Corbett らはオーストラリア各地の複数の野生個体群を継続的に研究しているし、また現在もフレーザー島などの隔離された環境に生息する、「管理」された野生個体群が観察される。

ディンゴの野生個体群の体形や毛色、耳などの形態的特徴は、Koler-Matznick や Dwyer が挙げる、そしてボサビでも観察されるシンギングドッグの特徴によく似ている。また、ハウリングを頻繁に行なうこともやはりよく似ている（Éloïse and Clarke 2013）。以上の知見から、シンギングドッグについて追究することは、同時にディンゴのことを研究することとも考えられ、さらには、ウォーレス線の東側であるオセアニア地域におけるイヌの分布について議論することにもつながる。以下、簡単にイヌの起源とオセアニアへの拡散についての知見を整理しておきたい。

ディンゴを*Canis familiaris*と分類したJacksonらは、ディンゴがイヌであることを立証するために、イヌの起源とオセアニアへの拡散について考古学的・生物学的先行研究をレビューしている（Jackson et al. 2017）。彼らの結論は以下の七点に整理できる。

①ＤＮＡ分析、考古学的分析、形態学および行動学的分析、全ての結果から、イヌはタイリクオオカミがドメスティケートされた存在であると結論付けられる。

②どの地域のタイリクオオカミの個体群がドメスティケートされたのか、一元的なのか多元的なのかは議論が続いている。

③ＤＮＡ分析によるタイリクオオカミとイヌの分岐年代は、約二七〇〇〇～四〇〇〇〇年前と推定されている。

④化石資料も含め分析すると、ドメスティケートされたイヌは約一五〇〇〇～八〇〇〇年前までにオセアニアを除いた世界中に拡散していったと考えられる。

⑤オセアニアにおける最古のイヌ（あるいはディンゴ）の化石として、オーストラリアで約三五〇〇年前のものが見つかっている。

⑥イヌとディンゴが異なる亜種と主張するCorbettらは、ディンゴがオーストラリアに持ち込まれたのは約四〇〇〇年前であると推定している。

⑦ＤＮＡ分析から、ディンゴ（特に南東部の個体群）とシンギングドッグは遺伝的に近縁であり単一の祖先を持つと推定される一方、約八三〇〇年前に他のイヌの系統と分岐したと考えられる。

筆者はJacksonらの考察に同意するが、彼らが主な論点としなかったオセアニアへのイヌの拡散について若干の補足をしておきたい。Oskarssonら（Oskarsson et al. 2011）は、ディンゴとニューギニアのイヌ（シンギングドッグとその他のイヌは区別されていない）を含めたニア・オセアニアのサンプル、ニュージーランドやサモア、ハワイなどのリモート・オセアニアのサンプル、および東南アジアのサンプルから抽出したミトコンドリアDNAの分析によって、これらの地域におけるイヌの系統を考察している。その結果から、ディンゴとリモート・オセアニアの系統は異なり、またどちらの系統も東南アジアに同じ系統が存在する。また、ニューギニアにはディンゴと同じ系統が多く存在する一方、リモート・オセアニアと同じ系統も存在する。この結果から推定されるイヌの拡散の過程は、オセアニアにおける人間の移動の過程と一致する。つまり、ニューギニアとオーストラリアには約五万年前から人間が居住し、それらの人びとは言語の特徴から非オーストロネシアンと大別される。一方、言語の特徴からオーストロネシアンと大別される人びとが、約三三〇〇年前には東南アジアからニューギニア北部まで到達し、その地域でラピタ文化と呼ばれる文化複合を形成しながらリモート・オセアニアに移動していったという過程と一致する結果であると言える（印東 二〇〇九：六—九頁）。

オセアニアにおける最も古いイヌ（あるいはディンゴ）の化石の約三五〇〇年前という年代は、ニューギニアおよびオーストラリアへのイヌの移動に関わったのが、非オーストロネシアンかオーストロネシアンかを判断するのに微妙な年代である。ただし、ディンゴとシンギングドッグの系統が他のイヌと約八三〇〇年前に分岐したという知見、およびリモート・オセアニアのイヌが別系統であるという知見は、どちらかといえば非オーストロネシアンと共にイヌが移動してきたことを示唆する。

4　ボサビのイヌの系譜学

ボサビ、Dwyerがシンギングドッグについて論じているクボ、さらにその周辺の集団も非オーストロネシアンである。では、ボサビやその周辺で「飼われている」あるいは生息するイヌは、非オーストロネシアンと共に移動してきた、ディンゴに近い生き物なのだろうか。結論から言えば、DNA系統解析などを行なっていない以上、確かなことは分からない。できることは、Dwyerと同じく、ボサビのイヌがどのような姿をして、どのように人間と関わっているかを淡々と記述することだけである。

ボサビのイヌの形態的特徴は写真5―1の通りである。その形態において、Koler-MatznickやDwyerが共にシンギングドッグの特徴として挙げる、「耳が三角に尖る」「ショウガ色の短い体毛」「脚部や首部、頭部などに白い班を持つ個体が多い」などの特徴が完全に当てはまる。それらのシンギングドッグの特徴は、Corbettらが挙げるディンゴの形態的特徴でもある。

またボサビのイヌの行動学的特徴として最も特徴的なのが、ハウリング、つまり複数個体が遠吠えを繰り返す行動である。この行動は、シンギングドッグの名称の由来でもあり、またディンゴがイヌと異なることを示す際にも必ず言及される行動である。ボサビのイヌはロングハウスや村落の内外で人間に対して吠えることはほとんどない。例えば筆者が一人で初めて訪問する村に入ろうとすると、不吉な目つきで遠巻きにし、さらに

お手数ですがお買い上げいただいた本のタイトルをお書き下さい。

（書名）

■本書についてのご感想・ご質問、その他ご意見など、ご自由にお書き下さい。

■お名前

（　　歳）

■ご住所

〒

TEL

■ご職業

■ご勤務先・学校名

■所属学会・研究団体

■E-MAIL

●ご購入の動機

A.店頭で現物をみて　B.新聞・雑誌広告（雑誌名　　　）

C.メルマガ・ML（　　　）

D.小会図書目録　E.小会からの新刊案内（DM）

F.書評（　　　）

G.人にすすめられた　H.テキスト　I.その他

●日常的に参考にされている専門書（含 欧文書）の情報媒体は何ですか。

●ご購入書店名

都道府県　市区町　店名

※ご購読ありがとうございます。このカードは小会の図書およびブックフェア等催事ご案内のお届けのほか、広告・編集上の資料とさせていただきます。お手数ですがご記入の上、切手を貼らずにご投函下さい。
各種案内の受け取りを希望されない方は右に○印をおつけ下さい。　案内不要

は吠えることなく襲い掛かってくる。一方、数時間に一回程度の頻度で、何がきっかけなのか分からないのだが一匹のイヌが遠吠えを始め、周囲のイヌ、さらに目視できない場所にいるイヌもそれに呼応して遠吠えを続ける。ボサビの人びともこの行動をただうるさいものとしてとらえており、近くで遠吠えをしているイヌがいると棒で叩いて追い払うが、遠吠え自体は止まない。五分から一〇分程度経つと、いつのまにかこのハウリングは終わる。

Koler-MatznickやDwyerが指摘する行動学的特徴である、「採餌時に尻尾を立てる」「高い所に登る能力」も持つ。「採餌時に尻尾を立てる」のが何のための行動なのか先行研究においても考察されていないが、確かに写真5—3で見られるとおり尻尾を立てながら採餌している。ボサビのロングハウスは地面から一～二メートル床が離れているいわゆる高床であり、人びとも出入りに際して、それほど太くない丸太でできた梯子を上り下りする。そして、ボサビのイヌもそのような梯子を苦もなく上り下りする。つまり「高い所に登る能力」を持っている。

すでに、ボサビの人びととイヌの関わりについて紹介したが、狩猟においてイヌが活躍する場面はあまりない。しかし、まれに勇敢さが役に立つことはあるし、また普段でもバンディクートを探し出す時もある。日常的な移動においてイヌが付いてくることを人びとは妨げないし、家や畑においてイヌは人びとの周りをうろついている。所有も形式的には決まっているが、人間の家族とイヌの群れがなんとなく共住しているという方が現実的であるように感じられる。ちなみに、個々のイヌには名前が付けられ、川の名前が付けられることが多い。人びとは川の流れのように早く動くことを願って名付けているという(ブタは丘の名前が付けられる)。

このようなイヌの状態に対して、非常に対照的な状態にあるのがブタである。その詳細については次章で論

写真5-3　ブタの調理に集まってくるイヌ（2003年8月筆者撮影）

じるが、ここではイヌと対比的な要素を紹介する。まず、イヌとブタ以外に人間と継続的な関係を持つ動物はボサビにはいない。ブタはイヌと同じく人間と共にニューギニアに移入したと考えられる動物であるが、イヌと比べてそのドメスティケーションの形態についての研究が豊富に存在する。ブタの飼養目的ははっきりしており、肉としての消費がそれである。ただし、ニューギニアの内陸部ではブタ以外の大型哺乳類は存在せず、また農作物を食べさせることによって資本として蓄積できる唯一の存在でもあるので、特に高地地域で交換財として用いられるように社会的にも重要な存在である。ボサビでは狩猟採集による動物の捕獲も頻繁に行なわれるので、高地地域と比較してブタに価値が置かれていないが、それでも人びとはブタを飼養する。

オスの子ブタは全て去勢され、繁殖行動は

メスの飼いブタと雄の野ブタの間で行なわれる。このようにブタは生殖管理されるのだが、去勢されたオスにしても、大事にされるメスにしても、飼養を怠ったりすると容易に野ブタ化してしまう。それでも人びとの類別ははっきりしており、飼いブタはカボ（Kabo）、野ブタはイゴ（Igo）と呼ばれる。一方、イヌは去勢されず、人間の意志とは関係なく村落内で繁殖行動を行なう。そしてイヌはガサ（Gasa）という名称ただ一つである。このようにイヌはもちろん、それなりの関心をもって飼養されるブタについても、ボサビにおいて野生個体群と飼養個体群を繁殖行動にかんして分ける意味がない。野生かドメスティケートされた存在かという点について、Dwyerらが指摘したクボのイヌとブタにかんする状況は、ボサビでも同じなのである。

Dwyerのエトロにおける民族誌では、イヌについてそれほど詳細な記述がないが、人間とイヌの関わりについての興味深い伝承が載せられている。翻訳すると以下のような内容である（Dwyer 1990: 21-22）。

人間とイヌと野生動物は、昔同じロングハウスで仲良く暮らしていた。ある朝、一匹の小さいイヌを除いた全員が食べ物を探しに出かけた。午後、強い雨が降り始め、皆濡れそぼって寒がってロングハウスに帰ってきた。キノボリカンガルーを代表とする動物たちは囲炉裏に寝そべってぬくぬくしていたイヌを強く非難した。そのイヌは、ロングハウスを出て仲間のイヌに対して、「生意気な野生動物を殺そう。でもその場で食べず、ロングハウスに持ち帰って料理して食べよう」と演説した。イヌ達は動物に襲い掛かり、動物達は逃げまどい森や草むらや穴の中に隠れた。だから森や草むらが野生動物の住処であり、人間とイヌだけが現在ロングハウスに住んでいるのである。

実は、ほとんど同じ伝承をボサビの人びとも持っている。エトロとの違いは野生動物の代表がキノボリカンガルーではなくバンディクートであることだけである。この物語で明らかなことは、イヌは野生動物とは異なる存在であり、また人間と共住する生物であると人びとに認識されていることである。

以上のように、ボサビのイヌは、形態、行動、人間との関わりのどれを見ても、Dwyerらが記述したクボのシンギングドッグと同じ存在であると判断できる。また、野生であると主張されていることの一点を除けばKoler-Matznickらが定義するシンギングドッグと同じ存在であると考えられる。ボサビ、クボ、そしてシンギングドッグが最初に持ち帰られたレバニ渓谷が含まれるストリックランド川上流地域はニューギニアの中でも最もリモートな地域であり、オーストロネシアンによって継続的に持ち込まれたであろう東南アジアのイヌ、そして西洋との接触以降に持ち込まれた世界各地のイヌとの交雑がそれほど進んでいなくてもおかしくはない。むしろ、この地域に野生の個体群がほとんど見られないことの方を重視すべきである。

人びとが生殖を管理しないにもかかわらず、ボサビのイヌは伝承に述べられているように人間と共に生活している。同じく人間と共に生活するブタはしばしば野生化し、時には人間に危害を与えるもの、野ブタ（Igo）として飼いブタ（Kabo）から類別されているのに対して、イヌはイヌ（Gasa）としてしか認識されていない。高温多湿で熱帯雨林が広がり、地表に生息する動物が相対的に少ないこの地域、さらにはニューギニアの環境は、イヌにとって野生状態で生存することが困難な環境なのかもしれない。逆に考えれば、ニューギニア・ハイランド・ワイルド・ドッグ・ファウンデーションが、ニューギニア中を探し回って、二〇一六年にようやく野生のイヌを「発見」したという結果は、ニューギニアに野生のイヌがいかに少ないかを如実に示していると言える。

5　イヌとドメスティケーションとエコシステム

ボサビのイヌの観察から、筆者はシンギングドッグにかんする議論におけるDwyerらの主張に同意する。つまり、レバニ渓谷から持ち帰られた個体を祖先とする動物園の個体群、あるいは二〇一六年に「発見」された個体群が、クボなどで観察できる「村落のイヌ」から隔離された個体群であるという、Koler-Matznickらの主張に根拠がないとする批判は妥当である。また、Koler-hatznickらが対象とする個体群に対して、*Canis hallstromi*というイヌと別種の名称を与えるべきではないとする批判も妥当である。

DNA系統分析により、シンギングドッグがディンゴとは近縁であり、他のイヌの系統とは何千年か前に別れたことが明らかになりつつある。シンギングドッグおよびディンゴは、オセアニアへの拡散という点で人類史を考察していくためにも、他のイヌとの比較を通じてイヌのドメスティケーションを考察していくためにも貴重な存在である。一方で、動物地理学的状況と考古学的知見から、シンギングドッグとディンゴは、人間と関わることによってオセアニアに存在するようになったことは確実である。人間と特異な関係性を持つ種であるイヌの中で、シンギングドッグやディンゴのように関わり方が多様であることに着目すべきである。それを別種として表すこと、「野生」であることを強調することは、むしろシンギングドッグの学術的価値を下げてしまうことであると考えられる。

シンギングドッグおよびディンゴは、ハウリングのようなイヌ間のみでのコミュニケーション行動など、例えば日本のイヌに比べて人間との関わりにやや熱心さが欠ける印象がある。しかし、人間と関わりを持って現在の生息地に移動してきたことは確実であり、少なくともボサビのイヌは現在も人間と共住している。熱帯雨林の環境の中で農耕を中心とした生業システムが顕著なニューギニアにおいて、シンギングドッグは畑の周りや村落内に生息するようになり、乾燥した環境において狩猟採集を中心にした生業システムが顕著だったオーストラリアにおいて、ディンゴは人間と付かず離れずの移動生活をするようになった。そしてどちらの状況においても人間が特定の目的をもってイヌをドメスティケートした訳でもないので、目的に沿った対人間コミュニケーション行動があまり見られない。そのようなシナリオが、シンギングドッグおよびディンゴの存在の解釈としてもっともらしいと考えられる。

ボサビのイヌや、シンギングドッグ、ディンゴは、ある時点、ある地点のエコシステムにおける「外来種」である。勝手に人間に付いてきて、勝手に増えた、日本などでも問題となっている外来種と同じ存在かもしれない。イヌの移入によって絶滅したニューギニア在来種がいたかもしれない。イヌ以外にもボサビ周辺で普通に見られる「外来種」は存在し、最も代表的なものは野ブタである。その他にも、有胎盤類である数種のネズミは栄養素摂取量調査でも少しばかり捕獲・消費されていた。「狩猟採集活動」の項で触れたが、河川にフナのようなコイ目の魚が移入していることも確実である。また、近年の動物学的研究では、ニューギニア島周辺の島々で、在来種ではない有袋類をはじめとする動植物の導入が人間によって繰り返されてきたことも分かりつつある（Haberle 2010）。栽培植物に至っては、ほとんどが「外来種」であるといっても過言ではないだろう。サゴヤシなど栽培されていない植物においても、所有する湿地に苗を植える行為を見る限り、人為的な導入が全くないとは言い切れない。

ボサビ周辺のエコシステムは、地形や気温、降水量によって、他の地域に対してある程度の非連続性を持つシステムであると考えられる。そして、人間がこの地域に移動してくるまで、長期間持続してきた動物相、植物相がシステムを構成していたと考えられる。しかし、現在、人口密度は低いにせよ人びとが居住し、人びとが意図的に、あるいは意図せず持ち込んだ動植物が少なからず繁殖している。ニューギニアの、そしてその中でも高地周縁のエコシステムは「未開」で「自然」のように見えるが、人間、そして共に移動してきた動植物が既存の要素を置き換えながら「開発」された「人工」的なエコシステムである。何度か「自然の森林を収穫可能な森林に転換したシステム」というギアツの概念をもとに倒木放置畑を説明してきたが、正確にはニューギニアには完全無欠な「自然」の森林は存在しない。

しかし、その既存の要素の置き換え、言い方を変えれば競争と絶滅の頻度は少なく、速度も非常にゆっくりであったと考えられる。地形や気温、降水量も地球環境の変化に伴って変化していくが、動物相、植物相は高いレジリエンスをもって一定の平衡状態を維持し、地形や気温、降水量の変化によるシステム全体の変容の速度を最小限にするよう作用する。そして、レジリエンスを減少させる高い頻度での「外来種」の移入もなかったというのが、この地域のエコシステムの様相であったと考えられる。このことは、狩猟採集活動によって捕獲される動植物における「外来種」の少なさに表れているし、また倒木放置畑が全く作られたことのない一次林が、例えばボサビ山の標高一〇〇〇メートル以上の土地に普通に存在することにも表れている。その全容は生態学の研究の蓄積を待つしかないのであるが、素人の観察からすると、この地域のエコシステムはやはりオートポイエート（自己組織化）しているように見える。

そして、そのエコシステムのオートポイエーシス（自己組織化）には、この地域に住まう人びとの「自然に向き合う態度」、言い方を変えれば生業システムを通じてのエコシステムへの行為の仕方も関係している。その最たるものがイヌへの態度であるし、倒木放置畑の作り方である。イヌは生殖を管理されないのにも関わらず、何食わぬ顔をしてロングハウスで人びとと共住している。たまに人びとはイヌの行為を活用して利益を得る。同じように、人びとは、倒木放置畑という場を準備し、古い畑に勝手に生えてくるさまざまな作物の若芽を植えなくても勝手に生えてくる樹木を利用したりもする。エコシステムの中で、やはりオートポイエート（自己組織化）する各種生物の個体群に少しだけ介入しながら、結果的に十分な食物を得られているのでその行為を続けている。このような態度は、採集狩猟と農耕、野生と家畜化・栽培化というような、ドメスティケーションという行為の線引きに大きな示唆を与える。つまり、頻度や速度のような連続変数によって、線引きではなく連続的に採集狩猟と農耕、野生と家畜化・栽培化をとらえるべきである。

6　ボサビの人びとはどこから来たのか

人間は存在するだけで、エコシステムの要素が置き換わる頻度や速度を上げる。動植物は自らも移動するが、そこに人間が介在する場合その移動の頻度と速度は飛躍的に増大する。「移動する存在」、ホモ・モビリタスとして人間をとらえる視点がオセアニア地域の研究から提起されたように（片山 一九九九）、考古学、自然人類学の知見は、ニューギニアを含むオセアニア地域において大規模な人間の移動が繰り返されてきたことを明らかにしてきた。では、ボサビ周辺の地域では、人間と動植物のどのような移動があったのか。

ポピュレーション・シンク・モデルという仮説があった。あったというのは、ニューギニアにおける人類学的研究において忘れられてしまったかもしれないという表現であるが、まだ検証しようとしている研究者はいるのかもしれない。ニューギニアにおいて人口増加は疾病のリスクの低い高地地域で起こり、環境収容力を越えた増加人口が高地周縁地域、低地地域に拡散していくという、人類学的・疫学的仮説が一九七〇～八〇年代のニューギニア研究において検証が試みられていた（Stanhope 1970）。ボサビの人びとの居住地域は、マラリア感染リスクは高く人口密度も低い。そのような現況からすると、この仮説における高地から人びとが移動する先として選択されるはずの地域である。

筆者の初回の調査も、指導教員であった大塚らはその仮説の検証も求めていたのだと今から振り返ると得心するが、その当時は愚かにもその目的もよく理解していなかった。少なくとも、大塚らの結論としては、サツマイモの導入による高地地域の人口の爆発的増加は近年の現象であるし、高地から低地への人の移動を裏付けるには高地周縁・低地地域の生業の多様性が高すぎるという否定的なものである（Ohtsuka 2003）。ボサビの人びとの暮らしに参与してきた筆者からすると、ポピュレーション・シンク・モデルは、高地周縁や低地地域の「住みにくさ」に着目したものであり、感情的に同意できない。さらに、以下に述べる定性的観察から、人類学的にも肯定できない。

前章で論じたように、ボサビ語ではメンがサゴヤシを指す言葉であると同時に「食べ物」を指す言葉である。また、サゴヤシの生育限界近くに居住するボナの人びと、そして集団としても高地地域に隣接するエトロでさえサゴヤシ利用にこだわっている。それ以上の標高に居住する高地地域の人びとがサゴヤシに関心を示さず、サゴヤシに依存しない生業システムを構築しているのと対照的である。一方、より低地に居住する集団は、例えば大塚らが調査したフライ川下流域のギデラのように、サゴヤシ利用が生業の根幹を為している。ボサビやその周辺の人びとは、むしろ低地の人びとと生業システムは共有するところが多く、その移動の歴史も共有しているのではないかと仮説を立てることができる。

また、ボサビのサゴヤシ利用が世帯単位の協業によることはすでに述べた。ロングハウスコミュニティの存在を抜きにすれば、兄弟姉妹の紐帯と姉妹交換婚が基盤となる社会システムと、それと結び付いたサゴデンプン精製を中心とする生業システムがボサビ・ランゲージ・ファミリー以南の集団に広く分布している。河辺の記述によれば、少なくともギデラでは姉妹交換婚が社会システムの根幹（Kawabe 2014: 22）を為している。そして、大塚の記述によれば（Ohtsuka 1983: 139-147）、サゴヤシ利用をはじめとする生業活動が兄弟姉妹関係の紐帯をもとに組織化されている。そして、そのような社会システムと生業システムの結び付きは、非オーストロネシアンがニューギニアに移入してきた時から、エコシステムのオートポイエーシス（自己組織化）に依存する「態度」を共有した一群の人びとが高地周縁から低地地域に住まい続けていることを示唆する。

ボサビ・ランゲージ・ファミリー以南の集団でサゴヤシ利用の形態が同じであるか、「食べ物」に対する言葉遣いが同じであるのか、いつか調べてみようと思う。また、アモ（Amo＝キバタン）のような複数の言語集団にまたがるクランの分布を追いかけてみるのも、ボサビの人びとの系譜を追うのに有効かもしれない。そのような人びとの系譜、そしてエコシステムとの関係性を追究することは、ニューギニアの人類史を再現するだけではなく、現在の人びとの移動の背景を探ることにもつながる。例えば、後の章で詳細を述べるように、ボサビの人びとは出稼ぎに行くのにより低地の商業伐採に行くことを好み、高地地域で行なわれる地下資源の採掘にあまり行きたがらない。もちろん、現在の集団間の関係、現地の経済状況によることも間違いないが、動機付けの一つとして考えてみるのは興味深い。

定量的には、今のところ確かなことは何も言えない。何か確かなことを考えていくためには、この地域での考古学的研究が全く不足している。Denhamらによるクック遺跡に対する一連の研究、あるいはラピタ土器や黒曜石の分布から北部海岸地域の文化・社会を再現するような研究など、ニューギニアの特定の地域では考古学的研究が進んでいる。しかし、ニューギニアのさまざまな地域に人びとがどう移動していったのか、生業システムを構成する人びとの行為や動植物はどの範囲でいつから共有されているのか、通史的かつ通文化的考察はまだまだできない状況にある。

ポピュレーション・シンク・モデルは、否定すべき仮説であるかもしれないが、そのようなテーマに挑戦した価値あるモデルであったと言えるだろう。一方、本章で考察してみたように、イヌの分布と系譜はそのテーマを解いていく有力な手掛かりになるかもしれない。少なくともボサビ周辺では、イヌは人間に付かず離れず移動する動物だからである。そして、「昔同じロングハウスで仲良く暮らしていた、人間とイヌと野生動物」の中で、野生生物だけがいつから「野生」になったのか、ボサビの人びとも知りたいはずである。

第6章

ブタを購う

1　畑を荒らしたブタ

「人間とイヌと野生動物が昔同じロングハウスで仲良く暮らしていた」物語には、ブタが登場しない。栄養素摂取量調査で見られたように、ブタは頻繁に消費される動物であり、不思議に感じられる。ブタが、人間とイヌと野生動物の組み合わせからなるカテゴリーの外側にいる存在だからだろうか。つまりボサビの人びとの認識における「動物」ではないのだろうか。本書は、認識をもとにボサビとそれをとりまく世界の現象学的分析を目指しているわけではないし、ブタにかんする物語をことさら収集してきたわけでもないので、それに対して結論を出すことが目的ではない。しかし、ブタがさまざまな面で両義的な存在であるので、「動物」にかんする物語に取り入れるのが困難なのだと想像はできる。すでに述べたように、ブタにはカボ（Kabo＝飼いブタ）とイゴ（Igo＝野ブタ）がいて、異なった存在であると考えられているにもかかわらず、その区別が恣意的かつ不明瞭である。また、ブタはおいしく貴重な肉である一方で、婚資などの目的に残しておくべき財産でもある。そして、このような両義性は、社会システムや生業システム、エコシステムの境界上にブタが存在していて、さらにその境界が揺れ動いていることによるからだと考えられる。

その境界の揺らぎ、またはシステムの変容には、間違いなく貨幣経済の浸透が関係している。これまで、ボサビの人びとと生業についてさまざまな特徴を描いてきたが、その根本にあるのは自給自足経済である。ここで、経済とは何であるかを悩み始めると話が別の方向に向かってしまうのであるが、生態人類学においても、経済について全く考慮しない論考では現代の人びとを詳細に記述しているとは言えない。ルーマンのシステム論を検討している本書では、経済はコミュニケーションの主要な一形態であると考えるのが適切であろう。つまり、自給自足経済は、エコシステム内で生業システムを通じて物質やエネルギーを人間が非人間と交換することを指し、貨幣経済は、貨幣を通じて同一あるいは別のシステムに帰属する人間同士が物質やエネルギーを交換することを指す、としたい。

一九七五年のパプアニューギニア独立時から国内に流通している貨幣はキナ（Kina）である。それ以前にもオーストラリアドルが流通していたとも言えるが、ボサビとその周辺の集団において外のシステムとの交流が盛んになったのは独立前後であるので、キナ以外の貨幣を考慮する必要はないと言える。キナは、ニューギニアの諸集団に広く流通していたキナシェル（真珠母貝の交換財）の名を冠している。下位の単位としてトヤがあり、一キナ＝一〇〇トヤである。一キナは一九九九年一一月の時点で三三円であり、パプアニューギニア国内での貨幣価値は約一〇〇円程度であったと考えられる。例えば、タリ—ディデサ間の乗合セスナ機の片道運賃が一二五キナ、首都ポートモレスビーでは缶ジュース一缶が一キナであり、日刊の新聞が七〇トヤであった。

「畑を荒らしたブタ」は人びとの現金収入源である。人びとは故意に畑の中にブタを放ち、そうしてからブタを屠殺し、肉を売却することで現金を得る。ニューギニアの社会システムの外側にいる者にとって、この一連の出来事は訳の分からない事象であるに違いない。しかし、この「畑を荒らしたブタ」というモチーフは、ニューギニアにおける生態人類学的研究で繰り返し登場する。生態人類学の草分けとして紹介してきたラパポートの“The Pigs for the Ancestors”（Rappaport 1968）では、マリンの人びとの間で大規模なブタ祭り（Kaiko）が開催されるきっかけとして語られた。本書でもたびたび参照しているDwyerの“The Pigs that Ate the Garden”(Dwyer 1990)では、エトロの人びとがサゴヤシ利用と倒木放置畑におけるサツマイモ栽培という二つの生業システム切り替えを判断する指標として語られた。

そして、ボサビにおける「畑を荒らしたブタ」は、ボサビの人びとの間に貨幣経済がどのように浸透しているのかを考えるための出来事であると言える。本章では、ボサビのブタ飼養とブタの消費の詳細を描きながら、他集団におけるブタ飼養と比較する。その上で、ブタが人類学的に重要な意味を持っているパプアニューギニアの中で、ボサビの人びととブタとの関係性がどのような特徴を持っているのかの分析を通じて、社会システムと貨幣経済の関係について検討してみる。

2 ボサビのブタ飼養

まずは、イヌと同じように、飼っているのかいないのか不明瞭なボサビのブタとの関わりについて紹介しよう。基本的に成長後のブタは村外で(サツマイモ導入以前には村内にも日常的に出入りしていたらしい)生きている。そのような状態で、母ブタが子ブタを出産し、母ブタの所有者がそれを発見すると、その子ブタは母ブタから引き離され、村落内の所有者の家に連れてこられる。メスならばそのまま、オスの場合は連れてきたその日のうちに去勢する。子ブタは、頭数に応じて他の家族に分配されたり間引きされたりし、所有者の手元には数頭

写真6-1　エサを与えられる子ブタ（1999年8月筆者撮影）

が残される。それから半年から一年の間、子ブタは足に縄を付けられ、所有者と行動を共にし、調理されたあるいは噛み砕いてもらったエサを食べて成長することによって、人づけされる（写真6―1）。その耳は所有者の好みによってさまざまな形に切られ、誰の飼いブタであるかが分かるようにされる。半年から一年後、ブタは村外に放され、基本的には自らエサを探して生きていくことになる。もちろん所有者は定期的にブタを見回り、名前を呼んでエサを与えることで管理を行ない、またブタも村落や倒木放置畑の周辺、所有者の利用するサゴヤシ湿地付近をうろついている（写真6―2）。オスブタは必ず去勢されているので、メスブタは基本的に野ブタのオスと交尾することになる。

このような飼養では、ブタの野生化が問題となりうる。まず所有者が母ブタの出産を早期に発見できずに数カ月経過してしまうと、子ブタに対する人づけは困難になり、子ブタは野ブタとして認

写真6-2　倒木放置畑の周りでエサを探すブタ（2006年8月筆者撮影）

識されるに至る。母ブタは人づけされているのであるから、早晩この子ブタは発見され狩られるのであるが、それでも見落とされる子ブタは多いらしく、人間の居住域の周辺には野ブタが多く徘徊している。また人づけの効果も年月が経過すると効力を失ってしまうらしく、所有者の呼び掛けにも応じず、時には人間に対して攻撃を加えるようになる元飼いブタもいる。定量的に調べたわけではないが、このように野生化してしまうブタはオスが多いようである。メスは出産のチェックのため小まめに餌付けされるのに対して、オスは特に所有者の関心を引かないためであると考えられる。

　野ブタは大切な狩猟対象であるが、危険な存在でもある。本書の冒頭で紹介したマオメの夫ノゴベの死亡は、野ブタにキバで突かれた傷が原因だったそうである。数種のコブラ（特に被害者の多いのがパプアンデスアダー＝Udo）以外、人間を死に至らしめる動物が皆無と言っていいほど安全なニューギニアであるが、人間自ら野ブタという危険生物を持ち込んだのは皮肉である。しかし、ボサビの人びとのブタ飼養を観察していると、むしろ野ブタが一定数存在するように仕向けているように見える。少なくとも母ブタが生殖するには、野ブタのオスの存在が不可欠である。繁殖のために種ブタを飼育してもよさそうであるが（高地地域ではそのような繁殖方法である）、人びとはそこまでブタの繁殖に気を使う必要がないと考えている。倒木放置畑やサゴヤシ利用にも通底するエコシステムへの態度であると言える。

このような飼養形態にも関わらず、ブタの所有権は厳格に決められている。例えば、一人のシバラマの男性が自分の飼っている（と思いこんだ）ブタを所有地で捕獲し、妻の親族に提供したことがあった。妻の親族は直ちにそのブタを消費してしまったが、その後、隣接するタビリ村の男性が彼に苦情を申し立ててきた。彼が捕獲したのはそのタビリ村民の所有するブタであり、彼のブタはまだ生きてその付近を徘徊している、というものである。彼、シバラマ村住民、そしてタビリ村住民が共同して再確認したところ、確かに彼のブタはまだ生きていた。自分の飼っているブタを見誤るというのも、ブタとの関係が不明瞭なボサビのブタ飼養の特徴が表れているが、とにかく、彼はタビリ村民所有のブタを捕獲したことが明らかになった。その結果、タビリ村民から五〇〇キナ（ブタの大きさから推定される相場二〇〇キナ程度）が請求され、その支払いのため彼は出稼ぎに行くことを余儀なくされた。その後、彼は帰村し、隣村の住民にきちんと五〇〇キナを支払い、この問題は解決した。

ブタの所有者は、エサやりなどの相互行為という面から見れば、成人後の女性個人である。ブタに対する世話と管理は、一人ひとりの女性が責任を持つ。しかしブタの使用（交換、消費、販売）に当たっての可処分権は、飼養している成人女性に関わる男性が持つ。つまり、女性が結婚していれば夫が、未婚なら父親が可処分権を持ち、その次には兄弟、そして従兄弟および叔父、甥、さらにはリネージ成員の男性へ、ブタの使用に口を出せる範囲は広がっている。可処分権において遠い位置にある者は、近い位置にある者の同意を経て、あるいは権利を提供されてのみ、ブタを使用することができる。

一九九九年一一月時点のシバラマ村民一五〇人三一家族が「飼っている」ブタの頭数は、全部で七七頭であった。村外で飼われている、そして人びとが野ブタ化していないと判断する飼いブタは、オス二六頭、メス三九頭、計六五頭であった。また村内で飼われている、女性が継続的に世話を行っている子ブタは、一二頭であった。この結果からすると、ヒト・ブタ比（Pigs per person）は村民一人当たり〇・五一頭と計算される。この値は、例えば口蔵のレビューにおいて比較すれば（Kuchikura 1994）、ニューギニアの各地域に居住する集団の中で中程度であり、ボサビのブタ飼養は高地地域ほど盛んではないものの、ある程度の熱心さで行なわれていることを示唆する。

3　ニューギニアにおけるブタ飼養

前章でも取り上げたように、ニューギニアのエコシステムにおいて、ブタは人間と共に移動してきた「外来種」である。そして、イヌとは異なり、ブタは明確な目的をもって人間に持ち込まれた存在であると考えられる。すなわち家畜として、肉を食べる目的で持ち込まれたと考えられる。近年の考古学的、遺伝学的分析によって、アジアのいずれかの地域でイノシシからドメスティケートされたブタが、約三五〇〇年前にニューギニアに持ち込まれたことが明らかにされている（Larson et al. 2007）。ちょうど、オーストロネシアンがニューギニア周辺に移動し、ラピタ文化を形成しながらさらにオセアニアの各地域に拡散していった年代と重なる。イヌよりは新しい年代に移動してきた動物であるが、「野生」イヌがほとんど見られないのに対して、野生化したブタ、野ブタ（イノシシと呼んでもいいのかもしれないが、本書では野ブタで統一している）は、ニューギニアにおいて一般的な存在である。

飼いブタであっても野ブタであっても、その大きさはニューギニアの動物において唯一無二の存在である。海岸地域の人びとはイルカやジュゴンなどの大型哺乳類を捕獲することができるが、それ以外の地域で日常的に捕獲される哺乳類はたかだかキノボリカンガルー程度の大きさしかない。核家族における消費ではその程度の大きさで十分であると言えるが、大勢が集まって食べるにはふさわしくない。ブタの消費は、大勢の人びとを集めることのできる社会的意義を持っているのである。また、飼いブタにおいてその大きさは、労働を蓄積できるという意義を持つ。長期間蓄積できる作物が存在しなかったニューギニアにおいて、エサを食べさせることで成長させられるブタは、作物をそしてその栽培にかけた労働力を蓄積し保存できる財なのである。

そのような飼いブタの性質を社会システムの中で最大限活用してきたのが、高地地域の人びとである。その活用の仕方の代表的なものが婚資（夫側から妻側に支払われる財産）である。婚資については、ボサビでも姉妹交換婚を記述した際に少し触れたが、高地地域では基本的に全ての集団において、ボサビとは比較にならない頭数のブタを婚資として用いる。筆者はタリ周辺に居住するフリという言語集団で調査したこともあるのだが、一回の結婚で数十頭のブタが交換されることが普通であった。さらに、婚資だけではなく、ラパポートが描いたような祭りでの消費や、紛争の解決など、交換財として、社会システムの重要な構成要素の一つとして、ブタは高地地域の民族誌において記述され続けてきた（Modjeska 1982）。

現在、高地地域のブタ飼養は、焼畑によるサツマイモ栽培と一体化した生業システムであり、サツマイモ栽培、ブタ飼養、どちらが欠けても、高地地域の人びとは生存していけないと考えられる。高地地域では、サツマイモ栽培の集約化と人口増加が相互に作用することによって、森林がほとんど見られなくなるような、環境を大規模に改変する生業システムが構築されていった。もともとニューギニアに生息する有袋類は森林環境に適応した種が多く、サツマイモ栽培によって草地化した環境では、狩猟採集によって獲得できる動物が激減したと考えられる。その過程で、持続的に利用可能な唯一の動物性タンパク質の供給源として、また人口増加に伴う集団間の緊張を緩和する交換財として、ブタが非常に大きな役割を担っているのである。エトロやベダミニの北方近隣に居住する言語集団、フリにおけるサツマイモ栽培、ブタ飼養、そして人口動態の近年の関係性は、梅﨑の記述に詳しい（Umezaki 2000）。

一方で、ボサビ・ランゲージ・ファミリーの各集団、あるいはより低地の集団においては、高地のような大規模な環境改変を伴う生業システムは構築されてこなかった。つまり動物が生息する環境に大きな変化がなく、ブタに依存しなくても狩猟採集で十分な動物性タンパク質を獲得できる状況にあった。例えば、クボではキリスト教の受容によってブタ飼養を放棄してしまった事例が報告されているし（Suda 1997）、より低地のギデラではそもそもブタ飼養をしていないことが報告されている（Ohtsuka 1983）。これまで記述してきたように、ボサビでも、ブタ飼養が独立した生業システムの一つである、あるいは倒木放置畑システムやサゴヤシ利用システムの重要なサブシステムであると言い切ることは困難である。これらの事例は、高地以外の集団において、生態学的にはブタ飼養に依存する必要がなかったことを示している。

しかし、ボサビ・ランゲージ・ファミリー以南の集団で、現在もブタ飼養が重要ではないと結論付けるのは拙速であろう。婚資としてブタを用いることは、少なくともボサビにおいては近年開始されたものであると考えられる。一方、婚資としてのブタおよび現金は、現在、人びとの主な話題の一つであり、社会システムの重要な構成要素であると考えられる。貨幣経済や婚資などコミュニケーションの形態を変容させる事象、そして、キリスト教布教や行政の介入など別の社会システムに包含される過程を、ブタ飼養を通じて描いていくことが本章の目的である。

4 貨幣経済と出稼ぎ

これまで描いてきたように、ロングハウスコミュニティが集合したシバラマのような村の形成には、パトロール・オフィサーをはじめとする行政の指導、およびキリスト教布教の影響があった。そして、行政とキリスト教は、村落社会の仕組みと共に、サツマイモ栽培も持ち込んだ。サツマイモ栽培の導入により、人びとはロングハウスあるいは村の周囲を柵で囲うことを開始し、それまで家の周りを自由にうろつくことのできたブタは、一定の年令を超えると村外で飼われることとなった。

居住形態、あるいはサツマイモを始めとする新たな作物の導入、道具類の刷新など、彼らの生業を取り巻く状況は変化しているが、生業システムの大きな枠組みは変わっていない。つまり商品作物は導入されておらず、彼らの生業システムは、グローバル経済に直接組み込まれてはいないということである。情報量の増大した現在、人びとはもちろん商品作物の価値を理解しており、できれば自分の地域に導入したいと考えているが、セスナ機あるいは徒歩しか輸送手段のない以上、彼らが農業市場に参加するのは無理な話である。作物の種類と比率、栽培方法、消費手段などが変化したとはいえ、彼らは依然、バナナ、サゴデンプン、そしてサツマイモを生産し、主食としている。また狩猟採集された獣肉、魚介類、昆虫類が主要なタンパク質源である。米や缶詰などの購入食品は、パトロール・オフィサーやキリスト教布教者が持ち込み続けており、人びとの嗜好を刺激してきた。出稼ぎに行った者が持ち帰る主な物品の一群は購入食品である。しかし、ボサビの領域内での購入は困難であり、現時点では一世帯で一カ月に一度消費される程度である。

しかし貨幣経済は確実に浸透している。購入食品は塩を除いて日常的に普及していないとはいえ、彼らにとって現金はすでに不可欠なものである。生産財としての斧、山刀、金具、懐中電灯等は、彼らの生業になくてはならないものであり、鍋、皿、衣服、石鹸、ランプ等も、日常生活において広く使用されている。腕時計やラジオは、個人あるいは世帯のステータスを誇示するために争って求められ、聖書やギターがキリスト教の信仰を成り立たせている。これらの物品は、出稼ぎの現場で購入される他、ディデサなどエアストリップのある村落内にキリスト教関係者が設立した雑貨店において購入される。このような物品の購入に、一世帯で一カ月に約五キナは使用する。また出稼ぎや物品購入、病気治療の際の移動における飛行機代は一〇〇キナ以上であり、それらが数年に一度のこととしても世帯にとって莫大な出費である。

そのような現金はほとんど全て、一九八〇年代に西部州において始まった商業伐採に出稼ぎ労働者として雇用されることで獲得されている。西部州における商業伐採は、日本など東アジア向けの合板材を生産するために、ボサビ山の南側から海岸部までの広大な地域をマレーシア企業が西部州の行政の協力を得て開発したものである。ボザビ周辺では、土地買収の頃から開発の話はよく知られており、開発が始まるとその地域の地権集団の紹介でボサビの人びとも出稼ぎ労働者として雇われることになった。一つの村から常に五人くらいが半年程度の労働に出掛けている。

出稼ぎに出掛けるのは、ほとんどが一五歳から三〇歳までの未婚あるいは結婚して間もない男性である。彼らは、一〇〇〇キナ以上という彼らにとって莫大な金額を妻側の親族から婚資として要求されるため、他に現金獲得の手段がない以上、否応なくこの出稼ぎに従事せざるを得ない。逆に言えば、このような出稼ぎという現金獲得の手段ができたことで、婚資を現金で支払う慣習が成立したのだと考えられる。それまでは子安貝や真珠母貝が婚資として流通していたのだが、グローバル経済に直結した交換価値を持つ現金が獲得可能になった以上、貝を婚資として使用することに意味を見出すのは困難であろう。こうして婚資として支払われた現金が妻側の親族の間で分配され、ボサビの領域内で貨幣として流通しているのである。

5 婚資とブタ

現金の獲得と婚資が密接に関係しているのは明らかであるが、婚資の支払いはもともとボサビにあったのだろうか。これまで繰り返し述べてきたように、ボサビの人びとの社会関係は姉妹交換婚と兄弟姉妹関係が基本となっている。姉妹交換婚が厳密に実践されているなら婚資の必要性がないと考えられる。表6―1に、シバラマの四三組の夫婦が結婚した際に、交換されたと認識されている姉妹、あるいは物品をまとめた。夫婦の片方でも存命なら、もう片方が死亡していても掲載している。基本的に情報は本人から聞き取ったが、交換された姉妹あるいは物品は皆の関心事でもあるので、適宜周囲の人物からの情報で補足した。表は一九九九年時点での夫の推定年齢の低い順に（夫が死亡している場合、および複婚の場合、妻の年齢を参照した）並べたので、ある程度婚資の歴史的変化を遡ることができる。

表6―1から、かなり以前に結婚した者でも婚資を支払っていたことが分かる。しかし、昔の婚資は子安貝や真珠母貝、イヌの犬歯の首飾りであり、現在婚資の価値があると認識されている現金とブタではなかった。また、以前から姉妹交換婚は行なわれており、現在ももちろん実施されている。そして、夫婦全体の半数以上が姉妹交換婚の形式であり、この婚姻形態がボサビの社会システムの根幹にあることは間違いない。一方、姉妹交換婚の形式によらない結婚も以前から存在し、その場合一部例外はあるが、首飾りにせよ現金にせよ高額の

婚資が支払われている。最大の例外は複婚している二名の男性の事例であるが、彼らの複婚はいわゆるレヴィレート婚の形式になっており、夫側親族から妻側親族への交換あるいは贈与がすでに済んでいた事例である。逆に言えば、ボサビでの複婚は夫と死別した女性を夫の兄弟がサポートする形式が多いのだと推測される。その他にも婚資の額が高かったり低かったりするには、さまざまな個別の事情があり、それぞれの事情ごとに興味深い物語があるのだが、本書では割愛する。

一九九九年の時点で四〇代の夫婦あたりから、現金およびブタによる婚資支払いが始まっている。ボサビの人びとがだいたい二〇歳前後で結婚することを考えると、一九七〇年代から現金およびブタが婚資として用いられ始めたと考えられる。ちょうど、行政の指導、キリスト教の布教、サツマイモ栽培の導入の始まった頃である。その時期を境に、それまで用いられていた首飾り類が全く使われなくなったことも顕著である。山刀は、その時期以前からもまれに婚資として用いられていたが、その時期を境に使用量が増え、斧は、現金、ブタと共に使用が始まったと言える。また、姉妹交換婚をしたとしても、現金やブタが全くゼロであるという事例は少なく、人びとはそれらを交換する機会をむしろ努力して作り出しているとも言える。

ボサビのロングハウスコミュニティは、必ずしも婚資がなくても、現金やブタがなくても、兄弟姉妹の紐帯と姉妹交換婚によって再生産されていく社会システムである。しかし、以前から首飾り類を婚資として用いていたように、ボサビの社会は閉じたシステムではない。イヌの歯はもしかしたら自前で用意できたのかもしれないが、子安貝や真珠母貝は、海岸地域の人びととの交易や婚姻関係によってボサビの社会に持ち込まれ続けたものと考えられる。さらに遠回りして、海岸地域から高地地域に持ち込まれた子安貝や真珠母貝が、高地地域とボサビの間でやり取りされたこともあっただろう。ちなみにボサビから持ち出される交易品は、狩猟採集

表6-1　結婚における交換

夫婦ID*	夫の年齢**	妻の年齢**	現金（キナ）	ブタ（頭）	斧（本）	山刀（本）	子安貝首飾（本）	真珠母貝首飾（本）	イヌ犬歯首飾（本）	姉妹交換相手（ID）***	備考
1	19	19	700	5	0	4				10	
2	24	19	400	2	1	2				他村	
3		28	400	1	1	2				13	
4	28	47	500	2	2	2					レヴィレート婚
5	29	24	500	4	0	2				12	
6	29	22	1300	7	3	2					
7	30	23	1700	4	2	2					
8	30	26	200	4	0	0				他村	
9	31	26	1900	8	3	3					
10	32	25	700	5	0	4				1	
11	33	35	300	4	2	3					レヴィレート婚
12	33	29	500	4	0	2				5	
13	34	31	400	1	1	2				3	
14	34	30	700	0	2	2				15	
15	35	28	700	0	2	2				14	
16	36	32	400	2	2	2				他村	
17		37	700	4	0	0				20	ソロレート婚の後夫が死亡
18	37	35	1100	2	7	3					
19	38	33	800	0	1	3				17	
20	38	39	100	2	1	0	3			27	
21	40	38	1600	5	3	3					
22		41	0	0	0	0	10	3		34	
23	42		300	0	0	0	3	2		他村	
24	42	45	200	3	1	2					レヴィレート婚
25	42	46	0	0	0	0	2	4	1	38	
26	42	46	0	0	0	0					レヴィレート婚
27		44	100	2	1	0	3			20	
28	44	40	60	2	0	0					
29	47		200	0	0	1	10	3	1	死去	
30	48	43	100	0	0	0	5	5		他村	
31	48	42	700	0	0	1	5	2			

32	48	51	100	0	0	0					レヴィレート婚
33	48		0	0	0	0					レヴィレート婚
34	48		0	0	0	0	10	3		22	
35		49	0	0	0	0	10	3	3	死去	
36	51	45	0	0	0	0	6	4		42	
37		51	0	0	0	1	8	1			
38		53	0	0	0	0	4	3	2	25,40	
39	53		0	0	0	0	10				
40		55	0	0	0	1	4	3	2	38	
41		56	0	0	0	0	10	10	0		
42	56	58	0	0	0	0	6	4		36	
43	61	61	0	0	0	0	13	5	1		

*太字の24-26および31-34は同一男性の複婚、女性の年齢によりIDを分けた
**空欄は死亡
***空欄は交換相手がいない場合、他村は他の村に交換相手がいる場合、
死去は交換相手の夫婦が両方死亡している場合

の項で述べたゴクラクチョウの羽であったり、顔料として用いられる樹脂であったりしたらしい。現在でもそれらの物品は、高地地域の人びととの間で現金と交換されている。

しかし、首飾り類や羽の交換は、互いの地域の生業システム、エコシステムに影響をもたらすものではなかった。一方で、現在婚資として用いられる現金は労働力の継続的な流出という面で、ブタはサツマイモ栽培と関係しながら環境を改変するという面で、少なくともボサビのシステムに影響を与えている。今まで存在した、モノを介したコミュニケーション、および価値を介したコミュニケーションが変容しつつある中、人びとがブタや現金とどう折り合いを付けているのか、それが「畑を荒らしたブタ」に対する態度に表れているのである。

6 「畑を荒らしたブタ」の事例

「畑を荒らしたブタ」の事例を見てみよう。ある日、ユワレの従弟（ボサビの親族名称で表すなら兄弟）であるセボが、早朝から村落内のサツマイモ畑でイモを収穫していた。調理するのかと思っていたが、彼はそのまま村の周りを囲っている柵の外に出て、彼の所有する（厳密には彼の妻が面倒を見ている）ブタ（推定五才）の名前を呼び始めた。ブタは彼のもとに現われたが、彼はサツマイモを使い、ブタを柵の中に誘導する。何の目的かと思っていたが、次の瞬間、彼は「ブタがサツマイモ畑を荒らしているぞ。皆、見にきてくれ」と叫び始めた。村人たちは即座にその場に集まり、ブタを抱えて柵の外に排除した。排除し終わった後、彼は皆に向かって「皆の畑が荒らされてしまった。あのブタはもう私の言うことを聞かなくなった。殺さなくてはいけない」と演説した。その場で若者を中心にブタ狩り隊が構成され、エサのサツマイモと弓矢を持って、そのブタを狩りに出掛けた。数時間後、ブタは死体となって、若者たちの担ぐ棒にくくられ村に帰ってきた。

一才を超えたブタは、村落とサツマイモ畑を囲む柵の外で放し飼いにされている。柵はブタが容易に村落の中に作られているサツマイモ畑に侵入できないように巧妙に作られているが、それでもブタは柵の破れを見つけて、数カ月に一度くらいの頻度で畑に侵入してくる。ブタが放し飼いにされている以上、時々のサツマイモ畑への侵入は当然のことであると言える。しかし人びとはブタのそのような行為に対して非常に敏感で、就寝

写真6-3　ブタ売買（1998年12月筆者撮影）

中でも集会中でも、ブタの侵入を察知すると一斉にブタの周りに集まり、村外に排除する。たいていの場合、その被害はサツマイモ数株くらいといったような些末なものである。侵入したブタの所有者は、五日間の村内労働（柵作りなど）の無償奉仕か、罰金一〇キナを強いられるが、所有者はこれを甘んじて受け、ブタを処分するようなことはない。ところがこの事例においては、罰則は適用されず、所有者がブタを処分するという行為に出た。それ以前のセボの不思議な行動も含めて、通常のブタ侵入とは異なっていた。

村に持ち帰られたブタは、家の縁側で解体され、サゴデンプン、食用シダと共にウフェ（焼石とマグの葉を使った蒸し焼き）にされた。数時間後、ブタは蒸し上がり、「ブタ売りだ。ブタ売りだ」との掛け声のもとに、この時を待っていた村民たちが集まってきた（写真6―3）。部分ごとの彼の言い値では、肩四〇キナ、モモ六〇キナ、バラ三〇キナ、ロース一五キナ、頭一〇キナ、レバー一〇キナ、胃四キナ、心臓三キナ、脂肪部二〇キナ、計一九二キナということであった。村人たちは、二キナ紙幣、一キナコイン、あるいは一〇トヤコインを彼に支払いながら、二キログラム程度の塊、あるいは五〇〇グラム程度の小片を持ち帰っていく。やがて一〇〇キナ程度売れた時点で、シバラマ村民のブタに対する欲求は満たされたと見え、それ以上は売れなくなった。残りの肉は囲炉裏の上にある篭の中で保存され、次の日、彼とその近縁の若者が他の村に売りに出掛けた。そうして全ての肉を現金に変換し終わって、彼らは村に帰ってきた。セボに、結局いくら儲けたのか聞いたところ、「レバーや心臓などおいしいところは、自分たち家族で食ってしまった。またいくぶん近縁者にもタダで分けた。そして売れない時は値引きもした。だから全部で一五〇キナくらいかな」ということであった。

筆者がセボにブタを殺し、肉を売却した理由をたずねると、「ブタが畑を荒らしたからだ」とのことであった。しかし、筆者が、彼がサツマイモを使ってブタを畑まで誘導していたことを指摘すると、彼は本音を言ってくれた。本音は、「私は、自分の家を建てたいのだ。娘も一人いるし、現在、妻は妊娠している。これを機に私は独立したいのだ。しかし家を建てるのは、鍵や金具を購入するのに現金が要る。だから私は、ブタを畑に入れて、ブタを売ったのだ」ということであった。数日後、彼はエアストリップのある村、ディデサに出向き、釘や蝶番などを購入して帰ってきた。その後、彼の家は無事に完成し、彼のブタは、「畑を荒らした」ことで現金に、そして世帯の家に変化したのである。

7　ブタの消費

さてこのような「畑を荒らした」ブタが売買され、人びとの現金に対する欲求を満たしていることには、どのような意味があるのだろうか。このことを考えるために、表6—2に、一九九八年一二月から一九九九年一〇月までの一一カ月間に、シバラマ村民が所有する飼いブタのうち、屠殺され、売買あるいは無償で消費されたブタの、屠殺の日付、屠殺理由（分配者が主張する理由）、肉の用途（観察される「本音」の屠殺目的）、売買が行なわれた場合はその金額、実際の飼育者（成人女性）と分配者（屠殺し売買等を取り仕切った者）の関係、およびブタの推定年齢をまとめてみた。この表は、主に間引きとして世帯内で消費されたであろう子ブタ、あるいは出作り小屋などで消費された野ブタなどは含んでいない。つまり、彼らのブタ消費を完全に網羅した表ではなく、現金による売買等、社会的行為に関係したブタ消費に関して全て記録した表である。

この表の「屠殺理由」の欄で「畑荒らし」と表記しているのは、事例に挙げた通りのブタが「畑を荒らした」ため屠殺された例である。「野生化」と表記しているのは、「畑を荒らす」ことはしなかったが、他に野生化の兆候が見られたと主張されることで（例えばエサを示しても所有者に近づかなくなったような場合）、屠殺された例である。「野ブタ」は、狩猟によって得られた野ブタが村内で分配された例である。狩猟後、その出自が飼いブタであったことが判明し、元来の所有者が販売権を得た例も含んでいる。「自村祭」「他村祭」は、この調査期間

表6-2　ブタ消費の事例

日付	屠殺理由	肉の用途	売却益（キナ）	肉の分配者の飼育者に対する関係	ブタの推定年齢（年）
12月7日	畑荒らし	婚資	150	夫	3
12月8日	畑荒らし	売却	150	息子	4
12月19日	野性化	婚資	200	夫の従兄弟	5
12月23日	野性化	婚資	200	夫	5
12月30日	他村祭	売却	300	夫	4
12月30日	他村祭	売却	200	本人	3
12月31日	他村祭	売却	300	夫	4
1月10日	畑荒らし	売却	100	夫	3
1月14日	野ブタ	売却	250		8
1月15日	他村祭	売却	200	夫	3
1月15日	他村祭	売却	200	夫	3
1月20日	畑荒らし	売却	50	夫	1
1月24日	病死	売却	50	夫	1
1月31日	野性化	婚資	100	夫の従兄弟	1
2月9日	畑荒らし	売却	200	本人の従兄弟	6
2月17日	野性化	婚資	100	息子	1
2月22日	野性化	無償奉仕	0	夫の兄弟	6
3月1日	畑荒らし	婚資	150	兄弟	3
3月14日	野ブタ	婚資	250		5
3月21日	野性化	婚資	150	兄弟	3
5月12日	畑荒らし	売却	50	夫	1
5月13日	自村祭	無償奉仕	0	夫	2
5月13日	自村祭	売却	200	本人	4
5月18日	自村祭	売却	200	本人	5
5月21日	自村祭	無償奉仕	0	夫	3
5月21日	自村祭	無償奉仕	0	夫	3
5月21日	野ブタ	無償奉仕	0	息子	3
6月31日	葬式	無償奉仕	0	夫	6
7月3日	野ブタ	売却	200		5
7月8日	婚資消費	無償奉仕	0	夫	3
7月8日	婚資消費	無償奉仕	0	夫	7

7月8日	婚資消費	無償奉仕	0	兄弟	3
7月8日	婚資消費	無償奉仕	0	兄弟の義兄弟	4
7月17日	婚資消費	無償奉仕	0	兄弟	3
7月17日	葬式	無償奉仕	0	本人	4
7月17日	葬式	無償奉仕	0	本人	5
7月17日	葬式	無償奉仕	0	夫	4
8月10日	野ブタ	売却	200		4
8月21日	他村祭	売却	300	夫	5
10月13日	畑荒らし	売却	150	息子	4
10月19日	野ブタ	売却	100	父	3

写真6-4　婚資としてのブタ消費（1999年7月筆者撮影）

中行なわれていた、キリスト教の洗礼の儀式を中心にした一種の祭りにおいて屠殺（他村の場合はシバラマで屠殺された後他村に運搬）された例である。この洗礼を中心とした祭は、現在ではほとんど行なわれることのなくなったギサロと呼ばれるイベントに代わるものとして、人びとの蝟集、大規模な交換が行なわれる場であった。一九九九年のシバラマでの一大イベントであったし、他の村でもこの年に数件開催された。

「婚資消費」は、結婚時に花婿側から花嫁側に婚資として支払われたブタが、その場で屠殺され人びとにふるまわれたものである（写真6―4）。一九九九年、シバラマでは一件婚資の支払いを伴う結婚が行なわれた。ゴボリシの男性とワスウェイド村の女性が、姉妹交換を伴わず結婚した事例である。七月八日にワスウェイド村の人びとを呼んで大規模な祝宴が、七月一七日に小規模な祝宴が行なわれた。「葬式」は、我々の感覚での葬式とはかなり異なるものであるが、死亡したシバラマ村民の家を他村の親族が訪問してきた際に、その他村の親族を接待するために屠殺されたものである。一九九九年、シバラマで「葬式」を伴う死亡例が一件あった（乳幼児の死亡などは基本的に「葬式」は伴わない）。「病死」が一例含まれているが、ボサビの人びとは原則的に病死したブタは食べない。しかし子ブタを間引きした際に食べる場合、「病死」として説明される。間引きは村内で飼われている約一歳未満の子ブタに対して行なわれるが、この場合はその建前にもかかわらず、村外で飼われている一歳以上のブタが売買された事例である。

筆者が観察し、判断した「肉の用途」の欄で、「売却」とあるのは、その通り現金を得るために屠殺され売買されたと判断される事例である。また「婚資」とあるのは、同じように現金を得るために売買された事例であるが、その現金の用途が婚資に限定されると判断された事例である。「無償奉仕」は、「屠殺理由」の通りに、祭りや葬式、結婚式の際に無償でブタが屠殺された事例である。「野生化」で一件、「無償奉仕」の例があるが、この事例の場合、飼いブタが村民に対して襲い掛かった（けが人も出た）ので、その賠償の意味も込めて所有者から被害者に対して無償奉仕されていた。売却益は、聞き取りに基づいて計算したものであり、おおよその数字である。

まとめてみると、売買が行なわれた（売却益のあった）場合は、「畑荒らし」および「野生化」という主観的理由が多い。また「他村祭」という理由で売買された場合も多い。一方で、「婚資消費」「葬式」「自村祭」という理由では、ほとんど売買されていない。売買を伴わないということでは、この「婚資消費」「葬式」「自村祭」が以前からのブタの消費形態のように見える。しかし婚資としてブタが使用されるようになったのは近年のことであり、「祭」もキリスト教の布教を目的として行なわれていることを考えれば、売買を伴わないことが彼らのブタ消費の本質を示すとは言い難い。

そこで売買の行なわれた／行なわれなかった場合の屠殺理由を弁別する基準を考えてみると、ブタが自分のコミュニティに属していない／いるという基準が設定できる。つまり前述の事例で挙げたように、ブタが本当に野生化したり畑を荒らしたりしたのかは疑わしい場合が多いが、そのように主張されることで言説上の操作がなされ、ブタがコミュニティに属していないものとして人びとに分類される。あるいは他の村で行なわれる儀礼では、ブタは他のコミュニティ成員によって消費されることにより、やはりそのブタはコミュニティ外に所有権が移ったものとして理解される。

一方で、婚資として消費された場合は、コミュニティの所有物として消費され、自分たちの村で行なわれる儀礼に際しては、主にコミュニティ自らがブタを消費する。このような基準を当てはめていくと、ブタを売買していいのかいけないのかを、そのブタがコミュニティに属しているかいないか、から人びとが判断していることを理解できる。「自村祭」で多少、売買が行なわれた事例があるのは、キリスト教の儀礼に際して自分たちのコミュニティがどれほど主体性を持って参加しているかに、認識の差異があるためであると考えられる。

8　貨幣経済とブタ売買

故意に畑の中にブタを放ち、そうしてからブタを屠殺し、肉を売却することで現金を得る、このような一見奇妙な行為を、貨幣経済との関わりから考察していきたい。人びとはブタが「野生化」したことをアピールした上で売買を行なう。先ほど分析したように、それはブタが「自分」に属さないことを示す操作であると考えられる。このような、飼いブタがその所有者によって消費されることを忌避する規範は、売買の事例に限らず日常的に観察される。少なくとも食事調査において筆者がインタビューした限りでは、成長後の自分のブタを屠殺して食べた者はいなかった。

数例、自分のブタを食べたのではないかと疑われる例もあったが、そのような場合、対象者は「これは野ブタだ」と強弁するのが常であった。カボ（飼いブタ）とイゴ（野ブタ）は厳密に区別されており、イゴなら狩猟の産物として消費してよいのである。「やつは、隠れてカボを食うやつだ」というのは、食物分配に関する邪術的思考が強力なボサビの社会において、かなり辛辣な悪口であり、もし自分のブタ（子ブタ以外）を殺して食べた例があったとしても、わずかなものだと推定される。この食物分配に関する邪術的思考については、次章で詳しく分析していく。

このような「自分のブタを食べてはいけない」という規範は、ボサビだけではなく周辺の集団にも共有されていると考えられる。エトロでは、「畑を荒らしたブタ」が消費される事例があると前述したが（Dwyer 1990）、その動機が異なるとはいえ、「畑を荒らした」ことで初めてブタが消費されることは、やはり「自分のブタを食べてはいけない」という規範があることを示唆する。より低地のクボにおいては、より直接的に、食物交換に関する邪術的思考に深く関係しながら、同じような規範が存在するという報告がある（須田 一九九五）。また自分のブタを極力消費しないという行為は、高地地域のフリでも報告されている（梅﨑 二〇〇〇）。

さて、「畑を荒らした」ブタが、彼らにとって売買に適したブタであるということは分かったが、ではなぜ売買されるのはブタなのであろうか。まず、ブタが婚資などの交換財として高地地域で広く使用されていることが背景にあったのは間違いなさそうである。そして、ブタの婚資としての使用、サツマイモ栽培、キリスト教布教、行政の介入、そして現金の使用がセットになって、一九七〇年代からボサビ周辺の地域に受容されていったことが、ブタと現金を関係付けるイメージを作り上げたと考えられる。

一方、以前から婚資として使用されてきた子安貝や真珠母貝は、現金で売買されないばかりか、交換財としての使用も行なわれなくなっている。ニューギニアの他の地域でも、国家やグローバルな世界と社会的つながりを築くものとしては、子安貝や真珠母貝がもはや使用されなくなったことによるだろう。ただし、ニューギニアの一部の地域では、貝貨がグローバルな世界との関係を仲介している事例があるので、一概には結論付けられない（深田 二〇〇六）。しかし、そのような地域では貝貨を自ら、あるいは交易によって手に入れることができるのに対して、ボサビ周辺では子安貝や真珠母貝を新たに入手できる手段がないということは間違いない。

ブタは交換価値があると同時に、動物性タンパク質を供給できるという使用価値を持つ。他の家畜動物でもよかったのだろうが、サツマイモ栽培や村落形成などの近年の生業システムの変容に沿う形で、最も増産が可能であったのがブタなのである。ウシやヒツジなどの家畜動物も近年ニューギニアに導入され始めているが、あまり成功した事例を聞かない。少なくとも、ボサビ周辺の地域には全く導入されていない。現在でも、ブタがその大きさにおいて唯一無二の存在であり続けていることも、現金に変換されるモノとしてブタが選択される理由の一つであろう。

貨幣経済の受容が先か、ブタの商品化が先かというのは結論付けられない。しかし、それらがポジティブ・フィードバックの関係を持って、互いの受容を促進しているという関係性は見て取れる。つまりキリスト教布教、行政の介入が始まり、村落形成と共にサツマイモ栽培、ブタの生産が増加する。村落社会はキリスト教の布教にも、行政の介入にも親和的な社会システムであり、それらに人びとが参画することを促す。その参画は外の世界との、外の人びととの関わりを盛んにし、関わりを仲介する貨幣経済の受容が促進される。そして、貨幣経済の受容によってブタの必要性は高まり、村落の固定化につながるという過程である。

貨幣経済がどのようにしてそれまで自給自足経済を実践してきた集団に浸透していくのか、その詳細な過程について記された民族誌は意外に少ない。ポリティカルエコロジーの分析において、人びとが全てを奪われてしまった上で、貨幣経済に組み込まれ搾取されていく過程は以前からよく論じられてきているのだが、集団が自律的にその資源や労働を貨幣経済に組み込んでいく過程はあまり関心を持たれて来なかった。例えば、同じパプアニューギニアをフィールドとして貨幣経済の本質を議論し続けているゴドリエは、バルヤの社会を資本主義社会と比較されるべき伝統社会として描く（ゴドリエ 二〇〇〇）。そのような対比によっても貨幣経済の受容について一定の考察はできると考えられるが、もし彼がバルヤ社会の経時的変化を分析するならば、より生産的な議論を展開できるはずである。

植民地支配など、外部からの権力によって貨幣経済が導入される過程は否定しようもないが、ここまでグローバリゼーションが進行するということは、人びとの自律的な受容が少なからず存在するに違いない。そこでは、何が現金と交換可能なモノであるか、あるいは何が貨幣経済とは相容れないモノなのかを、人びとは判断しながら貨幣経済に参画しているはずである。そしてそのような判断の基準になっているのは、イデオロギーのような形而上的思考ではなく、日々の人間関係や生産物の出来具合など日常の実践であろう。

9 世界システムの中のロングハウスコミュニティ

ボサビの人びとが現在でも自給自足経済を続けていることを忘れるわけにはいかない。購入食品は全くと言っていいほど消費されておらず、ブタ飼養やブタの売買は、日常の活動の片隅でほんの少し行なわれているに過ぎない。村落社会への変容は進行しているように見えるが、人びとはロングハウスコミュニティ成員としての生き方をまだ優先している。言い方を変えるなら、人びとはロングハウスコミュニティという社会システムのアクターとして行為する時間の方が長く、村落社会という社会システムのアクターとしてはあまり熱心に行為していない。

ただし、ブタ飼養とブタの売買は、これまで考察したように村落社会の成員として、外の社会システムとつながる行為である。外の社会システムを詳細に述べれば、「民族」や国家、宗教などに応じて細分化もできるが、グローバルな貨幣経済や政治によって統合された存在であるとも言える。細分化された社会システムとの関わりは、後の章で改めて考察するとして、ひとまず統合された存在、世界システムが、ロングハウスコミュニティに住まう人びとからどのように見えているのかをまとめておきたい。

表6—2の結果から見えるように、野生化したとして、ボサビの人びとは盛んにブタを売買する。ブタ自体を交換財として用いてきた高地地域の事例と比較すると、売買による現金獲得の方がボサビの人びとのブタ飼養の目的であるように見える。一方、ブタはボサビの外に持ち出されて売買されるわけではない。現金に変換されてグローバルな貨幣経済とのつながりに用いられている。婚資や祭の引き出物として、交換財として用いることもブタの用途の一つであるが、それはボサビの社会システムの中でブタが循環するだけであり、わざわざ野生化したとして売買する必要はない。遠い未来に道路や通信設備が完備されれば、ボサビのブタもグローバルな商品として取引されるかもしれない。しかし、現時点でグローバルな貨幣経済と直接つながっているのは、現金とそれをもたらす出稼ぎ者などの人びとである。

このことにこそ、ブタが「畑を荒らした」上で初めて売買される真の理由が含まれている。先ほどブタが「畑を荒らした」ことは、自分（および自分の属するコミュニティ）の所有ではないことを示す操作だと考察したが、自分の所有でないことを示す必要性は邪術的思考によるだけではない。自分のブタを売買し、例えば山刀などの商品、例えば缶詰などの食品を購入するために使用するのには、ボサビの社会の内側で循環するものではないことを示す必要があるのである。婚資として使用されるブタは、理念的にはボサビ内部で循環するものである。

そのようなブタは自分のものであると同時に、ボサビ社会全体のものであると言える。しかし「野生」のブタは循環の輪の外に存在するものであり、社会内部のどのような価値に関連付けても、その使用が規制されない。貨幣経済はボサビの外側で循環する体系であるが故に、もし彼らが貨幣経済の循環に参加を表明するならば、「野生」のブタが優先的にその接点として用いられるのである。

ボサビの人びとにとって、感覚できる範囲の外にある事物は、あたかも持続的に存在し続けている、つまりオートポイエート（自己組織化）しているように見える。山刀、斧、鍋、缶詰などは、自分たちが何らかの作用をしなくても、外の世界で勝手に作り出され勝手に流通しているように見える。また、国家やキリスト教団体、木材会社も、外の世界で勝手に誕生し存在しているように見える。ちょうどロングハウスの外に存在する「野生」の事物が、エコシステムのオートポイエーシス（自己組織化）によって再生産されていくのと同じように見える訳である。山刀や缶詰などの商品は野生生物ではないが、ボサビの人びとにとっては同じオートポイエート（自己組織化）の過程の産物として「野生」であり、「野生の商品」と交換するために「野生のブタ」が必要なのである。

山刀などの生産財、缶詰のような嗜好品を手に入れるためには、自らが外に移動することも、つまり出稼ぎに行くことも手段の一つであるが、出稼ぎに行った人や外から来た人と交換することももう一つの手段である。出稼ぎに行くことは、ロングハウスコミュニティから少し離れて外の世界の成員となる行為である。そして、「畑を荒らしたブタ」を売買するのは、ロングハウスコミュニティの内側にいながら、外の世界とコミュニケートする行為なのである。

第7章

共に食べる

1　ボサビの人びとは同じものを食べているか？

ここまで、ボサビの人びとがどのように食べ物を生産しているか、つまりさまざまな生業を網羅的に記述してきた。少なくとも直接食べ物を生産する活動は全て記述したはずである。前章では、その生産された食べ物がどのように分配されるか、具体的にはブタが婚資や貨幣経済を通じてどのように人びとに分配されるかも記述した。しかし、ブタの分配のされ方、そしてその貨幣経済との関わりは、ボサビの人びとを理解するに当たって応用編というべき実践であり、いま一度、人びとの日常的な食事について説明しておく必要があるだろう。

すでに何回も用いてきた栄養素摂取量調査の結果であるが、改めて表3―1がエネルギー、タンパク質、脂肪に分けた上位一〇品目であり、記録された全ての品目が附表1である。シバラマの三一家族のうち、八家族を対象に長期間調査した結果であり、シバラマの人びとの食事の傾向をある程度代表していると考えられる。また、附表2に記載したように、表3―1や附表1で、その他の野菜や哺乳類、あるいは魚類や爬虫類、両生類とまとめた中に、多様な種が含まれていたことを理解してほしい。

とにかく、人びとはおいしいものは何でも食べていると言ってよい。もちろん忌避する生物も多く、例えば人びとは毒キノコがあることを知っており絶対に食べない。ほとんどの昆虫類はおいしくないし、時には毒もあるのでやはり食べない。高地周縁のエコシステムには元来多様な動植物が存在し、さらにイヌやブタやサツマイモなど人間と共に移動してきた生物もエコシステム内の多様化に貢献している。そのエコシステムの多様性と持続性にあまり影響を与えない形式の生業システムを人びとは構築し、多様な食べ物を獲得する。栄養素摂取量調査で明らかにしたように、エネルギー、タンパク質共に、FAO／WHOによる栄養素所要量に対して人びとは十分な量を獲得している。食物に関する限り、人びとが貨幣経済を積極的に受容し、外のシステムと交換する仕組みを作る必要はないと言っていい。実際、購入食品の消費量は無視していいレベルの少なさである。

それでも、サツマイモ栽培やブタ飼養が盛んになりつつあるなど、エコシステムの側ではなく、社会システムの変容に伴う生業の変容は見られるし、出稼ぎによる現金の獲得は始まっている。ボサビの地域まで道が通じたら、定期的な航空便が就航したら、逆にボサビの人びとが大挙して他の地域に移住したら、そのまま貨幣経済に移行できる準備は完了しているとも言える。しかし、現時点では外のシステムとコミュニケーションの頻度や密度を高める仕組みは「未開通」であり、前章で記述したように、獲得された現金も基本的にはボサビの社会システムの内側で循環する仕組みになっている。

ただし、ボサビの人びとが全員同じ生業に従事して、同じ量の食べ物を生産している訳ではない。乳幼児は当然生業に参加しないし、食べ物を獲得できない。子どもはある程度の年齢になると生業に参画し始めるが、個々人でその参画の仕方が異なっている。また、高齢者は最低限自分の食べ物が獲得できるような生業活動を行なうが、十分な量が生産できるのかどうか危うい。病気の者、障害を持つ者もいて、同年齢でも同じ活動ができる訳ではない。それぞれの状況に従って、ある者は他者に依存し、ある者は自分で何とかしようと努力し、ある者は当然のこととして他者に分配する。別にボサビの社会に限ったことではないが、食物分配は生存の基

写真7-1　筆者のためにサゴデンプンを焼くユワレ（2003年8月筆者撮影）

礎であると同時に、社会関係の基礎でもある（写真7―1）。

では、全員が同じ量を生産する訳ではない状況のもと、ボサビの人びとはどのように食物分配をしているのだろうか。まずは分配することを強いる邪術的思考について説明していきたい。邪術と言うと、我々現代社会に住まう者はそんな恐ろしいことはしないという見下したイメージを伴ってしまうので、嫉妬や恨みの処理の仕方と言い換えた方がいいかもしれない。人間なら誰しも持っているそのような感情に対する対応を理路整然と説明しようとする態度、それがここで説明したい邪術である。ボサビの近隣であるクボで須田が詳細に分析した（須田 二〇〇二）、そして日本の生態人類学の草分けである掛谷が長年取り組んだテーマ（掛谷 一九八七）が、邪術的思考による平準化機構というものであり、そのテーマ設定に沿うという意図もあって、ここで邪術という言葉を用いるのである。

2 恐るべきセイ

我々と同じくボサビの人びとにとっても病気と死亡は不条理な現象である。一方で、我々におけるよりも高い頻度で身の回りで起こる日常的な現象であるとも言える。キリスト教が広く浸透し、ディデサなどエアストリップのある村落ではエイドポスト（保健支所）が設置され始めている状況にもかかわらず、病気や死亡という不条理な現象に対する独自の説明原理を人びとは持ち続けている。その説明がなければ、不条理に対する恐怖で身動き一つとれないだろう。

ボサビの人びとが、病気や死亡、その他の不条理な現象に対して主な説明の原理としているのはセイ（Sei）という概念である。セイは、日本における生霊とよく似た概念であり、恨みを持った人間から就寝中に抜け出る物体である。セイを放った人間自身はそのことに気付かないまま、恨みを持たれている人間や集団に対してさまざまな害をなす。セイは、後述する霊媒師以外には不可視の存在であるが、その「声」は誰でも聞き取ることができ、フクロウのような「ホ、ホ、ホ、ホ」という「声」によってその接近が察知できる。恨みは、シエフエリンも記述しているように、食物分配の原則を破ることによって持たれる（Schieffelin 1977）。どのような場面であれ、食べている人物と食べていない人物が同時に存在することはセイの出現を招く。食べ物を持っている人物は、持っていない人物に必ず分配しなければならないのである。

ボサビの人びとの心身の異変に対する名付けと、その原因の説明を表7―1にまとめてみた。これは複数名の意見を総合したものであり、特に原因に関しては、人びとの間で一致していないものもあったが、ここでは多数を占める意見を掲載した。この中で、最も罹患率の高いのはワラフ（Walaf）であるが、この「病気」の中には、インフルエンザやマラリア、麻疹などほとんどの感染症が含まれていると考えられる。ベプ（Bep）やノノロ（Nonolo）も広く人びとの間で見られる。ノノロは、一時的な激怒による乱暴な行為などもそれに含まれ、一概に「精神障害」と解釈することはできない。また、死亡率が最も高いのはヘフォ（Hefo）である。ヘフォは呼吸器の重い障害を総称していると考えられるが、その中に肺炎あるいは結核が含まれていると推定される。

原因については、セイによる害が顕著であるが、他にも興味深い特徴が見られる。まずさまざまな病気が食べ物を媒介としている。人びとは、セイの害をはじめとして、病気が身体の外部、特に他の人間から進入してくるものと考えている。食物分配はセイを防ぐ方法である一方、悪しき物事も媒介する可能性もある。ヘフォおよびゴゴロ（Gogolo）の欄に表れているように、男性が女性の月経に対して持っている恐れは、しばしば病気と結び付けられる。少数意見として、ヘフォとゴゴロ以外の病気に対しても月経を原因に挙げた男性もいた。ただし女性が月経の害を受けるのかどうかにはさまざまな意見があり、初経前の女児は受けるという意見がある一方で、女性は全て受けないという意見もあった。この女性の月経と病気を関係付ける考え方は、パプアニューギニア、特に高地地域においてよく研究されており、ボサビから最も近い高地の集団、フリにおいてもFrankelが詳細な分析を行なっている（Frankel 1986）。ただし、女性が月経の害を受けるのかという論点に表れるように、男性である調査者が、女性を女性たらしめている要素の一つを主体的に分析することは困難であり、む

表7-1　心身の異変とその原因にかんする説明

病名	病態	原因
ウシュ	せき	セイが便などして汚した水を飲む
ヘフォ	せきとそれに伴う衰弱症状	月経中の女性が調理した食べ物を食べる
ゴゴロ	激しいせき、血痰など	睡眠中に、セイが女性の月経帯を口に押し込む
ワラフ	熱など風邪の諸症状、体感によって、ウフォ-ワラフ（暑い風邪）、ヒド-ワラフ（寒い風邪）と分けられる	セイが汚した食べ物を食べる、最近は生物医学の影響もあり、蚊にセイが憑りついているという説明もある
イロ-ホン	下痢、イル（便）＋ホン（水）でイロ-ホンである	セイが汚した食べ物、あるいはタブーの食べ物を食べる
ホボ-キディフ	貧血、肝臓疾患に伴う諸症状、黄疸等が含まれる	女性と同衾しすぎる、あるいはワラフの後遺症
ケレン-コロ	聴覚障害、シイ（視覚）-コロなどの用法もあるが、聴覚障害の場合、中耳炎などの感染症と考えられる	セイが耳の中に舌を入れる
ベプ	ゼニタムシによる皮膚病	ベプに罹患している人物の作った食事を食べる
ゴベロ	衰弱	セイが全身に憑りつく
ソウ	より深刻な衰弱	同上
ナガラ	痛み、前に体の部位をつけて、ミシェ（頭）-ナガラ、シイ（目）-ナガラのように使われる	外傷、労働による痛み、あるいはセイがその部位に憑りつく
オギン	傷、怪我	セイが外傷の原因となる棘や枝や刃物に憑りつく
ワイゲメ	外傷による潰瘍	オギンを放置しておく
ノノロ	持続的あるいは一時的な錯乱	セイが頭に憑りつく
ダファロ	失神	セイが体に憑りつく
フォファ	全身の痒みから始まり、ワラフの症状、全身の痛み、衰弱を伴う	セイではない、直接的な呪術（フォファ）の攻撃を受ける
スウェ	流産	腹部への物理的圧迫、あるいはセイが押さえつける
モソロ	難産とそれに伴う死亡	セイが産道を押さえつける
ファイム	不妊症	セイが性器に憑りつく
ガモド	畸形出産、双子も含まれる	不明、セイを持つ人間はガモドによって生まれる

しろ男性のみに共有されている邪術的思考であると考えた方がいいだろう。

フォファ（Fofa）については、その具体的な方法までは明らかにできなかったが、無意識に放たれるセイとは違って、ある人物が実際にフォファの行為をすることによって症状が起きる、いわゆる呪術であると考えられる。ガモド（Gamodo）は大いなる不条理であり、姦通によって引き起こされるという意見もあったが、大多数は原因不明ということであった。畸形や双子などのガモドによって生まれた子どもは、その場で嬰児殺しの対象となり、母親あるいは助産の女性が手を下す（最近では双子に対する嬰児殺しは行なわれていない）。セイを放ちやすい人物は、このガモドによって見えない畸形として出現し、畸形という「体質」であるが故に「遺伝」すると考えられる。

女性の月経、フォファやガモドも説明原理としては存在しているが、やはり日常的に病気やその他の不条理はセイによるものだと説明される。少なくとも筆者に対しては、そのような説明が常になされてきた。筆者の最も身近で起きた不条理、マオメの夫ノゴベの死は、野ブタに襲われた傷がもとになった。その事件に対するマオメやユワレの見解は、ある人物のセイが野ブタに取り付いてノゴベを襲ったというものであった。その他にも、木が人の方に倒れてきたり、路肩が崩れて転落したりというような、突然で不可解な出来事や死はセイによって説明されがちであった。

3 セイに対処する

セイは食物を分配しないと出現する。だから、人びとはあらゆる場面で食物が均等に分配されるように気を使う。必ずしも全員が同じ量を生産する訳ではない生業活動の成果は、このようにして平準化されると考えられる。同じロングハウスに住んでいれば、同じ世帯の家に住んでいれば、何かを調理した時に必ず同居者に気付かれる。そのような時、特にセイのことを気にするわけでもないが、一緒に食事をすることになる。もちろん同居者が空腹ではないこともしばしばあり、その場合は自分だけで食べることになるのだが。つまり、客観的な重量ではなく、主観的な欲求の平準化を目指しているのだと言える。「ゲ・マヤ」(ge maya? = あなた空腹?)、「ネ・オリ」(ne oli = 私満腹です)というやり取りがボサビの日常で最も聞かれる会話である。挨拶と言ってもよいやり取りである。逆に、食事に気付かれた、あるいは「ネ・マヤ」(ne maya = お腹空いた)と話しかけられたにもかかわらず、無視して自分だけで食べ始めた時、それがセイの出現場面である。ロングハウスや世帯の家の中では絶対に見られない光景である。

さらに人びとがセイの出現を気にする場面がある。隠れて食べるという行為である。ロングハウスや世帯の家の中で隠れて食べるのは不可能に近いが、村落の外で、森の中で食べるという行為はありうる。意図して隠れたわけではないが、栄養素摂取量調査中にも核家族だけで、あるいは一人か二人だけで食事をとっていた場面は何度も見られた。その場合、同居者が食べるであろう分まで全部食べてしまうとセイが出現すると考えられる。だからこそ、人びとはなるべく家に帰ってから食事を始めるし、なるべく家に多くの食べ物を持ち帰ろうとする。セイに対する恐れは、分配に対する強力な動機付けになっており、また分配されることで世帯やロングハウスコミュニティの紐帯がさらに強化される。

日常的な場面では表立ってセイが意識されている訳ではなく、食物分配は当たり前のこととして行なわれている。セイが意識されるのは、不条理な現象が起こってからである。つまり自分や家族が病気になって初めて、隠れて食べたり、うっかり分配しそこなったりした行為からセイが出現したのではないかと不安になり、自分の不幸の説明を試みるのである。セイを放った人間自身がそのことに気付かないという原理もその不安に拍車をかける。確かめようがないからこそ、日常的な分配の動機付けにつながっているのである。同じように、成人男性は女性の月経を恐れてはいるが、日常において、誰が生理中であるかをいちいち確かめて食事をとる訳ではなく、ヘフォになって初めて、そのことを気にするのである。

ただし、女性の月経は確かめうる現象であり、またセイは、以前は霊媒師によって誰が放ったかが確かめられていた。霊媒師の実践は、ボサビにおいてはシェフェリンが詳細に記述しており、周辺の集団でもベダミニにおける様相は林（林 一九九八）の記述に詳しい。ボサビとベダミニの霊媒師の実践は大体似通っている。霊媒師になるのは、男性のみであり、夢の中で霊的存在である女性に導かれることによってその能力を開花させ、夢の中で死者あるいは生者の霊魂と交信することにより、例えばセイの出現原因を言い当てることで問題解決の道筋を与える。

筆者の聞き取った範囲では、霊媒師は現在ボサビには存在しない。調査時点でバニサ（言語集団ソニアのロングハウスコミュニティ）には、霊媒の実践を行なっている人物が一人いた。しかしボサビの人びとは、彼の実践を正統でないもの、イカサマだとして批判していた。ただし、夢による示唆に対する信仰は現在でも人びとの間で一般的であり、既存の社会関係を変えるような言説を夢の示唆という形で明らかにすることがしばしば行なわれる。そして、そのような言説を得意とする「元」霊媒師という男性が少なからずおり、そのような人物はほぼ例外なくキリスト教の牧師になっている。ボサビにおけるキリスト教の布教は、セイへの恐れをうまく取り込むことができたから成功したのだと筆者は考えている。牧師はジーザス（キリスト）をセイの退治ができる存在だと解釈して布教している。そして、牧師は、キリスト教実践である懺悔を通じて、不安を抱える人物が何かを分配しなかった相手を知ることができ、セイを放った人物を特定できるのである。

霊媒師でも牧師でも、セイを放った人物を特定はできるが、セイの害に直接対処している訳ではない。キリスト教の布教以前は、どうしてもという場合、セイの害を取り除くためにセイを放つ人間を殺害していたらしい。セイを放った人間は、心臓が大きく、また黄色く変色していることで判別できるとされている。この心臓の特徴がよく見られるものなのかどうかは解剖学者ではない筆者には全く不明だが、ボサビの人びとにとっても殺害して身体を損壊しないと確認できない特徴である。セイを放つことを本人は自覚できないし、その特徴も殺害しないと分からない。全てが不明瞭なままセイの害に対処する訳である。日常的にコミュニケーションをとる身近な人物がセイを放つとされることは以前でも滅多にないことであり、殺害による対処は基本的に他のロングハウスに住まう人物に対してであったらしい。

このような直接的な対処の仕方は、セイに対する邪術的思考が平準化機構であると同時に、ロングハウスコミュニティが閉じた社会システムとなる駆動力であることを示唆する。ロングハウスに同居しない者に対しては食物が分配されない。生業を共にしないし、囲炉裏を共に囲むわけでもないから、日常的に食物分配しようがないのである。だから、他のロングハウス成員は、いつでもセイを放ちうる存在である。実際、シバラマ村の中で、ゴボリシ、ワリソー、アナシの人びとに別々に話を聞くと、他のコミュニティ成員から放たれたセイが自分の家族の不条理の原因なのだという説明が何度もなされた。この論理は、ガモドに対する考え方にも表れている。セイを放つ「体質」がガモドによって見えない畸形として出現し、他のコミュニティ成員に代々「遺伝」するという考え方である。

4　オダニはセイを放つのか？

潜在的には、セイの害を永久になくすために最も「合理的」な対処方法は、他のコミュニティを滅ぼしてしまうことである。人びとの物語によれば、以前はセイの害に対処するための殺人やコミュニティ間の紛争が絶え間なかった。そして、それは現在もいつでも起こっておかしくないと秘密裡に語られ続けている。逆に言えば、他のコミュニティの存在は、死や病気や災害が人びとの間からなくならない理由付けにもなっているのである。

しかし、現在ゴボリシ、ワリソー、アナシの人びとはシバラマという村を形成し、表面上は仲良く暮らしているように見える。その紛争のない状態は、特に用事がなくても互いのロングハウスを訪ね、食事を共にするという日常的な努力によって保たれている。また、互いに婚姻関係を続けて、結婚式など大々的に食事を共にする機会を作り上げることもセイに対処する方法の一つである。前章で分析した、出稼ぎに行った者が得た現金をブタの売買を通じて村の人びとに分配する仕組みも、見方を変えれば恨みを買わないための一つの方法なのかもしれない。

そして、ロングハウスコミュニティが集合しても紛争のない状態を保てる最も大きな理由はキリスト教の存在であると考えられる。牧師たちは明に暗に、ジーザスがセイを退治できると説法している。ただ、病気や死がなくならない以上、人びとも完全にはそれを信じられないだろう。それよりは、教会の建物を建築するのに複数のコミュニティの成員が参加することの方が、セイに対処していると言える。ちょうどコミュニティの成員が協力してロングハウスを建て、そこで日常を過ごすのと同じ過程で、複数のコミュニティ成員が協力して教会を建て、毎日そこに集い互いに会話するようになることが、嫉妬と疑心暗鬼を解決する手段になっている。キリスト教の布教と村落社会の形成、さらにはサツマイモ栽培やブタ飼養の増加が一九七〇年代に同時に始まったことは、セイに対する邪術的思考も関係していると考えられるのである。

邪術的思考による平準化機構は、同時に社会システムが閉じようとする駆動力になることを示してきた。しかし、人びとはロングハウスコミュニティを閉じた存在とするためではなく、対面的関係の中で互いに嫉妬しないために、恨みを買わないためにセイを信じている。ただ、食物分配する範囲を対面的関係の外まで拡張することが物理的に不可能なだけである。分配、協業が対面的関係を作り、その関係がさらなる対面的関係を作るこの過程は、やはりロングハウスコミュニティがオートポイエート（自己言及）する社会システムであることを表している。一方で、開いた社会システムに対応する邪術的思考はありうるのだろうか。

極端な例で言えば、筆者はゴボリシの、シバラマ村の対面的関係の外側から来た者である。そして、生業では役に立たず、建物の建築にも参加していない、何も生産しない者であった。それにもかかわらず、人びとは筆者に食べ物を与えてくれた。第1章で述べたように、筆者は最低限の物品しか持たずシバラマにやってきた。持たざる者であったオダニがセイを放つと人びとが考えたからだろうか。実は、この疑問に対する人びとの見解は一致していなかった。オダニは異なる世界に住んでいた者だし、体のつくりも明らかに異なるので、セイを放つような生き物ではないという見解、一方で普通にセイを放つのだという見解があったらしい。後者の見解で人びとが一致していたなら、何か恐ろしい結末が待っていたのかもしれない。

食物摂取量調査や生産量調査には苦労した覚えがある。人びとがとにかく食べ物を筆者に与えたがるのである。オダニが普通にセイを放つ存在と思う者が、本当はかなり多かったのかもしれない。調査をスムーズに行なうために「ネ・オリ」と言い続けるしかなく、むしろその態度は人びとの疑心暗鬼を掻き立てたかもしれない。それでも、毎日行動を共にし会話を続けることによって、情報をもらうことがオダニにとっての食事のようなものと理解してもらったと信じている（写真7―2）。

オダニに対する別の解釈として、最低限の物品とはいえ塩や缶詰などをシバラマの人びとに分配できる者という見方もあった。実際、それらの物品をマオメやユワレ、そしてゴボリシの人びとと分け合っていたし、現金も機会によって支払っていた。ただ、その解釈はすでに対面的関係が出来上がったことを指していると言える。逆に、ゴボリシの人びとは、筆者が他の村落に調査に出かけようとする前の夜など、「あそこの村はセイを放つやつばかりだ。行かない方がいい」というような怪談を語りかけてきたりした。オダニはセイの害を受けるのだろうか？　筆者はもちろんセイを信じてはいない。しかし、その感情と論理は「信じて」いる。セイの

写真7-2　夜、ヤムイモを分け合う（2003年8月筆者撮影）

害を受けないために、正確には人びとがオダニを恨む感情を抱かないように、ゴボリシやシバラマ、さらにはボサビ全体の人びとに対して筆者は何かを分配し続けなければと今でも考えている。

とにかく、互いに分配し合う対面的な関係を作ろうと努力し続けるなら、ロングハウスコミュニティをはじめとするボサビの社会システムは常に開いている。その努力は失敗に終わる可能性もあるが、少なくとも人びとは相談し合い、外来者がシステムに適合するのかどうか検討する。そして、うまくいけば筆者のような外から来た者もいずれ分配の輪の中に入りシステムの一部となる。一方で、外から来た者は他のシステムとの関係をもたらし、システムを変容させたり、より大きなシステムに包含されたりする機会を作り出す。筆者は一人であり大きな変容はもたらさなかったと思われるが、パトロール・オフィサーやキリスト教布教者は人数も頻度も多く来訪し、村落社会を形成させ、グローバルな世界システムに接続する機会をもたらした。しかしよく考えると、新たに社会に加わる者、そして持たざる者は、常に大勢存在しているとも言える。子どもである。

5 子どもの食事

少なくともボサビの人びとにとっては当然の行為だし、我々にとってもおそらくそうであるが、乳幼児や子どもは食べ物を分け与えられる側である。ロングハウスコミュニティの章で述べたように、人びとは日常において核家族よりは少し大きな単位、世帯で行動を共にしている。兄弟姉妹関係にある者同士、あるいは姉妹交換婚で結ばれた者同士は、家と囲炉裏を共にし、労働を共にしている。その世帯で誰かの収穫してきた、生産した食べ物は、世帯全員の食べ物である。そして子どもたちは、基本的にその食べ物を食べている。

生まれて間もない乳児は母乳で育つ。しかし、母親はまだ乳児の歯の生えない時期からバナナやザリガニを自らの口内で噛み砕き、ペースト状になったそれらを指に付けて乳児に与えることをしている。この行為は、母親だけでなく、父親あるいは世話を任された姉なども頻繁に行なう。そして、離乳の時期は一歳前後であると推定される。乳児に犬歯が生える頃になると、母親は母乳を与えることはほとんどなく、実質的に離乳が完了する。ただし、乳幼児が泣き叫んだりして手に負えない時に乳を含ませてあやすという行為は、特に男児に対

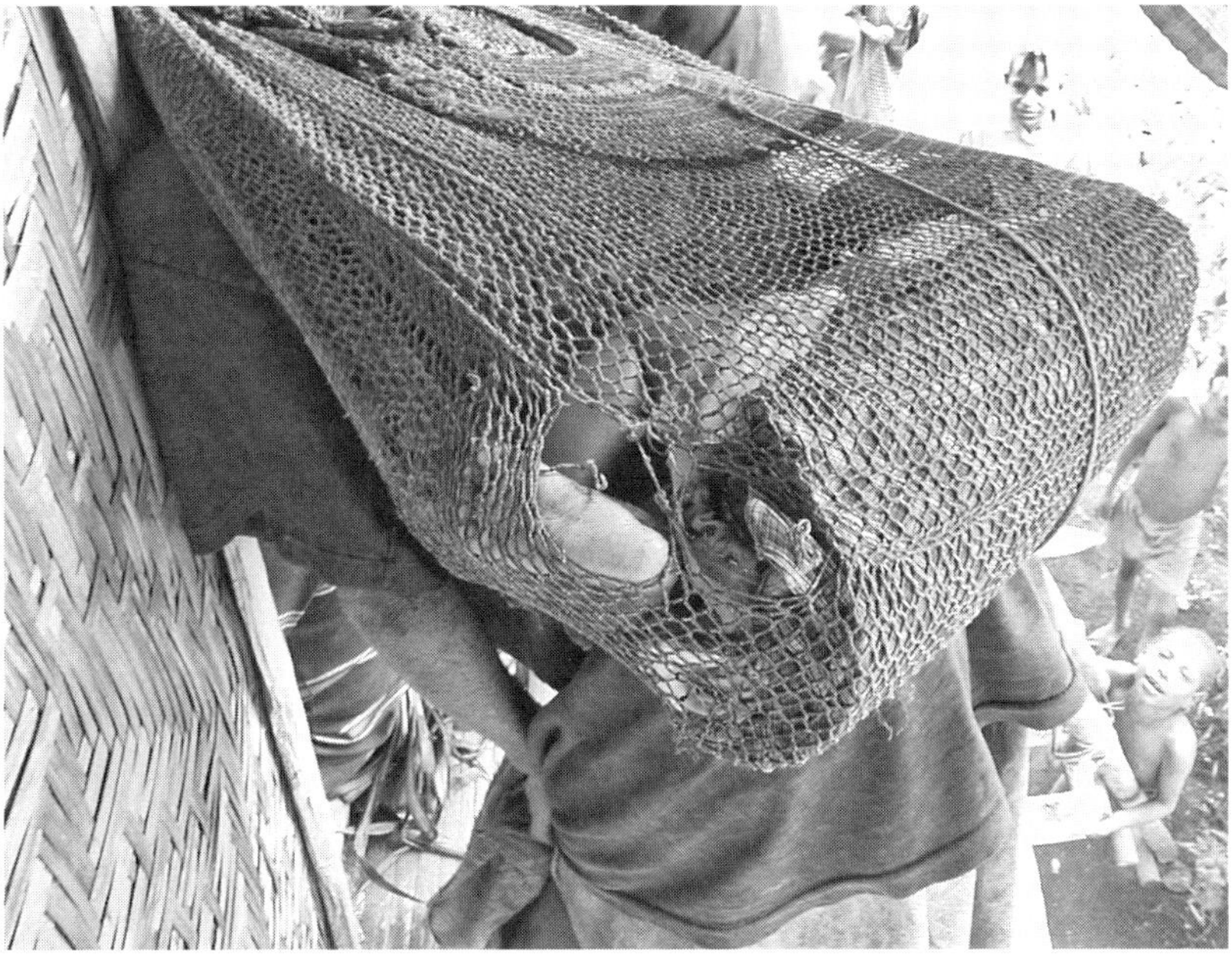

写真7-3　編み袋の中で寝る乳児（2003年8月筆者撮影）

してかなり後まで続く（写真7―3）。

離乳したての幼児は、まだまだ親と共に行動することが多いが、子どもたちだけで過ごす時間もそれなりにある。年齢が上がるとともに子どもたちだけで過ごす時間は増え始め、それは食事の機会も同様である。表7―2に子どもがどのような人物と共に食事をするのかをまとめてみた。対象とした子どもは、栄養素摂取量調査の八家族のうちの四家族に属する子どもである。栄養素摂取量調査は四家族において生活時間調査、生産量調査と並行して行なったが、この子ども共食調査の対象家族は別の四家族である。なぜ兄弟姉妹の組み合わせ別に回数を数えたのかは後述するが、このような組み合わせになるように、両親と子ども二人からなる核家族を対象として選定した。

全体的に見ると、両親と共に食事をする回

表7-2　血縁関係別の共食回数

	家族E	家族F	家族G	家族H	計
関係	E1(姉)＋E2(弟)	F1(姉)＋F2(妹)	G1(兄)＋G2(弟)	H1(兄)＋H2(妹)	
二人のみ	7	3	0	0	10
両親と	13	12	10	13	48
母親のみと	2	3	4	2	11
父親のみと	0	1	1	1	3
核家族外の人物と	1	1	3	2	7
兄弟姉妹別々	1	2	4	3	10
全食事回数	24	22	22	21	89

数が圧倒的に多い。このような食事は、生活時間調査で見られた「調理と食事」の典型的な姿である。つまり、夫婦やその兄弟姉妹や子どもたちが世帯の家で朝の食事を共にし、軽食を生業の場でとり、午後の食事を世帯の家でとる姿である。同じ囲炉裏を使って、同じ場で採れた生産物を皆で分け合って食べる、ボサビの人びとの最も一般的な食事風景である。しかし、それ以外の組み合わせで食事をする機会も、合計するとそのような一般的な場合とほぼ同数である。「父親のみ」あるいは「母親のみ」という組み合わせは、父親あるいは母親が何かの用事で家の外にいる、あるいは他の村落などに出かけているという場合がほとんどである。どちらかというと「母親のみ」が多いのは、生活時間調査で見られたように父親のみが他の村落などに出かける機会が多いことを反映している。

「二人のみ」あるいは「核家族以外の人物」という組み合わせは、親と食事を共にしていない場合を表している。このような場合、食事だけではなく、行動自体も親と離れて行なっている。例えば、親が生業活動に出かけ子どもだけで家で「留守番」している場合、あるいは生業活動には共に出かけているが子どもだけで軽食を食べるような場合である。「核家族以外の人物」というのも大抵は同じロングハウスコミュニティ内の子どもである。「姉」がいると「二人のみ」で、「兄」がいると「核家族以外の人物」と食事をする場合が多い。この際の食べ物は、基本的には親や世帯の大人が置いていったバナナなどが消費されるが、自分たちで採ってきた果実やトカゲなどを消費する時もある。

この表の対象者は、日本の感覚で言えば幼児と言うべき年齢であるが、少なくとも四、五歳程度になれば自分たちで何かを採ってきたり調理したりすることができる。そしてより年齢が高くなれば、自分たちで食べ物を生産できるようになる。子どもなら当たり前に食べ物が分配されるというのは、どのような集団においても、さらに言えばさまざまな動物においても観察される事象であるが、分配されなくても自分で食べ物を生産できるようになるタイミングは千差万別であろう。ボサビにおいて、生産手段は子どもたちに開放されていて、いつでも生産は開始できる。エコシステムにはさまざまな食物となる素材が存在し、手を伸ばせば狩猟採集することができる。

しかし、生産性という面では、身体能力や技術、知識の不足している子どもは大人には及ばず、さらに大人になっても生産性の差は存在しうる。特に、生業システムである倒木放置畑とサゴヤシ利用は、どうバランスをとれば持続的な生産ができるのか、どう他者と協力すれば多くの量を生産できるのかを再帰的に理解している必要がある。それを理解せずに、やみくもにバナナを植えたり、サゴヤシを切ったりしても何も得られなかったりする。徐々に生業活動を手伝いながら、子どもたちは生産性の差を埋めるべく常に再帰的に学習しているのである。与えられる側から与える側になる転換点は、身体能力や技術、知識の蓄積によって訪れるはずだが、ボサビの場合だいたい一二歳前後であろうと推測される。そして、その転換点が、はたから見れば子どもが大人になったという時点である。

なぜ子どもは与える側、つまり大人になるのだろうか。なぜシステム内のフリーライダーにならないのだろうか。身体能力などの獲得によって生産できるようになるからだというのは一つの答え方であろう。目の前に資源があり、それを食物として活用できる能力があれば、否応なくそれに取り組むというのが、人間として、さらには生物としての有り様だと言える。一方、社会システムの面から考えれば、セイへの恐れが生産を始める動機付けになると考えられる。恐れと表現すると深刻過ぎるかもしれないが、自らが与えられているだけの存在だと気付き、親たちの日常会話で出てくるセイがそのような存在に害をなすと信じ始める、そのような思考が子どもから大人への転換のきっかけの一つだと考えられる。そして、その「子ども」が食物分配の輪に加わったと大人たちが感じ始めた時、その「子ども」は大人になるのである。

6　子どもへの食物分配

子どもが実際にどのように食物を分配されている／しているのか、定量的にも見てみたい。表7―3は、表7―2で対象にした四家族八人の子どもに加え、生活時間調査等で対象にした三家族四人の子ども（「未婚者」と表現した方が正確かもしれない）の栄養素摂取量を分析した結果である。食物が「適切」に分配されているかの参考値としてエネルギー所要量、つまりＦＡＯ／ＷＨＯの基準で同年齢同体格の子どもが必要としているとされる値を示した。

結果において、男児と女児で違いが明確なので、そのことについて分析を深めたい。男児においてエネルギ

表7-3　男児および女児の栄養素摂取量

		年齢*	体重（kg）**	エネルギー所要量（kcal）	摂取量		
					エネルギー（kcal）	タンパク質（g）	脂肪（g）
男児	G2	1	8	978.2	1071.8	18.99	18.94
	E2	4	17	1560.6	1584.8	29.43	21.61
	H1	4	15	1448.4	1628.6	32.19	17.30
	C1	4	15	1448.4	1392.8	28.81	18.97
	G1	5	18	1616.7	1438.7	32.58	17.76
	A	13	37	1953.8	2108.9	59.83	21.37
女児	F2	1	10	1076.1	925.9	18.06	11.84
	H2	1	9	1014.4	310.2 ***	6.43	2.89
	C2	3	14	1327.4	1142.7	18.36	19.11
	E1	5	18	1539.5	1495.4	25.74	15.06
	F1	5	18	1539.5	1296.7	23.04	9.58
	D	12	30	1681.3	2126.0	37.46	18.10

*年齢は、それぞれの対象者に対して調査を開始した時点のもの
**体重は、それぞれの対象者に対して調査を開始した時点のもの
***女児H2の摂取量の少なさは離乳が完了していないからと推定される

ー所要量に摂取量が達していないのはC1とG1のみであるが、女児においてはD以外全員所要量に達していない。エネルギー所要量は、主に先進国のデータを元に算出されるものであり、また各対象者の活動レベルが明らかではないので、それに達しないからといって必ずしも彼／彼女らが栄養失調であることを示す訳ではない。しかし、女児が男児よりも摂取量が少ないことは明らかである。タンパク質および脂肪についても、同じ年代同士の男女を比較すると、やはり男児よりも女児の方の摂取量が少ない。

どのような食物の分配が、男女の差を生じせしめているのであろうか。植物性および動物性の食物をカテゴリー分けし、男児と女児でそのエネルギー摂取量にどのような違いがあるかを表したのが、図7―1である。植物性食物では、男児はパンダヌスとサツマイモからの摂取が多いのに対して、女児はバナナおよびその他の作

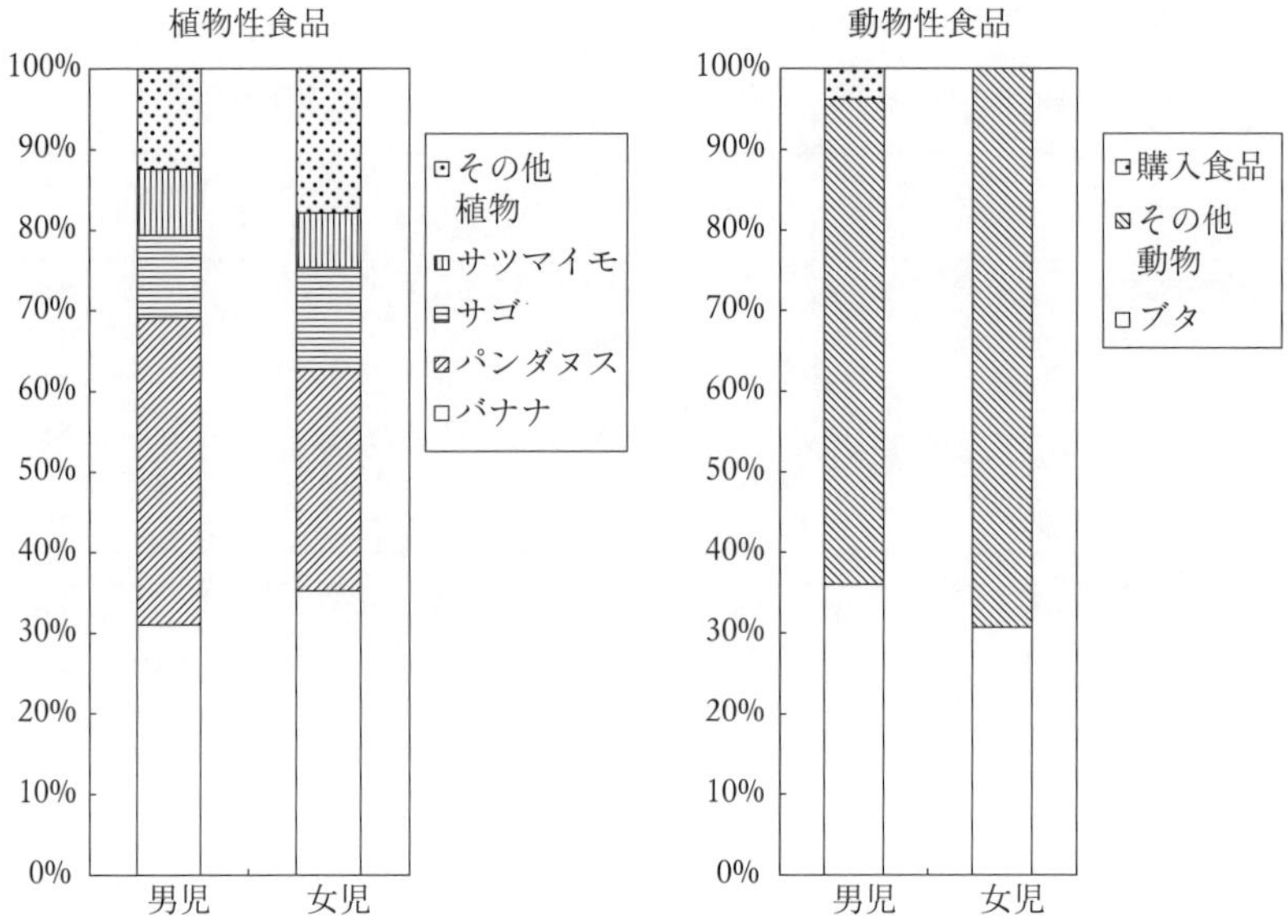

図7-1　食物カテゴリー別エネルギー摂取量

物からの摂取が多い。一方、動物性食物では、男児はブタからの摂取が多く、また購入食品からも僅かながら摂取しているのに対して、女児は他の動物からの摂取が多い。以上のような食物カテゴリー別摂取量の違いの中では、特に、パンダヌスからの摂取量の違いが脂肪の摂取量の違いに表れ、全体のエネルギー摂取量の違いに影響を与えていると考えられる。人びとはカロリー計算などをして食事をしている訳ではないが、パンダヌスを混ぜたサゴデンプン、ブタや購入食品も優先して食べたいおいしいものだと考えている。つまり、おいしいものを男児がより多く食べているのである。このことはセイの害を招かないのであろうか。

表7—2において兄弟姉妹の組み合わせ別に回数を数えたのは、この分配の男女差を考えるためである。表7—2では、兄弟（G1+G2）および兄妹（H1+H2）の組は、二人きりで食事を行なっていなかったのに対して、姉弟（E1+E2）お

写真7-4　姉と弟の食事（1999年10月筆者撮影）

よび姉妹（F１＋F２）の組は二人きりで食事を行なっている。特に、姉弟（E１＋E２）の組では、全食事数の三分の一近くを二人で食べている。観察によれば、ただ二人で共食をしていたのではなく、姉の立場にあるE１やF１が弟および妹に対して世話をしていたという状況であった（写真7－4）。もちろんE１やF１はまだ幼く、自分で食材を用意していたわけではない。家の中にあった食物、あるいは親が用意していった食物を調理して食べていた。それでもE１やF１は、まず弟あるいは妹の食事を調理し食べさせた後に自分が残りを摂取するという食事の様相であった。E１やF１が弟あるいは妹により多く分配しているのかは定量できなかったが、弟や妹に満足するまで食べさせる一方で、自分の分は不足してしまう状況は推定できる。

一方、兄弟（G１＋G２）および兄妹（H１＋H２）の組は、しばしば核家族以外の人物と食事をし、二人が別々に食事をとることも多いことが読み取れる。この核家族以外の人物とは、観察によれば、ほとんどの場合平行イトコであるナドである。図2—2に示したように、親を同じくする姉妹と平行イトコの女性の間に呼称の差異はなく、実践においても姉妹と平行イトコの女性は全く同じ存在である。表中の組み合わせの男児は、核家族内に姉妹がいないことから、しばしばその平行イトコと食事をとり、あるいは日中を共に過ごしていた。

つまり兄は弟妹の面倒を見る役割を担っていないのに対して、姉は弟妹の面倒を見る役割を担っている。セイへの恐れは、食べ物の重量の平準化をもたらすのではなく、主観的な欲求の平準化をもたらすのだと先に分析した。そもそも大人から子どもへの分配は同重量ではなく、また「国際的」な所要量を計算して分配している訳ではない。また、極端な例を挙げれば、筆者は調査において「ネ・オリ」と言い続け、調査者としてのオダニは食物に対する欲求がないのだと人びとに理解してもらった。同じように、社会的な役割の中で欲求を抑制すべきだと自覚している存在は、セイを放たないのである。この子どもへの食物分配の男女差にかんしては、周りから欲求を抑制すべきと考えられている、そして自分自身もその役割を受け入れている存在は姉である。次章では、「手作りのセンサス」をもとにエコシステムの中における人口動態を把握するとともに、この姉の役割を手掛かりに社会システムの再生産について検討してみる。

確かにボサビの社会で食物分配は平準化されようとしている。同じ生産性を上げられる訳ではない個々人が共に生きていくために、恨みや嫉妬の感情をうまく利用していると言える。しかし、食物が、さらにはさまざまな資源が完全に平準化される訳ではなく、社会的役割の異なる存在、つまり社会システムの中の別の要素間には分配の差異が生じる。はたから見ればボサビの社会は平等に見えるが、完全に平等ではないのである。

第8章

人を数える

1　アナシのロングハウス建設

二〇〇六年にシバラマに調査に入った時、ちょうどアナシの新たなロングハウスがシバラマの村落内に建てられようとしていた。第2章「ロングハウスに住まう」で紹介したように、一九九八年からの調査時点ではアナシのみ村落外にロングハウスを建てていたのだが、アナシの人びとも村落内に住まうことの意味を見出したらしい。図2―3に表したように、アナシの旧ロングハウスは一九八六年建設であり、二〇〇六年はちょうど二〇年目であった。おおよそ二〇年おきに、倒木放置畑の造成限界と同期してロングハウスの建て替えが行なわれると分析したが、この建設も分析の通りとなった。ただし、ゴボリシのロングハウスが村落外にも一棟存在すると記述したように、アナシの旧ロングハウスは放棄された訳ではなかった。結局、二〇〇六年の調査期間中に建築は終わらなかったのであり、放棄してしまうと住む場所のなくなる人物が出てしまう。調査期間後も、ゴボリシ・ロングハウスのように、多少の期間は二棟を並行して使い続けたのだろう。それでも旧ロングハウスは経年劣化によりボロボロの状態であり、いずれ焼き捨てられたことだろう。

この建築は調査期間の前から綿密に計画されていたようである。村落に運び込まれるサンやバボックといった主柱となる木は切られてから時間が経っており、十分に乾燥していた。そもそも、それらの主柱となる木は以前から目を付けられ、そこには畑が作られなかったり、作られてもその木は切られなかったりしたはずであ

写真8-1　ロングハウスの主柱立て（2006年8月筆者撮影）

る。いずれ新しいロングハウスを建てることを前提にして、どれくらいの木が必要なのか、屋根を葺く葉がどれくらい必要でそのためには何本程度サゴヤシを残しておかなくてはいけないか、どこに畑を作り何が生えるようにするべきかを予想しながら人びとは日常生活を送っている。

二〇〇六年は結局一カ月程度しかシバラマに滞在できなかったので、建設作業は柱を立てる場面しか見ることはできなかった（写真8―1）。通常、柱を立ててから、梁や垂木を架け、屋根を葺き、床を敷いて、壁を取り付ける一連の作業に三カ月以上かかるということであった。ただし、この建築にかんしてはアナシのコミュニティだけではなく、シバラマの成人男性全員が参加していた。屋根材のサゴヤシの葉の準備や壁材を編むことなどは成人女性全員も参加する予定であった。ロングハウスコミュニティ単独で通常三カ月かかるなら、村民全員でやればもう少し時間は短縮されたのだろう。ただし、柱を立てるだけでも、村外で干してある材木を運び込み、深い穴を掘って立てる作業はかなりの重労働であり、三〇人程度の成人男性が一日かけてようやく六本を建てられた程度であった。

ちなみに図2—1で示したロングハウスの構造において、左の壁から右の壁までの横の線を引くと、その線沿いに主柱が六本立てられる。框との接点で二本、男女区画分けの間仕切りとの接点で二本、壁との接点で二本、計六本である。入り口から裏口までの縦の線における主柱の本数は寝床をいくつ作るかによって変わってくるが、概ね七、八本程度である。つまり全部で、四二～四八本程度の主柱を立てる必要がある。

従来はコミュニティの所有する丘の上に一棟ずつ建てられていたロングハウスが、村落内に三棟とも建てられるようになったというのは、社会の変容を確かに感じさせる。そしてその建設にコミュニティ成員だけではなく村民全員が参加するという事態も、村落社会の紐帯の強化が進んでいることを示している。それでも、ロングハウスを建ててコミュニティ成員が共に住まう場を作るというのは、依然ロングハウスコミュニティが当たり前のまとまりとして続いていることも同時に表している。

一九九三年に初めてシバラマを訪れてから二〇〇六年で一三年間が経ったわけであるが、ある者は亡くなり、ある者は生まれていた。旧ロングハウスが使われ続け、また新しいロングハウスが建てられようとしているということは、当たり前のことであるがそこに住む人びとがいるということである。ただし、ロングハウスが四つも五つも建てられたわけでもなく、シバラマに住まう人、各ロングハウスに住まう人がそれほど増えたり減ったりしていないことも示している。

第1章で「手作りのセンサス」について少し触れたが、筆者はようやく人の数を数えられる段階に来た。一九九三年にはじめてシバラマに訪れた時は、シバラマやボサビとはどういう集まりで、人びとはなぜ集まって暮らしているのか全く把握できていなかった。しかし、親子関係や婚姻関係を聞いて回り、倒木放置畑を大人数で作ることに参加し、そこで採れたバナナを分け合って食べることで、ロングハウスのまとまりがなぜ必要なのか理解してきた。サゴデンプン作りやザリガニ捕りについて回って家族のあり方を把握する一方、結婚式やキリスト教教会の主催する洗礼式でブタやサツマイモを味わいながら村の中での人びとの関係を理解し、またセイに襲われると怖がらせられながらも他の村民とも交流を深めた。ようやく、鈴木が「手作りのセンサス」の意義として挙げた、「まとめられた情報の背後に一人一人の息遣いが聞こえる」段階になったのである（鈴木一九八〇：三八頁）。

本書は一九九八〜一九九九年の長期調査の結果に基づく記述が多いが、二〇〇三年、二〇〇六年の調査は期間が短過ぎてデータがほとんど集められなかったと言っていい。唯一まとまったデータとして収集できたのがセンサスデータである。本来は生業と食物摂取にかんするまとまったデータが欲しかったのだが、逆に言えば体感的には一九九八年からの調査時とそれほど変化がなかったと感じられた。きちんと計測すれば、アナシのロングハウスさえも村落内に作られる背景を、サツマイモ畑のさらなる増加によって確かめられたのかもしれない。それでも、人びとはバナナとサゴデンプンを主に食べていたし、ブタよりもバンディクートとザリガニを多く捕ってきており、生業全体の傾向は変わっていないと感じられた。やはり一番変わったと感じられたことは、お世話になった人が亡くなっていたり、子どもだった者がすでに結婚していたり、そしてその夫婦に子どもが生まれたりしていたことである。

何か存在をシステムとして解釈するためには、要素を分節化し、要素間の関係を記述することも一つの方法であり、それが今まで本書で試みた記述である。一方で、全体として変化すること/しないことを明らかにし、変化の様態を記述することも一つの方法である。ラパポートの生態人類学的研究はまさにそのような試みであった。そして鈴木らが「手作りのセンサス」を通じて試みたのは、人数の増減から集団の環境適応を把握することであった。本章では、ボサビにおいてまとまりとして人びとの数がどう変化したか、そして変化したことに表れる特徴について分析を行なっていきたい。

2　シバラマの人びとの増減

表8—1にシバラマのロングハウスごと、およびシバラマとしての合計人数の増減を示した。また、ロングハウスごとに示すとあまりにも煩雑になるので、シバラマ全体でその増減に寄与した人口動態を表8—2に示した。人数を数える起点は、どの年も一月一日。年末人口を数える時点は、一九九九年と二〇〇三年が一二月三一日、二〇〇六年が調査終了日の九月一日としている。二〇〇三年と二〇〇六年は調査期間が短かったのであまり感じなかったが、一九九八年から一九九九年の調査期間中には出生も結婚も死亡もあり、まさに人口が動いていることが感じられた。ボサビの人びとは基本的に自分の年齢を数えていない。一九九八年以降の出生者以外、表8—2に示した年齢は推定値である。人びとは年齢は数えないが長幼の順は正確に覚えている。人

表8-1　ロングハウスコミュニティごとの人数

	ワリソー			ゴボリシ			アナシ			シバラマ合計		
	男性	女性	小計	男性	女性	小計	男性	女性	小計	男性	女性	計
1999	36	21	57	22	22	44	19	20	39	77	63	140
2003	31	17	48	23	25	48	20	24	44	74	66	140
2006	35	18	53	24	34	58	26	27	53	85	79	164

表8-2　シバラマの人口動態

	死亡			出生			転出			転入			年末人口		
	男性	女性	計	男性	女性	計	男性	女性	計	男性	女性	計	男性	女性	計
1999	3	2	5	1	2	3	0	1	1	0	1	1	75	63	138
2000	2	1	3	3	2	5	0	2	2	0	1	1	76	63	139
2001	2	0	2	3	3	6	0	0	0	0	0	0	77	66	143
2002	3	4	7	0	3	3	0	0	0	0	1	1	74	66	140
2003	0	1	1	7	1	8	0	0	0	2	3	5	83	69	152
2004	0	1	1	2	3	5	0	0	0	0	0	0	85	71	156
2005	2	0	2	4	4	8	2	2	4	0	5	5	85	78	163
2006	1	3	4	1	4	5	0	0	0	0	0	0	85	79	164*

*2006年のデータは年末人口ではなく、調査終了日（9月1日）時点の打ち切りデータ。

びとを長幼の順に記載し、ある人が生まれた年にパプアニューギニアが独立した、商業伐採が操業を始めたなどの情報を書き込みながら年齢を推定した。なお、動態の詳細は附表3（巻末）に示している。

本書では、女性のロングハウスコミュニティへの帰属は、これまで人びとの日常生活を観察してきたことを基に、どこに住まうか、誰と行動を共にするかによって判断している。親族関係の原則からのみ判断すれば、女性の帰属は出生元のロングハウスにあるが、後述するように結婚後はやはり夫あるいは子どもを優先した日常をおくる女性が多い。また、キリスト教の牧師やその他ロングハウスコミュニティに帰属するのかどうか判断が難しい者もいた。日本などで「手作りのセンサス」を作り上げるのが困難なのは、まさにこの点にある。結婚による移動以外の社会移動が頻繁にある一方、その実数と要因を（結婚の場合もかなり困難であるが）正確に計測するのは日本でも困難である。とにかく、シバラマにおけるセンサスでは、キリスト教牧師とその家族のみが判断の難しい対象であった。彼らは、タビリのロングハウスコミュニティ出身者であり、彼ら自身もキリスト教的生活以外はタビリの倒木放置畑とサゴヤシを利用して日常を送っていたので、本書では彼らをタビリのセンサスに算入している（ただし、次章紹介するように二〇〇五年にシバラマ出身者に牧師が交替したので、二〇〇六年のデータはそれを反映）。

表8―1を見てみると、ロングハウスコミュニティの成員がだいたい五〇人前後で推移していることが分かる。倒木放置畑で協力し、歩いて行ける範囲にサゴヤシ湿地を確保し、対面的関係の中で食物分配をするには、身体的にも主観的にもその程度の人数が必要であるし、心地よいのである。ただ、一九九八年のアナシの状態は危機的だったのかもしれない。幸い、その後出生者が増え、死亡者もあまりいなかったことから結果的にアナシは存続している、しかし逆に、出生者がおらず死亡者が続出していれば、アナシはどうなったのだろう。また、二〇〇六年時点のワリソーの女性の少なさも気になる。サゴヤシを叩く人数は足りていたのだろうか。

このように増減を見てみると、ロングハウスコミュニティのシステムとしての持続性に疑問符が付く。兄弟姉妹関係を基準として世帯が、土地所有の単位としてリネージが存在し、それが結び付いたり離れたりしながら、新たなコミュニティが作られたり、あるコミュニティは消滅したり、コミュニティ同士が融合したり分裂したりすることが繰り返されてきたのだろう。それを可能にする、世帯やリネージやクランといった人間関係を作る柔軟な仕組みをボサビの人びとは持っている。近年の村落社会の形成も、ボサビの人びとにとっては新たなロングハウスコミュニティを作る延長としてとらえているように見える。

シバラマ全体として見ると、二〇〇六年には人数が増えている。表8―2から読み取れるように、転入による社会増減と言うよりは、出生が多く、死亡がやや少ない、いわゆる自然増減によって増えている。つまり人口増加率が高いのである。人数が増えていることのみを見れば、シバラマの人びとの暮らしはうまくいっていると言えるだろう。十分な食べ物を生産し、適度な労働で過不足のない日常を送れているように見える。ただし、表8―1、表8―2のデータから粗死亡率、粗出生率という値を計算すると、日本などに比べて個々人の生存という点では過酷な値が出る。

一九九九年から二〇〇五年（二〇〇六年は打ち切りデータなので算入しない）までの粗死亡率の平均値は二一・〇パーミル（人口千人当たり約二一人）である。二〇一五年の「World Health Statistics 2015」（WHO 2015）における国別データで、日本は九・五パーミルであり、最も高いシエラレオネで一六・八であることを見ると非常に高い。人口動態統計が整備されている国家は多いとは言えず、少なくともパプアニューギニアのデータ（同統計において七・七パーミル）は非常に杜撰な取られ方をしているので、「手作りのセンサス」と直接比較することに実はあまり意味はない。それでもボサビの粗死亡率が日本の二倍以上というのは日常的に人びとがさまざまな死亡リスクに晒されていることを示す。

一方、粗出生率の一九九九年から二〇〇五年までの平均値は三六・四パーミルである。「World Health Statistics 2015」のデータにおいては、日本が八・四パーミル、最高のニジェールで四九・七パーミル、パプアニューギニアは二八・九パーミルである。これも国別データと比較する意味はあまりないのだが、日本と比較すると非常に高い出生率を示していると言えるだろう（日本はデータの存在する一九三国中一九二番目の値であるという極端な比較対象であるが）。シバラマの死亡率、出生率をまとめると、人口転換が起こる前の典型的な高出生率、高死亡率の人口動態であると結論付けられる。

3　ボサビの人びとの増減

シバラマで行ったような調査を、周辺のタビリ、ワスウェイド、ワナゲサでも行なった。シバラマも含めた四村の結果をまとめたものが表8―3である。また、四村の人口動態をまとめたものはデータとして大き過ぎるので、附表4（巻末）にまとめた。四村の全体的な傾向は、シバラマで見られたような結果とだいたい同じである。つまり、死亡率、出生率ともに高く、社会増減はそれほど高くない。粗死亡率の平均値は一五・八、粗出生率の平均値は二五・二である。シバラマの人びとの生存状態が、決してシバラマ特有の現象によって偏っている訳ではなく、ロングハウスコミュニティを作って、そして近年村落社会を作り始めているボサビの人びとに共通する現象に影響されていることが分かる。また、シバラマの結果と同じく人数が多少増えているが急激ではないことから、この地域のエコシステムの中で人口が平衡状態にあることを示唆する。

一方、附表4を見ると、二〇〇一年から二〇〇二年にかけて四つの村の全てで死亡

表8-3　シバラマ、タビリ、ワスウェイド、ワナゲサの人口推移

	シバラマ			タビリ			ワスウェイド			ワナゲサ			4村合計		
	男性	女性	計	男性	女性	計	男性	女性	計	男性	女性	計	男性	女性	計
1999	77	63	140	83	90	173	104	99	203	56	52	108	320	304	624
2003	74	66	140	77	92	169	98	104	202	56	51	107	305	313	618
2006	85	79	164	84	102	186	100	108	208	61	53	114	330	342	672

数が増加しているのが分かる。人びとによれば、この時期にインフルエンザとみられる疾病がこの地域で大流行したらしい。Kellyは、一九六〇年代のエトロにおいてインフルエンザによる死亡数が増加したと分析している（Kelly 1977）。新たな感染症は外部の社会との交流頻度が高まるとともにこの地域に持ち込まれ、何度も被害が出ていると考えられる。病理学的な調査をしたわけではないので、この死亡数の増加がインフルエンザによるものだと確認できる訳ではないが、社会システムが外に開かれていくのと同時に、地域のエコシステムがグローバルなシステムに包含されていく際の問題点を示唆する。

四つの村で見られる社会移動は、ほとんどのケースが女性の移動である。その移動は婚姻によるものである。姉妹交換婚あるいは高額な婚資を支払う結婚によって、ワスウェイドからシバラマへ、シバラマからタビリへ、タビリからワナゲサへというように、女性が移動していく様を数字に置き換えると附表4のようになる。ちなみに、シバラマとタビリの女性の移動はボサビの言語集団内に限られている（ただしシバラマでも二〇〇五年に婚出者が離別によって帰ってきた事例が確認される）。しかし、ワスウェイドと言語集団ソニアのバニサという村、ワナゲサとアイメレのククネシという村（正確にはロングハウスと言うべきかもしれない）との間では結婚によって女性が移動している。ワスウェイドの三つのロングハウスのうち一つはソニアが主体となっているし、ワナゲサには過去ククネシのロングハウスがあったので当然と言うべきかもしれないが、この地域に住まう人びと、特に言語集団間の境界に住まう人びとのコミュニティ形成の柔軟さを表している。

また、死別、あるいは離別して出生元の村に帰る事例も基本的には女性である。このような事例をコミュニティとして、社会システムとしてどう考えるかが難しい。そのような状態になっても、レヴィレート婚の形式によって夫の兄弟と再婚する女性も多い。姉妹交換婚の結果嫁いできた女性の場合、レヴィレート婚が交換の

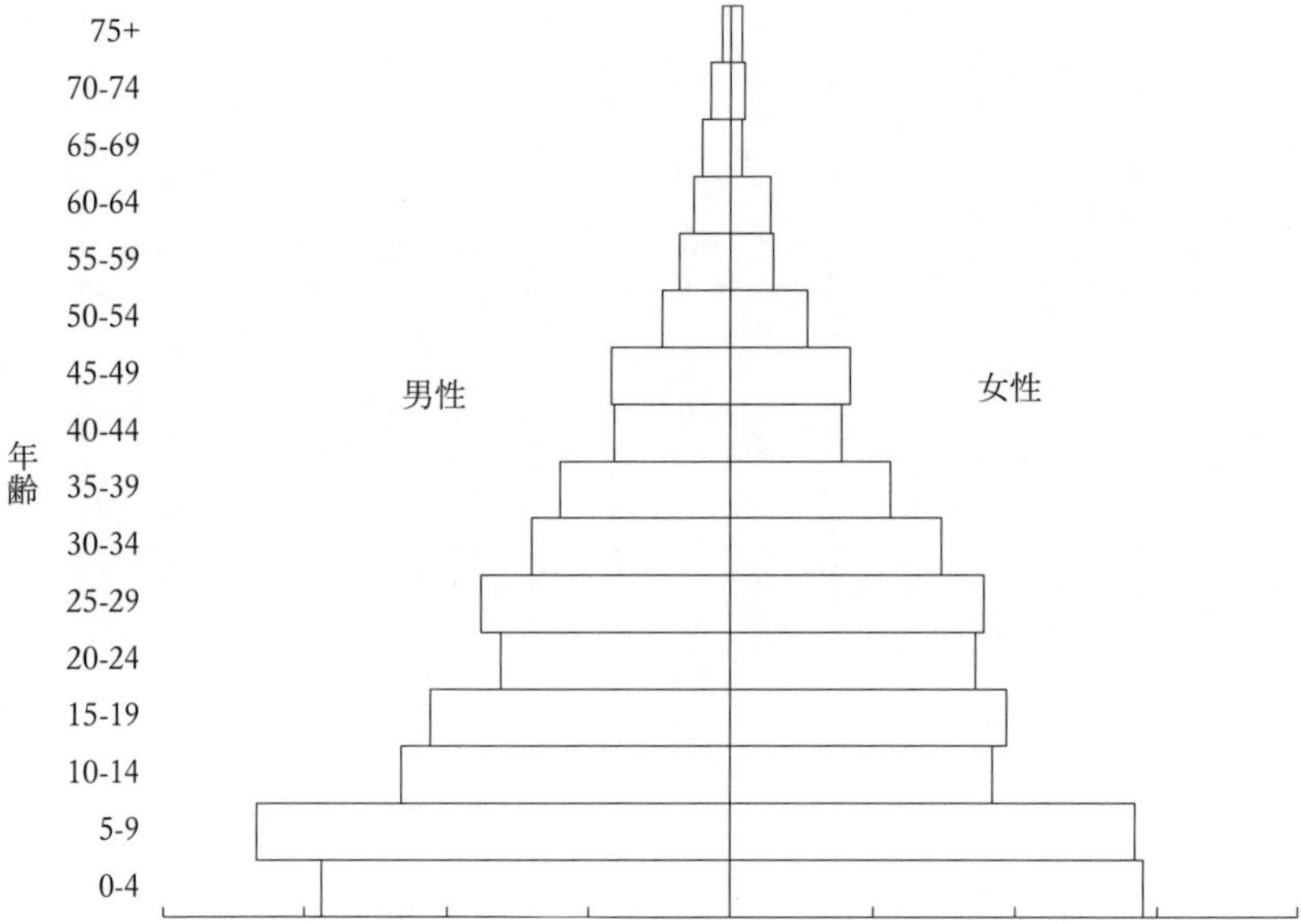

図8-1　ボサビの人口構造

原則に沿うことから、出生元に女性が帰ってしまうことの抑止力になっているとも言える。また、子どもの存在や嫁ぎ先で出来上がった人間関係は実践的な抑止力であろう。一方で、すでに述べたようにリネージの父系出自の原則からは女性の帰属は出生元のロングハウスにあり、出生元に帰る方が原則に従っている。どちらかというと、死別の場合、女性は結婚先のコミュニティに留まることが多く、離別の場合、出生元のコミュニティに帰ることが多い。

四村に対して取った人口動態と比較できるようなデータではないが、一九九九年の調査では一〇の村における人数も数えた。図1―2に示したように、ボサビ語を話すロングハウスが主体となっている村は一二あるのだが、ワビミセンとガムバロの二つの村はどう説得しても協力が得られなかった。「手作りのセンサス」の限界というものであろう。

結果を人口構造として示したのが図8―1であ

る。また、その基となる数値をまとめたものが附表5（巻末）である。動態統計を取る目的ではなかったので、人数を数える時点は四村に対する調査とは異なり、調査開始時の一九九八年一一月とした。附表5において、例えば表8―3と比べて少し数値が異なるのは、一九九八年一一月・一二月の出生および死亡が加わっていることと、そしてワスウェイドとワナゲサの数値に、それぞれディデサ出身のキリスト教牧師および保健支所駐在員が加わっていることによる。一九九八年一一月時点のそれぞれの村に属すると判断される人びとを約一年間かけてなるべく対面的に数え、また年齢に関してはシバラマやタビリの誰と同じくらいの歳であるかも参考にした。

4 死亡率性差

図8―1を見ると、いわゆる富士山型の人口構造をなしており、ボサビ全体で見ても高出生率、高死亡率の人口動態であることを示している。図だけを見ると人数が分からないが、附表5を見ると、全数に対して女性の人数が少ないのが分かる。人口転換が起こった後の国々、つまり低出生率、低死亡率の国々では、女性の平均余命が長いことの影響もあり、全数に対する女性の数が多いのが一般的である。この女性の数の少なさには何が影響しているのだろうか。

局地的な人口統計において、男女の数の差、指標として見るなら男性の数を女性の数で割った数値である性比の変動は、社会移動によってもたらされることが多い。例えば、日本の過疎地域において若年女性の都市へ

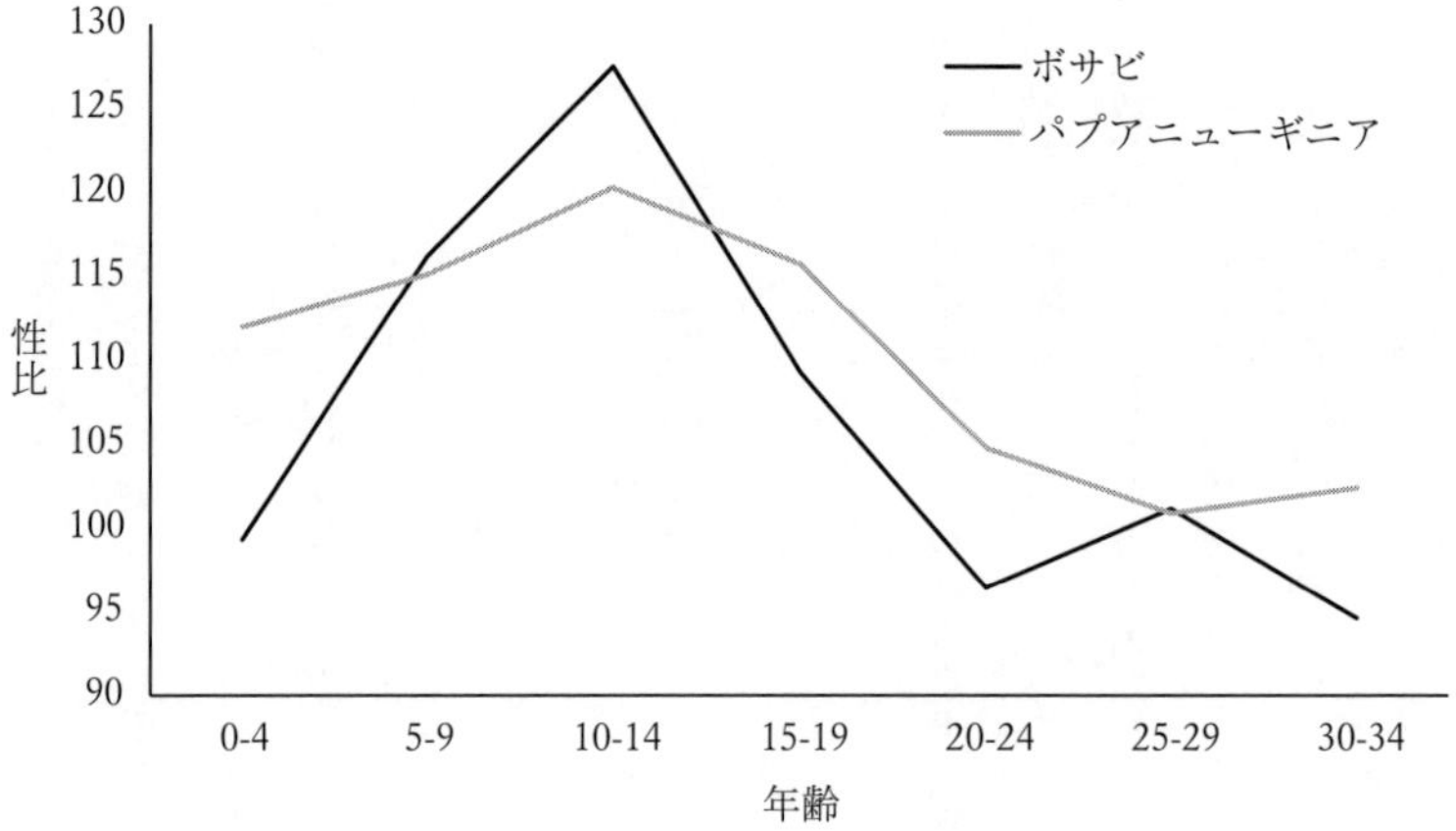

図8-2　ボサビおよびパプアニューギニアにおける性比の年齢推移

の移動によって性比が上昇することがある。パプアニューギニア内では、首都ポートモレスビーの性比は非常に高く、男性の移住労働者が増加していることを示唆する。ボサビでも、ワナゲサやワスウェイドの女性が他の言語集団に婚出している事例が見られた。しかし、この地域での結婚が基本的には姉妹交換婚であることを考えると、婚入婚出による性比変動は今のところ大きな要因ではないと考えられる。また、現在ボサビの若年男性は盛んに出稼ぎに行く。しかし、四村における人口動態を調べたところ、一年以上出稼ぎに行ったまま帰ってこない事例は非常に少なかった（四村の全転出入で一件）。今のところ、ボサビの人びとはロングハウスや村落の暮らしを放棄してまで現金を獲得したいとは思っていないのである。

やはり女性の数の少なさは、死亡率の性差が原因であると推定される。図8—2に、一〇村におけるセンサスの結果を総人口の八〇％近くを占める三五歳までの性比の推移としてまとめ直した。図において、比較の対象として一九九〇年のパプアニューギニア全体のデータ（Ministry of Health 1990）も挙げた。図から明らかなように、三〇歳以下までの性比の推移は、パプアニューギニア

ニューギニア全体とだいたい同じ傾向を示している。つまり出生から一五歳までは、女性が多く死亡していることにより性比が増加し、一五歳から三〇歳にかけては、逆に男性が多く死亡することにより性比が減少するのである。

しかし詳細に見てみると、ボサビの結果とパプアニューギニア全体のデータには、多少違いがある。大きな違いとしては、〇歳から四歳までの年齢階梯における性比が、ボサビで一〇〇に近いのに対して、パプアニューギニア全体では一一〇を超えている。国際的な性比の推移にかんする先行研究によれば(Sieff 1990)、一般的に出生時性比は一〇五程度であり、出生直後においては男児の方が死亡率の高いことを鑑みれば、筆者の収集したデータはほぼ妥当な値であると考えられる。一方、行政によって一〇年ごとに行なわれる国勢調査から算出されたパプアニューギニア全体のデータは、一〇年間のタイムラグの間に死亡した女児が数えられていない可能性が高いために、このような極端な値を示しているのだと考えられる。なぜタイムラグの間に死亡した男児は数えられるのに、女児は数えられないかの要因を考えた場合、死亡率性差と根元を同じくする「記憶」の問題が存在すると推定される。

死亡率性差をさらに分析するために、二〇歳以上四〇歳未満の九〇人(男性四五人、女性四五人)の男女を対象に、母親を同じくする兄弟姉妹の出生と死亡について聞き取り調査を行なった。対象にしたのは、基本的にはシバラマ、タビリ、ワスウェイド、ワナゲサの四村の人びとであるが、ムルマとオラビアの人も多少含まれている。この聞き取り調査は、一人の母親から何人の子どもが生まれ、どの年齢階梯で死亡率がどのくらいであるか推定するためのものであり、対象者は母親が重複していない者を選んだ。通常の人口学的方法では、一人の母親から生まれる子どもの数、いわゆる完結出生数は、閉経した母親本人に直接問うのであるが、ボサビの場合、閉経まで生存している母親が少ない。十分な例数を集めることが困難であるために、兄弟姉妹に問うという間接的な方法をとったのである。死亡年齢については、センサスと同様に、シバラマの誰と同じくらいの年齢で死亡したかを聞き取った。

この聞き取り調査の結果を表8―4に示した。表を見てみると、五歳未満の女児、および一五歳以上の男性が、それぞれの異性よりも明らかに多く死亡している。カイ二乗検定の結果は危険度一%以下で、全ての年齢層において出生数と死亡数が男性と女性において独立ではなかった。つまり前記のような判定に加えて、五歳以上一五歳未満の年齢層では男児の方が多く死亡しているという判定である。このことは人口構造の項で述べた、一五歳までは女児が多く死んでいるという判断に矛盾している。この結果のズレは、主に調査方法の違いによると考えられる。センサスの調査は現在生存している対象者を直接数えたのに対して、この調査は、死亡した者を対象者に思い出してもらうという間接的集計である。この方法では、行政が行なう調査と同じようなデータの漏れ、つまり出生および死亡がより印象的でない者が「記憶」されないことの影響があると考えられる。ボサビにおいては対象者の姉妹、特に後述するように妹に対する「記憶」が不鮮明になり、集計に表れてこないのだと推定される。

表を詳しく見てみると、出生において性比は一一七であり、一〇〇あるいは一〇五から大きくずれている。実際の性比は、直接に集計を行なったセンサスの方が明らかに信頼性は高いことから一〇〇前後と考えられるが、男性が全員集計されたのだと仮定すると、三〇人前後の女性が集計に表れてこなかったと推定される。現在生存している対象者のデータが欠損しているとは考えにくいので、その三〇人前後の女性は、いずれかの年齢層において死亡している可能性が高い。その影響によって、表8―4のデータは図8―2のデータより女性の死

表8-4　完結出生数および死亡の動向

	男性	女性	合計
完結出生数			5.344
出生	259	222	481
生存	176	154	330
死亡	83	68	151
5歳未満死亡数	37	44	81
5歳未満死亡率	0.143	0.198	0.168
5歳以上15歳未満死亡	15	7	22
5歳以上15歳未満死亡率	0.058	0.032	0.046
15歳以上死亡	31	17	48
15歳以上死亡率	0.120	0.077	0.100

亡を低く見積もっていると推定される。五歳以上一五歳未満の年齢層で死亡率性差の逆転も、生まれたはずの女性のデータが欠損していることによると考えられる。いずれにしても五歳未満の年齢層で、女児が多く死亡していることは間違いがない。

パプアニューギニア全土における結果によれば、特殊合計出生率は五・四であり、乳児死亡率は七二パーミルである。これらの値と比較すると、ボサビにおける完結出生数の値は、ほぼパプアニューギニア全土の値と同等である一方で、死亡率は高い。誤差を省みずに、この調査の乳児死亡率を算出すると、男児で八一パーミル、女児で一一三パーミル、全体で九六パーミルであった。パプアニューギニア全体でも感染症や事故に対する有効な治療が提供されているとは言えない状況であり、あらゆることが「未開通」であるボサビにおいてはなおさらである。ボサビにおける死亡率の高さを全体的に見た場合、感染症などに対する有効な対策が取られないこと、つまり我々の利用できるような医療システムが欠損していることの問題点が指摘できる。

一方、ボサビの人びとを属性に分けて死亡率を分析してみると、特に若年齢層における死亡率に性差があることが分かった。実は、ボサビの人びと（どちらかと言えばボサビの男性）自身も、子どもの頃は女児が死にやすいと思っている。バナナについて説明した章で、ハライド（硬い）、タンヨ（軟らかい）にかんする身体観を紹介した。人びとは、よりハライドな成人男性は生命力に満ちて死に難い、一方でよりタンヨな子どもの女性は生命力が少なく死にやすいと考えている。また、Dwyerは（Dwyer 1990: 217-218）、エトロの一つの村という小さな規模ではあるが、同じような性比の年齢推移について記述している。そして彼は、そこで「このあたりの集団は、皆、同じ傾向を示す」というインフォーマントの言説も紹介している。若年齢層における死亡率性差は、ロングハウスコミュニティを形成する人びとに共通の問題かもしれないのである。

前章で、子どもにおける食物分配で男女差があることを明らかにした。食物分配の男女差だけによって死亡率性差が生じるとは言い切れない一方で、役割の違いによって食物分配の男女差が生じることは断言できる。死亡率性差にかんする詳細については拙著（小谷二〇一〇）でさらに分析を深めたつもりであり、また今後も「手作りのセンサス」を更新し続けることによって追究していきたいと考えている。本書では、ロングハウスコミュニティの仕組みの中における男女の、特に子どもにおける男女の役割から、食物分配の男女差、そして若年齢層における死亡率性差を考察してみたい。

5　アデ関係

小川でザリガニ採集を行なっていた時に、姉がザリガニの捕れない弟に自分の採集したものを分配しなかったために、弟が鳥に変身してしまう（死んでしまうことの象徴）という悲劇的な物語を、ボサビの人びとは皆知っている（フェルド 一九八八）。この物語で象徴的に語られているのが、アデ関係という規範である。アデ関係とは、男児が年長のナド（平行イトコも含む）をアデと呼び、そのナドも男児をアデと呼ぶ、「姉弟関係」である。アデである姉は、アデである弟を保育する義務がある。その義務は、アデ関係の内部においては無償のものであり、姉から弟に何かを要求する権利はない。具体的には保育とは、物語にも表れているような食物分配、あるいは調理、危険からの保護、遊び相手、叱責など、我々において親が行なうと考えられることは授乳以外全てである。

物語においては、姉が弟にザリガニをあげなかったために、弟が鳥になってしまうという不幸が起きてしまった。食物の分配を拒否されるという状況は、セイの概念で説明したように、そしてボサビにおける全ての先行研究が記述するように、人びとにとって最も不幸な状況の一つである。物語ではそれに加えて、本来必ず食物をもらえるべき姉からもらえなかった。このような日常ではあり得ないはずの情景が人びとに非常に「悲しい」印象を与え、それ故に物語が物語として成立しているのである。この物語を聞くことによって、姉である女児、および弟である男児は、「悲しさ」を共有し、普通に食物を分配している自分たちを改めて誇らしく思うのである。

表7―2において、兄は弟妹の面倒を見る役割を担っていないのに対して、姉は弟妹の面倒を見る役割を担っていた。アデ関係は物語に表れる規範としてだけではなく、彼らの日常において実践的な行為として表れている。姉の立場にある者は、年少の者、特にアデ関係にある弟に対して、食事などの日常的な活動において面倒を見ており、また親などの周囲の人物もそのことを当然のこととして、子どもの世話あるいは統括を姉の立

場にある者に任せているのである。

ただし日常において、アデと呼ばれている姉が完璧にその役割を果たしているとは限らず、個人個人で役割の達成度は異なる。非常な責任感を持って過保護と思えるほどに弟の世話を焼く姉がいる一方で、親に対する依存心が強く弟の世話はおざなりである姉もいる。ただしその違いを評価する周囲の目があり、責任感の強い姉は、「結婚相手として適している、優しく働き者の女性」として語られ、一方、責任感のない姉は「結婚相手として適さない、甘えん坊で怠け者の女性」として語られる。

さて、ボサビのロングハウスコミュニティは姉妹交換婚に見られるように兄弟姉妹間の関係を軸にしている。では、姉妹交換婚やこのアデ関係をはじめとする、兄弟姉妹関係の重要性は何に起因しているのであろうか。もちろんそこには社会システムの再生産に関わる複雑な過程が存在すると考えられる。その過程については、フェルドやKellyなど兄弟姉妹関係に着目した民族誌に詳しいし、拙著でも分析を加えた。本書では、「手作りのセンサス」から確認できる要因を一つ挙げておきたい。それはボサビの人口構造において、親が早くに死亡してしまうという要因である。

図8—1の人口ピラミッドは、いわゆる富士山型であり、若年齢層の人口に比較して、それ以上の年齢層の人口が少ない。これが「家族」に対して何を意味するかというと、子どもが早くに親を失ってしまうということである。その間の様相をより詳細に分析するために、シバラマの二〇歳以下の男女において、親が生存しているか死亡しているかという状況を表8—5に表してみた。これを見ると、二〇歳以下の男女の半数以上が、すでに父親、母親のどちらか、あるいは両親を失っている。このことから、親が死亡していることは、ボサビの社会において常態の一つであると言える。

つまりボサビの社会において、全年齢階梯の死亡率が高い結果、核家族のみによって社会の再生産は不可能であり、核家族以外の社会の再生産単位が必要なのである。親子関係はもちろん重要な社会的関係の一つには違いないが、それのみに基づいて「家族」を構築できない。常に多く存在する親のいない子どもの面倒を誰が見るべきなのだろうか。ボサビにおいては、核家族ではなく、ロングハウスコミュニティの紐帯の中で子どもの面倒を見ることで、その状況に対応している。そして具体的には、ロングハウスコミュニティの中で子どもの面倒を見る役割を担っているのが姉なのである。アデ関係はロングハウスコミュニティを構築する根本的関係の一つなのである。姉妹交換婚も親世代が必ず生きていることを前提にすれば、息子娘交換婚と呼んでもよかったはずである。しかし、ボサビと周辺集団を調査した人類学者は、全て姉妹交換婚として婚姻形態を記述している。人びと自身が、親の存在を前提としない人間関係、つまり兄弟姉妹関係を重視している結果、観察者もそれを当たり前のこととして受容するのである。

なお、ボサビの社会において、アデ関係は必ず成立することに注意してもらいたい。日本の社会の中では、「姉」が必ず「家族」(核家族)内に存在している状況は考えられない。一方、親を同じくする「姉」も平行イトコの年長女性も同じくナドと呼ばれるボサビの社会では、ほとんど全ての「家族」(ロングハウスコミュニティ)で姉が存在しているのである。またアデ関係の別の面として、「妹」という立場が意識されにくいということにも注意したい。ボサビにおいて、女児は生まれて間もない時から(ロングハウス内に自分より年少者が誕生した時から)アデ関係における姉であり、男児は生まれた時から必ず弟なのである。ジェ

表8-5　20歳以下の男女における両親の生存死亡の状況

	男児	女児	合計
父親死亡	14	8	22
母親死亡	6	4	10
両親死亡	3	3	6
小計	23	15	38
両親生存	16	17	33
合計	39	32	71

ンダー、そして出生順による非対称な関係、それがロングハウス内におけるアデ関係である。

男児と女児で食物分配される量が異なることは、このアデ関係が背景にあると考えられる。規範に基づけば、子どもたちのみで食事する場合、姉に当たる女児から弟に当たる男児に食物が多く分配されるはずである。価値ある食べ物、おいしい食べ物も、弟がわがままを言って姉の分を食べることが多いだろう。個別の場面では、姉は妹にも弟と同量を分配するかもしれないが、特にそのような規範は存在しないし、同量を得た妹はそのまた弟に分配するかもしれない。親の世代の人物と共に食事をする場合も、同じような光景が見られるはずである。親が子どもに同量分配しようとする場合でも、男児はわがままを言っても許されそうだが、女児はむしろ我慢することが期待される。さらに同量を得た場合でも、女児は弟に分配することが期待されるのである。このようなやり取りまで定量化することは非常に困難であるが、ボサビの「調理と食事」で日常的に観察されるのは、まさにこのような光景であった。

栄養素摂取量が男児と女児で違う以上、栄養失調をはじめとする死亡および疾病リスクを女児の方が多く負っていることは間違いない。本書では女児が死に至る個別の過程を描くことはできなかったが、そのリスクを負うことが死亡率性差に関係するのだと推定される。人口学や社会学において、子どもの問題は基本的に親子関係にその原因が求められている。しかし、ボサビの若年齢層における死亡率生産、そしてアデ関係は、兄弟姉妹関係が人口動態に影響する特異な事例なのかもしれない。

6 社会システムと人口動態

ここまで「手作りのセンサス」に基づいて、ボサビの人びとの生死に関わる情報を分析してきた。抽象化すると数字の増減でしかないが、その増減の一つひとつには、人びとの喜びや悲しみ、恐れや誇りが関わっている。「手作りのセンサス」を行なって、それらの感情や物語を同時に収集すると、人口動態というのは人びとの生活と密接に関わっているのだと強く感じられる。そもそも、第1章で記述したように、人を数えるにはその人が誰であるのかを知る必要がある。そして誰であるのかというのは生物学的に決まるものではなく、社会的に作られていくものである。生物学的に誰であるかはDNAの塩基配列によって人を分別することであり、聞き取りやアンケートに基づかないそのようなセンサスはボサビのみならず全世界的に行なわれた試しがない。DNA解析技術の展開により、そのような試みは現在もしかしたら可能なのかもしれないが、優生学と同じく悲惨な結末をもたらすことだろう。人種や民族や家系は、本来連続的な遺伝情報の多型に対して、社会システムの側から恣意的な分節化を行なった概念に過ぎない。

人の数を数えて分析することは本来的に社会的な行為であり、そこから分析される結果は社会システムの様態を指す。ロングハウスコミュニティ、そして近年村落社会を形成している人びとの人数を数えると、ロングハウスコミュニティ、あるいは村落社会という社会システムが数値的に平衡状態にあることがわかった。人の数は極端に増えてもいないし、減少もしていない。そして、その増減は、社会増減ではなく自然増減によることが大きいことも分かった。つまり、この地域のエコシステムの中で、倒木放置畑などの生業システムによって人びとが生存できる十分な資源が生産されているということである。一方、この地域における医療システムは、人びとが簡単には死亡しない程度の資源を提供できず、実際多くの人が若くして死亡してしまう。それでも出生による人数の増加が死亡数を上回っているので、社会システムは消滅していない。

もし死亡数が出生数を上回っていたとしたらどうだろう。一つの解答は、実は二〇〇二年のタビリの人びとが出している。二〇〇三年にボサビに筆者が到着した際、一九九九年に見たタビリの村落は消滅していた。はるか五キロメートル南方に村落ごと人びとが移動していたのである。インフルエンザのような新たな寄生生物がエコシステムに加わった場合、人びとはまとまって逃げる。タビリの人びとは以下のように説明する。「旧タビリはセイの跋扈する土地で人びとが多く死んでしまう。住むに耐えない。だから現在のコロ（kolo）の地に新しく村落を作ったのだ」。説明原理としてセイは人間関係に由来するので逃げても追ってくると思うのだが、病理学的には、エコシステムの中での身体の接触という意味では、感染を防ぐ効果があったのかもしれない。どちらにせよ、死亡数が出生数を上回っていた場合、人びとは移動することで対応したのである（写真8—2）。

移動することで対応するということでは、社会増減も対応の一つである。つまり、結婚によって他のロングハウスコミュニティや言語集団から女性を移動させることによっても、人数は増える。どちらかというと、二〇〇三年から二〇〇六年にかけてのゴボリシの動向がその対応に近いのだが、特に本人たちから言及はなかったので偶然の現象かもしれない。どちらにせよ、エコシステム内に存在する個体群という意味では人数の増減がないのだが、人口動態が社会システムの指標である以上問題ない。極端に言えば、あるコミュニティの出生

写真8-2　放棄された旧タビリ村跡地（2003年8月筆者撮影）

者がゼロであっても、コミュニティに帰属すると自覚する／承認される者が転入し続けることによって人数は増え続けるのである。しかし、ボサビの社会では、姉妹交換婚の規範、そして姉妹交換がない場合の婚資の莫大さが、そのような事態に対するネガティブ・フィードバックになっていると言える。

逆に言えば、社会システムとして、結婚による女性の転出は常に対応されていると言っていい。先に分析したアデ関係の冒頭、弟が鳥に変身してしまう物語を紹介した。しかし、日常的に起こるのは姉の方の変身である。つまり、結婚によって姉はしばしばコミュニティの外に出てしまうのに対して、弟は生涯、出生したコミュニティの中で生きていくのである。結婚後の女性も原則としては生涯出生のコミュニティに帰属しており、結婚しても兄弟姉妹の紐帯は切れることはない。しかし死別しても出生元の村へ帰らないことがほとんどであることからして、実践としては結婚後の女性は夫および子どもと共に生きていくのだと言っていい。そのような状況で女性の転出に対応できないようでは、社会システムは維持されない。

まず、何度か考察したように、平行イトコが親を同じくする兄弟姉妹と同じ名称であるのは、社会システムとして姉が常に存在していることを意味する。システム全体としては、結婚によって姉が常に転出していくのだが、弟妹にとっては別の姉を見つけ出し関係を構築することが可能になっている。そしてシステム全体としては、姉妹交換婚が姉の「代わり」を見つけ出す行為になっている。弟にとって姉はいつか失われるものであるが、自分自身が夫となり誰かの姉を妻としてコミュニティに迎え入れることによって、姉の変身に対応するのである。この行為によって、人数としてもコミュニティの平衡状態が保たれる。そして、夫婦は再生産行動によってコミュニティの誰かに姉と弟をもたらし続けるのである。

夫婦がもたらすのは、日本の社会システムの常識から言えば子どもである。もちろんボサビの夫婦にとっても、親子関係から見れば子どもである。ただし、親世代が常に生きている訳ではないロングハウスコミュニティという社会システムを理解するためには、人口動態と社会システムの関係を見る際、兄弟姉妹関係に着目すべきである。日本の社会においても、歴史人口学の分析によれば、近代以前には一五歳平均余命が四〇～五〇歳程度であった（速水 一九八八）。つまり五〇歳まで生きられる人間は、社会システムの中で約半数に過ぎなかった。片親あるいは両親とも死亡している「子ども」の数は決して少なくなかったはずであり、親子関係のみを中心とした家族単位では、とても社会システムを再生産することができなかったはずである。これに対応する単位として、日本では「家」つまり拡大家族の存在が挙げられるが、その中における兄弟姉妹関係も無視できないものであっただろう。日本語において、「お兄ちゃん」「お姉ちゃん」という一般的な呼称にはジェンダーがある一方、弟、妹に対して名前そのものやあだ名の呼称が用いられ、ジェンダーが割り当てられないのは、ボサビと同じような背景があるのかもしれない。

鈴木が「手作りのセンサス」を通じて試みたのは、人数の増減から集団の環境適応を把握することであった。人びとが移動する範囲が限られている、そして社会システムやエコシステムが変容する速度が限られている状況ではそのような試みが可能だったのかもしれない。しかし、さまざまな面で「未開通」であるボサビの人数の増減を調べてみても、環境と集団の一対一対応は見られないように思える。集団と環境の対応状態、本書で使っている術語で言い換えれば、システム間がいかに対応しているのかを次章で検討してみたい。

生物学的な同定によって、つまり遺伝型・表現型を持つ個体群として人間の集団を分析することに対して、筆者は悲観的な印象を持っている。ただし、その印象は、人口学的営為、つまり属性をもって人を数える行為、社会システムを分析する行為に対してである。個人の遺伝型・表現型を明らかにしその生存に益することはもちろん、生命システムの仕組みを明らかにすることも進められて然るべきである。また、属性のない個人間の身体的情報を比較して、人類史を再現することも許されるだろう。それでもその用い方には細心の注意が払われるべきであり、実際各方面から人類学は批判にさらされている。どちらかというと、バナナやイヌや腸内細菌などの情報を収集して分析すること、つまり人間の個体群を直接形成しないが、個体群と一対一対応するようなエコシステムの側の要素を追究することが最善の方法であると考えられる。

第9章

システムを想像する

1　ボサビなのか？

ハバドゥルという男がいる。ゴボリシの成員、ユワレの甥、サガレウォの息子である。一九九九年の時点では、彼は紛れもなくボサビの、シバラマの、そしてゴボリシの一員であった。しかし、二〇〇三年の調査では、彼は期間中ずっとディデサに滞在していた。ディデサの牧師の家に住み込んで日常生活の手伝いをしながら、牧師養成所で学んでいたらしい。その後、タリにある教会組織の本部に行ってさらなる研修を積んだはずである。二〇〇六年の調査に入った時、彼はシバラマに牧師として赴任していた。赴任していたというのはやや間違った表現で、彼の所有するサゴヤシはゴボリシの領域内にそのまま生えているし、たまには妻や妹や義兄弟と共にサゴ打ちも行なっていた。それでも、住まうのは図2―4に示したように教会に併設されている牧師家族専用の家であるし、彼の日常は毎日教会で行なわれる集会を組織し説教を行なうことで構成されていた。ユワレは、普段は彼とナワと呼び合っていたが、他の村落の人びとと会話する時はパスタ（pastor＝牧師）と呼んでいた。

ネルソンという男がいる。ボサビ語における名前はネルソンではなくアバオだが、一九九九年の時点でもその名で彼を呼ぶ者はいなかった。ワナゲサの出身だが、彼はずっとカムシ（Kamusie）に住んでいる。カムシは、ボサビの南方でマレーシア企業が開発している商業伐採の拠点となっている町である。ネルソンは一九九〇年代にその地域の言語集団パリアメの一女性と結婚し、その女性の家族としてカムシに住んでいる。もともとは出稼ぎにカムシにやってきた男であり、彼自身もたまには伐採作業に雇われて働く。しかし現在は、どちらかというとボサビからの出稼ぎ者の働き口を紹介したり、家に居候させたりして糊口をしのいでいる。ワナゲサのロングハウスコミュニティとは何代も重ねて姉妹交換婚をしている関係もあり、シバラマの若者たちはだいたい彼の家に居候する（もっと環境の悪い会社直営の飯場もある）。若者がシバラマに帰った際には、「伐採見習いとして会社が数人募集しているとネルソンが言っていた」等の情報をもたらし、新たな出稼ぎ者を導く。筆者も、カムシ滞在時には彼にずいぶん世話になった。

ユワレは村長（正確にはLLGの代表委員）である。彼はゴボリシの一員であり続けているし、村長という役割は本来ゴボリシあるいはシバラマには必要なかった。当初の彼の役割は選挙で決められた訳ではなく、すでに亡くなった前村長（ワリソーの男性）から指名されただけである。そして、その前村長は一九七〇年代にこの地域を巡察していたパトロール・オフィサーの面倒をよく見ていたので、そのオフィサーから村長に指名された訳である。それでも、LLGの仕組みが実質的に機能し始めたと思われる二〇〇六年には、村長はシバラマ村民の選挙で決められてユワレが再選されていた。LLGでいったい何が話し合われるのか、議決されるのかよく分からないが、ワナゲサで開かれる委員会には参加しなければいけないらしい。その頃シバラマで話題になっていたのは、ワスウェイドにエアストリップを誘致しようという話であったが、おそらくその陳情などの議題を話し合っていたのだろう。しかし、村間の政治という面では、LLG選出の地区議員をずっと兼ねているワナゲサの村長の発言権が強い印象があり、ユワレのシバラマへの利益誘導はうまくいっていなかったように思える。

さて、ハバドゥルやネルソンはボサビの人びとに含めるべきなのだろうか。そして、彼らの生業は何なのだろうか。また、ユワレやマオメ、その他のボサビの人びとは、今でもロングハウスコミュニティの成員なのだろうか。本書では、エコシステム、生業システム、社会システムを等置して、その関係性を記述してきた。少なくとも、ロングハウスコミュニティという社会システムは、倒木放置畑とサゴヤシ利用という生業システムを通じてエコシステムと関係している。それらの関係性は、それぞれにオートポイエートするシステムがそれぞれに平衡状態であることによって維持されるものであった。しかし、キリスト教、出稼ぎ労働、村落社会は、それぞれロングハウスとは異なる社会システム（あるいはその要素）であると考えられるが、それらの出現をどのように位置付けるべきだろうか。これまでも、それらの社会システムについて折に触れ説明してきたが、改めて詳細を述べることから分析を始めていこう。

2　キリスト教的システム

ボサビの地域で活動しているキリスト教団体は、ＥＣＰＮＧ（Evangelical Church of Papua New Guinea）である。ＥＣＰＮＧは、もともとはＵＦＭ（Unevangelized Field Mission）という組織であり、オーストラリアにあったEvangelical Churchという団体が、パプアニューギニアで布教するために一九三一年に作った組織である（Shields 1993）。主に西部州を中心に布教活動を行なってきており、現在でも西部州の商業伐採が行なわれている地域に

写真9-1　シバラマ教会での日曜礼拝（2003年8月筆者撮影）

住む人びとはだいたいECPNGの影響下にあるようである。一九六〇年代にディデサに教会が建設され、西部州の南部に住むゴゴダラという言語集団の牧師が赴任し、ボサビ地域での布教を始めた。一九六六年に西部州のバリモ（Balimo）の教会を中心に、UFMの下部組織としてECP（Evangelical Church of Papua）が組織されたが、ディデサなど比較的新しい教会は依然UFMの直轄であった。国際的にはUFMは一九七〇年にAPCM（Asia Pacific Christian Mission）と名称を変え、一方でパプアニューギニアにある全ての教会は一九八四年にECPの所属に改組された。この改組がAPCMの世界展開のためなのか、パプアニューギニアにおけるキリスト教の独自化のためなのか、部外者には分からないが、おそらく両方なのだろう。ボサビ地域では一九九〇年代には全ての村落に教会が建設され、牧師が赴任するようになった。一九九〇年にECPはECPNGに名称を変更し、本部も高地地域の町タリに置かれるようになっている（二〇二〇年現在はポートモレスビーに本部が置かれているようである）。

ボサビにおけるECPNGの拠点であるディデサは、元来は一つのロングハウスコミュニティの名前（かつ地名）であった。現在でもそのロングハウスは存在しており、また図1―2に示したように村として人びとが住まい生活する場である。一方、一九六〇年代以降、キリスト教関係者が次々訪れて活動を行なう場にもなった。一九九八年の時点で、ディデサには教会、牧師養成所、SIL（Summer Institute of Linguistics）の宿泊施設、コミュニティスクール（パプアニューギニアにおける小学校）、エイドポスト（医薬品を配給する保健支所）がディデサの村落内に建てられていた。SILは、言語学的な学術活動を兼ね、聖書の少数言語への翻訳を行なうことを目的とする国際的なNGO団体である。コミュニティスクールとエイドポストは行政組織であるはずだが、ディデサにおける運営はECPNGが資金を提供していたらしい。

ディデサの教会運営者はディデサ・ロングハウスコミュニティ出身の牧師であったが、ハバドゥルがその人物の家に住み込んで見習いをしていたように、ボサビ全域の牧師の統括者も兼ねていた。牧師養成所にはハバドゥルのような見習い者が常時数名いて、聖書の勉強や説教の練習をしていた。SILの宿泊施設は空いていることが多かったが、時々NGOのメンバーであるオーストラリア人家族が滞在していた。コミュニティスクールおよびエイドポスト（正確には付設された宿舎）には、教師およびAPO（エイドポストオーディナリー：保健支所職員）と彼らの家族が住み込んでいた。教師およびAPOはタリ周辺のフリ出身者で占められていた。

ディデサ以外の村におけるキリスト教的活動は、これまでシバラマにおいて記述した内容と相違ないと考えられる。すなわち、ボサビ出身の牧師が村ごとに一人赴任し、家族と共に村落内に住む。そして、毎日午後に

写真9-2　洗礼と見物する人びと（1999年5月筆者撮影）

集会を開き、説教や賛美歌を通じて信仰を深める。特に日曜日には長時間の集会を開き、何に活用されるのか分からないが募金まで行なわれる（写真9─1）。牧師以外の人びとは、キリストを信じていてもいなくても、どちらかといえば積極的に教会に集まり説教を聞いたりおしゃべりをしたりする。牧師と仲良くしておけば、セイの害を防ぐことができるかもしれず、またエイドポストでの薬の受け取りや学校へ子どもを通わせることに口を利いてくれたりする。キリスト教信者としての組織化は、「ブタを購う」の章で触れた洗礼祭を場として、牧師が洗礼を施すことによってなされる。一九九九年は、「二〇〇〇年に終末が来る」と牧師が触れ回ることにより、多くの村で洗礼祭が行なわれた年であった（写真9─2）。

牧師が本部から給料をもらえるのかどうかは分からなかった。ただ、一九九八年からの調査でタビリ出身の牧師家族と食事を共にした時は、インスタントラーメンを始めとする購入食品がたまに出てきたので、何がしかの現金収入はあったように見える。それでも二〇〇六年のハバドゥルはサゴ打ちもしていたので、牧師といえども従来の生業システムに依存する部分は多かったのだろう。一点だけ特記するべきこととして、村におけるキリスト教的活動の一つにコミュニティワークという活動があった。キリスト教信者全員参加が原則で、村落内の草刈りや道の整備を行なうという数時間程度の活動である。その中に、村落内に牧師の畑を作り管理するという活動もあった。作られ管理されるのはサツマイモ畑で、収穫物は全て牧師のものとなる。ちなみにディデサでは、同じような畑の造成・管理のコミュニティワークが、教師およびAPOに対しても行なわれていた。

3 企業システム

カムシを拠点に行なわれている商業伐採は、ウォウォイ・グアビ木材会社（Wowoi Guavi Timber Ltd）という企業が経営していた。この企業は、マレーシアに本拠を置く多国籍企業リンブナン・ヒジャウ（Rimbunan Hijau）の現地子会社である。西部州の東部、ウォウォイ川とグアビ川が合流する付近において商業伐採を行なっており、カムシおよびパナカワ（Panakawa）に加工場と積出港を作っている（写真9—3、図9—1）。商業伐採は一九七九年から開始され、現在までにカムシおよびパナカワ周辺の約四万ヘクタールの領域が伐採されてきた。その伐採方法は、選択伐採と呼ばれるもので、森林を皆伐して更地にしてしまうものではなく、有用な木材だけ

写真9-3　カムシの木材積み出し港（2003年8月筆者撮影）

を切り出して運搬するという方法である。それ故、伐採から約一〇年程度経過した森林は、ほぼ二次林に復しているように見える。しかし、木材運搬のための道路は赤土の剥き出た状態のまま放置されており、森林に復するにはほど遠い。選択伐採は皆伐よりは穏やかな方法であるとはいえ、それがエコシステムに与える影響はやはり大きいと考えられる。

このウォウォイ川とグアビ川の合流する付近は標高五〇メートル程度であり、典型的な熱帯雨林が広がっている。パプアニューギニアの中でもこの地域は最も人口密度の希薄な地域であり、パリアメ、バム、ソワビと呼ばれる三つの言語集団が、以前はサゴヤシ利用を中心とした生業を行なっていたらしい。これらの集団はロングハウスコミュニティを作らず、ボサビで見られるような世帯の家に住まい、ある程度の数の家が集合して村をなす

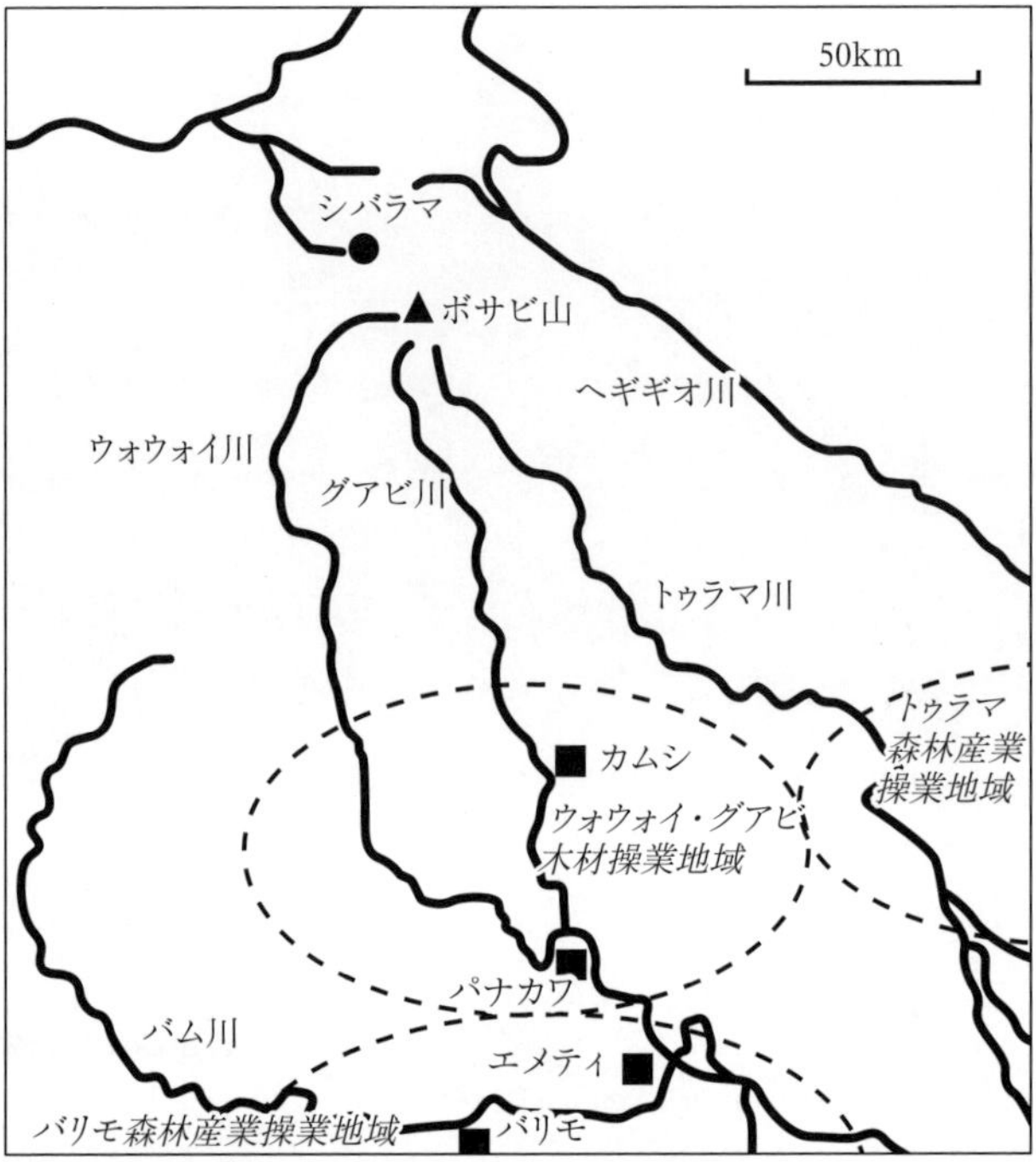

図9-1　カムシ付近の地図

居住形態をとっていた。しかし現在、それらの人びとはもはやサゴヤシ利用をしていない。エコシステムが激変したことにもよるとも考えられるが、人びとがランドオーナー・カンパニーを組織し土地使用料を企業から得ていること、そして労働者や警備員として企業に雇用されていることによる影響の方が大きいように見える。人びとはカムシの加工場周辺に住居を構え、伐採に関わる仕事をしたり、企業と交渉したりしながら現金を獲得し、カムシの町中に五、六軒あるトレードストア（雑貨屋）で食料を購入するという毎日を過ごしている。

パプアニューギニアの法システムにおける土地所有制度は世界でも特異なものであり、実は本書の内容全てに関わってくるかもしれない。ただし、本書はボサ

写真9-4　製材所を案内してくれるネルソン（1999年11月筆者撮影）

ビの暮らしに焦点を当てており、企業や国家が直接ボサビの地域の土地所有に関わってきている訳ではないので、詳細は拙稿（小谷 二〇〇九）を見てもらいたい。とにかく、オーストラリアによる信託統治時代に定められた土地法（Land Titles Commission Act 1962）は、個人でもなく国家でもなく、「慣習に基づく集団」（原文では、慣習的血縁集団、慣習的出自集団、慣習的地縁集団および共同体）に土地所有権があるとし、現在の法システムでもその定義が継承されている。ランドオーナー・カンパニーは、この「慣習に基づく集団」としてパリアメ、バム、ソワビが作った団体であり、企業と交渉して土地使用料（ロイヤリティー）と各種権利を獲得する集団である。パプアニューギニアの土地の九七％は「慣習に基づく集団」の所有する「カスタマリー・ランド」であり、他地域でも、企業によるる経済活動はランドオーナー・カンパニーからの土地リースによって成立している（Filer and

Wood 2012)。一九七九年の開発開始の時点では、ランドオーナー・カンパニー内の格差はほとんどなく、交渉に長けた男性が周囲の同意を得てその任に当たったのだと推測される。しかし、現在では交渉に長けた者の男系子孫がランドオーナー・カンパニーを組織し、女性や女系子孫は土地使用料を受け取っていない。ちなみに、ネルソンの義父はランドオーナー・カンパニーの成員であるが、ネルソン自身は成員ではない(写真9—4)。

カムシには当然企業の職員も居住している。ウォウォイ・グアビ木材会社の支配人は華人系マレーシア人であり、上級事務職員も東南アジア出身の華人系の者が多かった。一部上級職員はポートモレスビーやマヌス州出身の高学歴者、そして下級事務職員は西部州のさまざまな言語集団(ランドオーナーの集団、および既出のゴゴダラやギデラなど)出身者で組織されていた。また、加工場の各種機械や伐採重機の整備、運転を行なう技術者、運転者として中国福建省などからの華人系出稼ぎ者が多く雇用されていた。

伐採作業そのものは、主に出稼ぎ労働者が行なう。ボサビからの出稼ぎ者が従事するのはその労働である。華人系の人びと、あるいはリンブナン・ヒジャウ傘下の企業間の融通により、遠く東ニューブリテン州から来ていた者もいたが、伐採作業に多く従事していたのはほとんどがボサビなど周辺地域からの出稼ぎ者であった。給料はその熟練度によりかなりの差異がある。一フォートナイト(二週間)で、伐採見習いならば八〇キナしかもらえないのに対して、チェンソー・オペレーターなら一〇〇〇から二〇〇〇キナ、現場監督になれば三〇〇〇キナまでもらえる。運搬に関しても、ブルドーザーなどの運転ができるようになれば数千キナの収入がある。ただし、高給がもらえるようになるには数年以上働き続ける必要があり、出身地における生活を完全に放棄する覚悟がないとできない。ボサビからの出稼ぎ者は、ほぼ全員が一年未満の短期間で出稼ぎを終了しており、一フォートナイトで一〇〇キナ前後の給料しかもらっていない。何年もカムシに滞在し、チェンソー・オペレーターおよびブルドーザー運転手として雇われるネルソンのような存在は、技能と収入という面でも極めて稀な例であると言える。

出稼ぎ者の住居と昼食は最低限のものが企業から提供されるが、経済的にはやはり困難がある。昼食以外の食事、あるいは最低限の消耗品を自分で購入する結果、一〇〇キナ前後の給料はほとんど消費されてしまう。缶詰や自動車、ラジオなどによって構成される日常は、バナナと儀礼によって構成されるボサビでの日常と大きく異なり、彼らの興味を刺激するものであるが、一方で郷愁をかき立てるものである。伐採見習い、および少し給料が上がった伐採補助者としての仕事は、三、四人で一組となり、チェンソー・オペレーターの伐採を補助することである。具体的には、伐採する前の下ばえ刈りや足場の確保、切り倒される先の障害物の除去、伐採された後の枝葉の切り落とし、重機が入れるような道の整備である。倒木放置畑の造成とあまり変わらない工程であり、休憩も入れて七時から一五時の就業時間なので、ボサビの若者にとっては過酷というほどでもないように見えた。それでも、現場監督との人間関係が悪ければ過酷な労働を負わされるそうだし、事故で怪我などした場合の補償は一切ない。

4　行政システム

ボサビとその周辺地域における行政システムの導入には、パトロール・オフィサーが果たしてきた役割は大きい。オフィサーが植民地支配の拠点となった町（ポートモレスビーなど）から「未開通」な地域を巡回する仕組みは、一九世紀にイギリス植民地支配が始まった時から設けられていた。そしてその仕組みはオーストラリア信託統治の時代にも引き継がれた。地図上の移動ルートを参考にすると、最初にボサビ・ランゲージ・ファミリーの居住地域を巡回したオフィサーはIvan Championのようである（Sinclair 1988）。しかし、Championらのパトロール・レポートには具体的な「民族」名などは報告されていない。ディデサやボナといった、ボサビのコミュニティ名が初めて登場するのは、クトゥブ湖（Lake Kutubu）の巡察拠点（パトロール・ポスト）に所属するTerrellによって行なわれた一九五二年の報告においてである（National Archives of Papua New Guinea 1934-1975）。

第5章「イヌと移動する」の章で示したように、レバニ渓谷でシンギングドッグが「発見」されたのもちょうどその頃であり、この時期にパプアニューギニア「未開通」な地域まで行政の目が届き始めたということだろう。その後、一九六六年までクトゥブ湖の巡察拠点がボサビ・ランゲージ・ファミリーの居住地域を管轄し、オフィサーが数年ごとに巡回して地図作成およびセンサスなどを行なっていた。一九六六年からは、北方の高地地域にあるコモ（Komo）に巡察拠点が建設され、それ以後、コモの拠点がこの地域を管轄するようになった。

一九六〇年代から七〇年代までのパトロールにかんしては、何度か触れたようにシバラマが村として形成されるきっかけの一つになったと考えられる。その頃のことを覚えている者がシバラマにもまだ生きており、宿泊小屋を建てたとか、靴をもらったとかさまざまなエピソードを語ってくれた。ユワレの前の村長がオフィサーの面倒をよく見ていたそうで、その子どもである男性はオーストラリア・シリングの硬貨を今でも大事に持っている。語りのニュアンスを総合すると、オフィサーとシバラマの人びととの関係は、特に敵対的でもなく、かといって友好的でもなかったようである。人の名前を収集する、地名などを聞き取り記録していく、殺人や窃盗などの犯罪について処罰があることを警告する、村を形成し村長や議員を選出するよう指導する、といったことを淡々とこなしていたらしい。トク・ピジンにおいてオフィサーはキアップ（Kiap = Captain の訛り）と呼ばれるが、ボサビの人びとはキンヤ（Kinya）と呼び、オフィサーの名前は誰も覚えていなかった。ちなみにシバラマには、オフィサーにちなんでキンヤと名付けられた男性もいる。

一九七五年のパプアニューギニア独立後、パトロール・オフィサーの制度は廃止された。最後のパトロール・レポートを見ると、ボサビの居住地域が南部高地州の一区画とされること、コモの南部高地州行政支局がこの地域を管轄すること、LLGの代表者からなる地区議会もコモに置かれること等が記録されている。しかし、独立後から一九八〇年代まで、ボサビの人びとを直接記述した行政的記録は何もなく、この期間にどのような組織が存在したのかはよく分からない。ただし、組織が全く存在しなかったというわけではなく、南部高地州の州役所には、メンディ（高地地域の町）やタリからディデサのエアストリップまで何々を輸送したというような記録が残されている。また前述のワナゲサの村長の父親もやはり地区議員だったのだが、地区議会が開催される時はコモやメンディまで行っていたらしい。

一九八〇年代になると、南部高地州の公共局（Department of public affairs）の役人が国勢調査区分ごとに赴任するようになった。公共局の役人はボサビの村の一つであるムルマに支局を建て、そこにある程度常駐するようになった。一九九三年からの筆者の調査期間には、ギデラの近隣集団であるキワイ出身の役人が赴任していて、文書資料を閲覧させてくれるなどずいぶん便宜を図ってもらえた。しかし、二〇〇三年、二〇〇六年の調査においてはムルマで役人に会うことはできなかった。人びとの間では、「新しい役人が決まっているのだが、田舎暮らしが嫌なので赴任してこない」との話だったが詳細はよく分からない。一九八四年には、ムルマにエアス

写真9-5　ムルマのエアストリップ（2003年9月筆者撮影）

トリップが完成し、同時にコミュニティスクール、エイドポストも建設された（写真9―5）。一九九三年からの調査当時、シバラマの子どもたちの登校先はムルマの学校だったし、医薬品の申請先もムルマだった。しかし、二〇〇三年、二〇〇六年には教師やAPOも赴任して来ておらず、コミュニティスクール、エイドポストも閉鎖状態だった。

公共局の役人は人びとからキンヤ（キヤップ）と呼ばれ、その職務内容もパトロール・オフィサーの延長であると考えられていた。実際、役人はセンサスを取ること、ヴィレッジ・コート（慣習法に基づく裁判の場）の開催を調整すること、LLGの活動（選挙管理、議会の開催、州政府への陳情など）の指導を主に行なっていた。また、エアストリップやコミュニティスクール、エイドポストの運営にも関わっていたと考えられる。ムルマの村の人びとは、役人の職務を補助するためによく雇われていたし、シバラマからもエアストリップの草刈りなどに臨時雇いされることがあった。パプアニューギニアには直接税および間接税のような個人にかかる税金があるが、役人がその徴税を行なっていたかはよく分からない。人びとが税金を払ったことは聞いた事がないので、徴税はしていなかったのだと思われる。

学校（教育）システムは、本来別に分析すべきであろうシステムであるが、少なくともシバラマの人びとにとってあまり関わりがないので、ここで簡単に紹介しておきたい。すでに述べたように、ボサビの地域にはディデサとムルマに二つのコミュニティスクールがあった。一九九三年に初めてボサビ地域を訪れた時は、人びともそれなりの熱心さで子どもを学校に通わせていたように感じた。しかし、一九九八年からの調査でシバラマから学校に行っていたのは、ムルマに親族のいる子ども二名だけであったし、ムルマの学校が閉鎖されていた二〇〇三年、二〇〇六年には、シバラマからは誰も学校に行っていなかった。寮を付設するまで資金が投入されている訳でもなく、実質的に通えるのは徒歩で通学できる近隣の村の子どもだけである。少額とはいえ授業料も必要であり、また教師が田舎暮らしを忌避することからしばしば休校になる。システムができた当初は多少の無理があっても向学心から通学させることもあったのだろうが、日常生活やキャリアに資することがないと判断されたのだろう。それでも、ディデサとその近隣の村の子どもは二〇〇六年においても熱心に通学しており、条件さえ整えば教育に対する需要はあるのだと考えられる。

5　複数の社会システム

例えば日本における宗教、企業、行政等の仕組みや来歴は、文書資料や考古資料をたどってかなり詳しく分かる。その一方で、それらはあまりにも当たり前のものとして存在しており、寺院や会社や日本国のない社会は想像もつかない。しかし、ボサビの人びとにとって、キリスト教や伐採会社やパプアニューギニア国のないことが最近までむしろ普通であった。だからこそ、それらが恣意的な存在であることがよくわかるし、全体とまでは行かなくてもその仕組みがかえってよく見える。社会システムとして分析するなら、本来さらに詳細な聞き取りと文書記録による検証をすべきであり、きっと興味深い現象がいくつも見つかるだろう。しかし、本書では、エコシステムおよび生業システムとの関わりにおいてのみ考察したいと思う。

ボサビの社会システムとして、ここまでロングハウスコミュニティを主に記述してきた。そしてロングハウスコミュニティは、生業システムを通じてこの地域のエコシステムと互いに平衡状態にある関係を長い期間続けてきたと考えられる。長い期間というのは仮定であり、筆者がボサビで観察してきた事象は短期的な平衡状態である。本来、エコシステムも生業システムも変容していく。ボサビの地域においても、過去にイヌやブタや各種の栽培植物が持ち込まれ、エコシステムの要素間の関係性に大きな変化がなくても、構成要素は変容したはずである。何より人間が存在するようになったことは大きな変容であったと考えられる。また、高地地域では約三〇〇年前に持ち込まれたサツマイモが、エコシステム内の要素間の関係、そして生業システムを大きく変えたと考えられる。すなわち、大規模な焼き畑による草地化、動物相の種の減少、ブタ飼養の増大、そして極端な人口増加、人口密度の上昇である。

エコシステム、生業システム、社会システムの変容は互いに関連し合っており、上記の変容に伴って、高地ではビッグマンシステムと呼ばれる資源と権力の遍在を伴う社会システムが形成され（Modjeska 1982）、一方、ボサビとその周辺では平準化の仕組みを伴うロングハウスの社会システムが形成された。ただ、どちらかというとエコシステム、生業システムが先に変容し、それに社会システムが対応した形であると考えられる。そしてその変容は、種の絶滅や人口増加など、個体群そのものの消長、資源そのものの増減によって起こっており、相対的に速度はゆっくりしたものであったと考えられる。

ボサビにおけるロングハウスコミュニティから村落社会への社会システムの変容も記述してきた。この近年の変容では社会システムが先に変容している。何か新しい生物が移入してきてエコシステムが変容した、何か新しい技術が用いられて生産性が変化したというより、新しい人間関係に対応するためにサツマイモを導入した、新しく別の人びとと関係するためにブタの利用を積極的に行なうようになったという過程である。また、ボサビの事例だけから見れば、一つの社会システムが別の社会システムに変容したというより、ボサビの人びとが従来関わりなかった宗教システム、企業システム、行政システムを受容するようになったと考える方が正確だろう。

ルーマンの考え方では、社会システムは人間の身体を環境として自己言及的に再生産するコミュニケーションの総体である。一人の人間の身体は、複数の社会システムのコミュニケーションの場となっても構わない。この点が、社会システムを分析する際にルーマンの考え方を用いる主な理由でもある。現在のボサビの状況は、キリスト教信者であること、出稼ぎ者とその被扶養者であること、パプアニューギニア国民および南部高地州選挙区民であること、そしてロングハウスコミュニティの成員であることを、一人の人物が同時に行為していることによると考えられる。ロングハウスコミュニティから村落社会への変容は、コミュニティの成員としてふるまうのが他の行為と両立できないため、コミュニティのコミュニケーション形式を少し修飾した村落社会を形成したという過程であると考えられる。

ロングハウスコミュニティから村落社会への変容はかなり急速である。一九五〇年代まで全く見られなかった社会の在り方が、二〇〇〇年代にはもう普通の光景になっている。この速さの要因は、間違いなく人間の移動の増大と貨幣経済の浸透である。最も直近には無線などの通信がそれに加わるかもしれない。人間の身体の移動は近年開始された訳ではなく、人類史における普遍的な現象であろう。しかし、ボサビ周辺における人間の移動の頻度と速度は近年格段に増大した。パトロール・オフィサーやキリスト教布教者の来訪、エアストリップの設置、出稼ぎの募集などである。そして、人間自身が移動しなくても、信用というコミュニケーション形式を媒介する貨幣経済、会話を媒介する無線通信などがコミュニケーションの頻度と速度をさらに増大させたのである。

ロングハウスコミュニティあるいは村落社会、キリスト教システム、企業システム、行政システムがボサビの人びとの間に同時に存在しているとするなら、それは結局一つの社会システムなのだろうか。これまで何度か用いてきた世界システムという用語は一つの社会システムを指す言葉である。そして、ボサビにおいて観察されるシステムは、そのサブシステムということになるだろう。しかし、世界システムという概念はやはり西洋中心的な解釈であると言わざるを得ない。ボサビの生活を観察する限り、人びとは世界システムと関わらなくても生きてきたし、生きていけるように見える。一方、西洋の側は世界システムの中でしか生きていけない。

また、ルーマン、そして北村が整理した三つの社会システムの類型から考えると、ロングハウスコミュニティと近年人びとが受容したシステムは、類型が異なる。対面的関係のみで形成されるロングハウスコミュニティは「相互作用システム」である。一方、牧師やチェンソー・オペレーターや村長のような役職で組織され、対面的関係でない者もその役職を再生産していく村落社会は、「相互作用システム」である一方で「組織システム」に変わりうる可能性がある。そして、言語やメディアが異なっても、具体的な役職が変容したり消滅したりしても、同様の意味を持つ要素を自ら生成できる「キリスト教」や「企業」や「国家」は、狭義の「社会システム」であると解釈できる。日本においても、そのような類型の異なるシステムは一つの統合されたシステムであると言い難い。オートポイエーシス（自己言及性）の概念からすれば、それぞれが関係はしつつも別々の意味をコミュニケートする異なったシステムであると解釈すべきである。世界システムという概念は、貨幣という一つのコミュニケーションの形式をもって人間関係を分析する際に有用な概念であるに過ぎないと言える。

これまでの分析で明らかにしてきたように、社会システムは生業システムを通じてエコシステムと関係している。なぜ人びとがバナナを栽培し、バンディクートを捕り、イヌと共にロングハウスに暮らすのか、その関係を調べると「伝統的」な暮らしは理解できる。しかし、現在ボサビには社会システムが複数存在し、さらにそれぞれの社会システムの変容の速度も速い。それに伴って生業システムとエコシステムも変容しつつある。ボサビだけではなく、過去の日本でも、そして現在全世界で進行している過程であろう。生態人類学が成立した時代のような、一対一対応の関係を追求するのは不可能である。一地域のエコシステムに対して社会システムが過剰に存在しているのである。また、一つの社会システムは別々の地域のエコシステムに過剰に関わっているのである。

ただし、過剰と言うのは分析が困難になった筆者の愚痴にしか過ぎない。人びとは他者との関わりの増加に応じて、複数の社会システムを受容しているだけであり、ただざまざまな関係をこなすために忙しくなっただけである。「キリスト教」や「企業」や「国家」と生業システムおよびエコシステムの関係も、それぞれに焦点を当てて調査すれば何かが理解できるだろう。例えば、生態人類学におけるポリティカルエコロジーの研究は、まさにそのような試みである。多対他の関係について、どのシステム間の関係に焦点を当てるかを意識しながら丹念に記述していくことが、今後の生態人類学に求められているのである。

6 エコシステムと生業システム

多対多の関係を記述していく際には、改めてシステム概念を整理しておく必要がある。本書で「コミュニケーション」と「意味」という言葉を特に定義せずに用いてきたが、ルーマンの社会システムの概念において、コミュニケーションと意味は重要な位置を占めている。システムの中でコミュニケートされるのが意味である。ルーマンの考えを正確に表現しようとすると、出来事↓情報↓伝達↓理解↓出来事という循環がコミュニケーションであり、特に出来事を情報として社会システムが自己言及的に意味付ける有り様が意味である。宗教は死や病気や事故のようなパラドキシカルな出来事の意味をコミュニケートするシステム、経済は分配や労働のような価値を交換する出来事の意味をコミュニケートするシステム、政治は支配や抵抗のような権力の作用する出来事の意味をコミュニケートするシステムとして分類される。

ルーマンはエコシステムについてもたびたび言及するが、やはり事例や考察を積み重ねてきた生態学あるいは生態人類学の概念を用いる方が妥当だろう。すなわち、エコシステムの要素間で伝達されるのは、基本的にはエネルギーと物質である。また、情報も「コミュニケート」される。つまり、人間は、生物・非生物から発せられる情報をもとに行為するし、生物は同じく人間や他の生物・非生物は発せられる情報をもとに行為する。しかし、エコシステムの中ではその情報に意味はない。逆に言えば、エコシステムの中でやり取りされる情報に意味が生じるのは、社会システムにエコシステムが接続された時である。エコシステムの中では、意味なく生物・非生物がエネルギーと物質を伝達・交換し、生存したり死亡したり再生産したりする。エコシステムが平衡状態にあることにも意味はないが、逆に言えば、平衡状態にあるからこそ、持続性があるからこそ社会システムから見て意味あるシステムとして観測できる。

生業システムの中で伝達されるのは、やはり基本的に物質とエネルギーである。ただし、そこに人間の行為が関わるので意味もコミュニケートされる。エコシステムの一要素としても人間は行為しているのだが、他の生物・非生物はその意味を解さない（イヌなどは解しているかもしれない）のでコミュニケートしているとは言い難い。また、一人の一回だけの行為として物質とエネルギーを生産したり消費したりするなら、そこには意味がない。なお、ルーマンの考えでは、行為は出来事を起こすことである。エコシステムの中に境界を設けて（エコシステムを縮減して）、労働や種苗や肥料やエサを投入し、食物としてエネルギーや栄養素を獲得する。投入された労働や種苗による獲得は何世代も継続するし、労働や分配は複数の人間によって行為され、世代を跨いで行為は模倣される。生業に意味を求めること、そして複数の人間が何世代も行為すること、それが、社会システムが生業システムを通じてエコシステムと関係しているという過程である。

本書では、生業システムとして特に倒木放置畑とサゴヤシ利用を挙げたが、狩猟採集の個別の行為、サツマイモ栽培やブタ飼養をも、それぞれ生業システムとして名付けても良いのかもしれない。ただ、ロングハウスコミュニティを構成する人びとが、それを行う意味をコミュニケートしているのは、倒木放置畑とサゴヤシ利用であると考えられる。意味があるからこそ、それらに対する行為に生活の多くの時間を割いており、割いているからこそ自己言及的に意味が生じる。あまり時間の割かれない行為は、倒木放置畑とサゴヤシ利用のサブシステム、あるいはシステムを構成する要素としての行為と解釈した方がいい。一方、全ての生業をボサビの一つの生業システムと解釈すべきだろうか。それでは、これまで社会システムを描き分けてきた「意味」がない。本書ではボサビという言葉は場を指す言葉として用いてきたつもりであり、社会システムそのものではない。ロングハウスコミュニティに対応する生業システムが倒木放置畑、姉妹交換婚に対応する生業システムがサゴヤシ利用、村落社会に対応する生業システムがサツマイモ栽培と、人びとが意味があると考える対応関係を重視すべきである。

社会システムが過剰な時の多対多の関係を分析するのに、ルーマンのシステム概念は切れ味鋭い。しかし、生態人類学の立場から社会システムを考える際には、ルーマンが考慮していない現象を検討しておく必要がある。人口と移動である。社会システムが人間を環境とするコミュニケーションの体系とするなら、人間の数が増えれば、そして移動距離と速度が速くなれば、コミュニケーションの頻度と速度は上がるのが当然である。ルーマンは、社会システムがオートポイエート（自己言及）する際のメディアとして、貨幣や文書や芸術、それらが複合したマスメディアを挙げる。「現代社会」を分析するなら、それらを重視した方が適切なのかもしれない。しかし、「現代社会」でもコミュニケーションのメディアであり要素でもあるのは依然人間の身体である。社会システムは、より多くの人間の身体を要素として獲得できるように、人口を増加させるようオートポイエート（自己言及）するはずである。そして人口が増加すれば、人間が移動する頻度もまた増加する。人間が移動すると、システムの境界が拡張したり、他のシステムに接続されたりする。少なくとも、「キリスト教」や「企業」や「国家」のシステムは、人間の移動によってボサビに出現したシステムである。エコシステムの中での人間の適応状態を評価するためでなく、社会システムの動態を明らかにするために「手作りのセンサス」が必要だと考えられるのである。

7　複数の重なり合うシステム

ハバドゥルは牧師である。ネルソンは労働者である。同時にハバドゥルはゴボリシの成員であり、ネルソンはワナゲサの成員である。彼らが受容している社会システムから見ると、そう結論付けられる。一方、ハバドゥルの生業はサゴヤシ利用とサツマイモ栽培である。ネルソンの生業は賃金労働と「ランドオーナー」である。彼らが物質とエネルギーを交換している生業システムから見ると、そう結論付けられる。同じように考えれば、

写真9-6　午後の時間、食事を待ちながら袋を編む（2003年9月筆者撮影）

ユワレはゴボリシの成員であるとともにシバラマの村長であり、その生業は倒木放置畑実践とサゴヤシ利用である。

現在、シバラマ、さらにはボサビ周辺のロングハウスに住まう人びとの多くは、ロングハウスコミュニティの成員であり、倒木放置畑実践とサゴヤシ利用を生業としていると結論付けられる。しかし、社会システムという点では、部分的に村落社会の成員であり、キリスト教信者であり、労働者であり、パプアニューギニア国民である。一人ひとりが異なる程度で複数の社会システムを受容しているが、今のところコミュニケーションの量から判断すると、ロングハウスコミュニティの成員であることが人びとのアイデンティティであり、役割であると考えられる。社会システム内でのコミュニケーションの定量化は、システム概念を生態人類学において用いていくための今後の検討課題であるが、生活時間調査による時間の消費は一つの指標となるだろう。人びとは、一日の大半をロングハウスコミュニティ内で「調理と食事」に費やしながら、のんびりと意味を交換し合っている（写真9―6）。

ハバドゥルはそのような日常を過ごす日もあるが、教会で説教をするのに多くの時間を割く日々を送っている。ユワレはいろいろ話し合うために他の村へ訪問することに忙しい。ネルソンはもはやワナゲサやその他のボサビの人びとと関わり合うより、パリアメの人びとと、そして華人系労働者と過ごす時間の方が圧倒的に多い。彼らはなぜそうなってしまったのだろうか。社会システムが再生産される過程、一人ひとりのアイデンティティや役割が構築される過程についてはまだまだ未知な部分が多い。しかし、その未知な部分を明らかにして、そこから人びとが何を生産して何を食べるのかを考え直すことが生態人類学の面白いところである。

ボサビの人びとは、システムという言葉は使わないし、そこから導き出せるさまざまな考察にも意味を見出さないだろう。ロングハウスコミュニティや倒木放置畑、高地周縁のエコシステムは、それぞれ人類学者や筆者自身の造語であり、想像の産物である。システムという言葉に意味を見出すのは、人類学者であり日本人である。ただ、その言葉を用いて調査した、具体的なエネルギーやモノや人間の量、それらの変化はボサビの人びとにとっても意味がある。バナナを一日何本食べるかというのは、人びともなんとなく知っている一方、具体的な数についてよく知りたいと思っている。その具体的なモノや情報の動きを記述し、互いに意味を見出すことを目指すこと、それが生態人類学の営為であると考えられる。

第10章

マルチシステムズ

1 マルチシステム

システムが複数重なり合う、現在のニューギニア高地周縁のマルチ（multi）な状態を何と呼べばいいのだろう。外ならぬボサビの時空間においては、マルチシステムズと呼ぶのが適当である。倒木放置畑はスラッシュアンド「マルチ」（mulch）と抽象化される。人びとは倒木放置畑によってエコシステムと関わり、生命システムを維持し、ロングハウスコミュニティを形成する。英語での綴りが異なるという当たり前のことは指摘しないでほしい。日本語でマルチ（multi）とマルチ（mulch）は判別できないし、ボサビの人びとも判別できないのである。単なる言葉遊びによる意味付けであると思ってほしい。本書を英語に翻訳する時に困るだけである。

どちらかといえば、ボサビの状況を表象するならマルチ（mulch）システムズの方が適当である。人びとは、いつの間にか再生する周囲の森林を切り倒し、土地を被覆（mulch）する。そのマルチの下で、バナナやパンダヌスや有用無用の動植物はリゾーム（rhizome）を張り巡らし、いずれ地上に出て人びとのロングハウスでの暮らしを形作る生業システムの要素となる。同様に人びとは木々を用いて自らを被覆するロングハウスを作り、ロングハウスの覆いの下で食べ物を分け合い物語りしながら関係を醸成していく。ロングハウスから出た時、人びとは社会システムの成員としてエコシステムに関わり、ゴボリシやワリソーやアナシとして他の社会システムと関わり、ボサビとしてグローバルな世界と関わる。英語で正確に表象すればマルチド・システム（mulched system）であろうが、所詮は日本語による想像である。また、ボサビの状況はこれまで議論してきたように、もとより重層的なマルチ（multi）システムズである。

システムが複数重なり合う状態は、ボサビの時空間だけに存在する訳ではない。貨幣経済や情報網があまねく行き渡っている現代、地球システム、グローバルな世界システムに覆われているように感じられる。しかし、個人の生命システム、物質的条件によって偏在する他の生物・無生物と共に構成するエコシステムは、どれかがどれかを覆い去ってしまうことはない。貨幣経済は、貨幣という単一のメディアによってコミュニケートされるシステムを作り上げるので、グローバルな世界「社会」システムは存在するのだろう。それでも、国家や宗教や民族のように、そしてもっとミクロに見れば教会や村やロングハウスのように、オートポイエート（自己言及）する複数の社会システムは存在するし、ルーマンや北村が構想したのはそのような世界であろう。

複数ある社会システムとエコシステムの間で、物質とエネルギーを交換する装置である生業システムも複数重なり合って存在する。複数の、質とスケールの異なるシステムが存在する状態、すなわちマルチ（multi）システムズである。そして、地球システム、グローバルな世界システムに被覆されているように見える一方、その覆いの下で様々な出来事がリゾームを張り巡らし、意味を付与されるとシステムとして出現する有り様は、やはりマルチ（mulch）システムズとも言える。

筆者は、ボサビの人びとが何を生産し、何を食べているのかについての問題意識から研究を出発した。本書はその生態人類学的民族誌である。世界のさまざまな人びとの営みの中にその結果を一般化するならシステムという言葉を精緻化していくべきであろうが、ボサビの人びとと、生業、食べ物は、一般化しなくても存在している。ボサビの時空間で観察できた生業を最小限の一言で換喩するなら、マルチ（mulch）システムである。人

写真10-1　倒木放置畑でバナナを食べる（2006年8月筆者撮影）

びとは倒木放置畑を作り、バナナを食べ、ロングハウスに住まう。それがボサビであり、本書の結論である（写真10―1）。

2　生態人類学とシステム論

本書は、筆者自身の研究に基づいた生態人類学的民族誌であると同時に、故掛谷誠氏の遺志を汲んで企画された『生態人類学は挑む』シリーズの末端に位置する。生態人類学の文脈の中で本書の事例がどのような位置付けにあるのか、ボサビの人びとと筆者が何に挑もうとしているのかも結論付けておく必要があるだろう。本書の事例は部分的に、「手作りのセンサス」を基にした人口人類学（研究領域としてあまりにもマイノリティだが）の文脈に含めることもできる。後述するように鈴木らは人口人類学も生態人類学の一領域として考えていたかもしれない（鈴木 一九八〇）。ただ、ボサビの事例の人口人類学的側面は拙著（小谷 二〇一〇）で詳しく議論したつもりである。やはり本書は、倒木放置畑、サツマイモ畑、イヌやブタの飼養などボサビの生業に焦点を当てた、生態人類学の中の生業研究であると位置付けたい。

生業、つまり人間が食べ物をどのように獲得しているかは、人間の生活を理解する上で最も基礎的な情報である。多少の例外はあるだろうが、そしてそれら例外を知ることもまた興味深いことであるが、基本的には、日常生活、つまり人間が毎日行為することは、食べることと寝ることである。また、食べ物の生産と消費の様式は、歴史的にも現在の地球上においても多様であり続けている。多様性を生み出し維持するメカニズムを明らかにすること、そもそもなぜ多様性が必要なのかを問うことは、生態人類学のみならず人類学の大きな目的の一つである。

日本語における生業という言葉は、日常生活が現金収入によって成り立つ場合も含めた広い意味合いを持っているが、人類学における生業はサブシステンス（Subsistence）の訳語として、食べ物を生産し消費する過程を指すやや狭い意味で用いられる。人類学において生業を最初に包括的に考察したのは、文化生態学（Cultural Ecology）を提唱したスチュワードであった。彼は、生業活動を「文化の核」として、人類の文化・社会の歴史的展開、当時の述語で言えば文化・社会の進化について論考することを試みた（スチュワード 一九七九）。歴史的展開にかんする彼の仮説は、食べ物の生産・消費の様式が狩猟採集、粗放な農業、集約的な農業、そして産業化された農業という順で進化し、それに応じてバンド社会、部族社会、首長制、国家というように社会が進化していくというものであった。「文明」が河川のそばで成立するという灌漑文明の考え方（Steward 1955）のように、現在でも人類史を検討する上で文化生態学の仮説が用いられることもある。

生業を人類史における「文化の核」として進化論的に考察する文化生態学の視角は、フィールドワークをもとに世界の諸集団の文化・社会を同時代的な視角から分析することの有効性を示した文化人類学から、また同じくシステム論を適用して生業の同時代的分析を目指したラパポートらの生態人類学（Ecological Anthropology）から、「遅れた」考えとして批判されることになった。生態人類学は、狭義には、生業を特定のエコシステムの一要素として解釈し、人口や気候など他の要素と関連しながら全体の平衡状態を維持する機能があることを明らかにしようとしたラパポートらの研究から始まった学問分野である。

ラパポートの研究は本書でも何度か紹介したが、ブタを犠牲として捧げる儀礼や近接集団間の戦争のようなイベントが、エコシステムの中で生存しうる人数やブタの頭数を超えそうな場合に起こることを定量的に分析した。つまり、狩猟採集や粗放な農業、あるいは異文化として理解し難い儀礼や紛争は、人びとが「遅れている」から「劣っている」からではなく、ある環境条件や対外関係の中で合理的だから行なわれていることを、システム概念の枠組みから説明したのである。

ただし、システム論から生業をはじめとする人びとの暮らしを研究するシステムアプローチも、やはり近年の人類学的視角から批判を受けることになる。例えば、一九八〇年代の狩猟採集集団の生業に対して行なわれた批判（Schrire 1984）において、自給自足的生業は人類史において過去から現在まで変化なく持続してきたものではなく、近年の歴史的展開において特定の地域、特定の状況下で構築されたものに過ぎないと論じられた。この批判は、ちょうど同時期に機能主義に対して行なわれた文化人類学における議論と軌を一にしている。つまり、機能主義や狭義の生態人類学が同時代的としてきた対象は、外部の歴史的変化と関係しない閉じたシステムであるとみなされており、その前提が妥当であるかどうかが問われるようになったのである。

また、生態学において、個体群全体の動態だけではなく、個体の環境適応に焦点を当てた行動生態学などの研究が進んだことも、システムアプローチを見直す契機となった。システムアプローチにおいては、集団に属する人びと全員が同じ行為、思考を持つとしてモデル化してきたが、年齢やジェンダーなどの違いによって個々人の経験が異なることは明らかであり、それに伴って何が食べたいか、何を作りたいかという意思決定も異なってくるはずである。むしろ、異なった個々人の意思決定の集合が、全体としてまとまっているように見えるのはなぜかを問い直す必要がある。個人の経験や意思決定に焦点を当てながら、生業の個別性および全体性を論じる視角はプロセスアプローチと呼ばれる（Orlove 1980）。

このような展開を経て、現代の生態人類学は、歴史的に変化する開いたシステムを前提とするシステムアプローチ、あるいは個人の経験や意思決定からシステムが構築される過程を分析するプロセスアプローチを用いて生業を研究するように変容してきた。そして、その枠組みの変容は、人類学が対象としてきた人びとの変化を、そして何のために生業を分析するのかという目的の変化を反映したものだとも言える。

生態人類学が成立した一九六〇年代までは、世界に自給自足的生業を営む人びとが数多く存在した。しかし、二一世紀に入った現代の世界では、ボサビのような自給自足的生業を持続する集団はもはや少数となり、程度の差はあれ商品として食べ物を生産し、購入食品を消費する生業形態をとる人びとが圧倒的大多数である。冒頭に、生業は食べ物を生産し消費する過程を指すと述べたが、その過程にグローバルな政治経済が介在することを抜きに生業を描写することはもはや不適当である。

そのような状況を前にして、生態学的な視点から環境との関わりを中心に生業を記述するシステムアプローチあるいはプロセスアプローチとは異なった視角、つまりグローバルな政治経済と生業の関係に焦点を当てる研究が増えている。本書でも現代的研究として挙げたポリティカルエコロジーと呼ばれる研究枠組みである。ポリティカルエコロジーという用語自体は、スチュワードの下で学んだウルフが政治形態を生態学的に分析するために考案した、文化生態学の言い換えというべき言葉である（Wolf 1972）。その後、一九九〇年代に人文地理学の複数の研究者がその言葉を換骨奪胎し、グローバルな政治経済の下で起きる生態学的問題を社会科学の立場から分析する研究枠組みとして改めて提唱した（Bryant 1991）。その研究の焦点は、それまで生態人類学が対象としてきたような、「遅れて」グローバルな政治経済に包含された人びとが、経済的に貧困に陥る過程、社会的に周縁化される過程、地球環境問題の影響を受ける過程を解明することに当てられている。生業に関する分析は、そのような過程を明らかにするための中心的課題である。

3 生態人類学における展開の必然性

海外における生態人類学の文脈を大雑把に要約してみたが、果たしてその展開は「生態」の「人類学」として妥当だったのであろうか。要約して見えてきたように、生態人類学の展開は、人類学全体および文化人類学での問題意識と研究枠組みを同期している。人類学として、世界の諸集団を対象とし、フィールドワークを行なって人びとの同時代的状況を記述してきたのだから、当然と言えば当然である。その並行的な状況は図10—1のように表せるだろう（図10—1）。

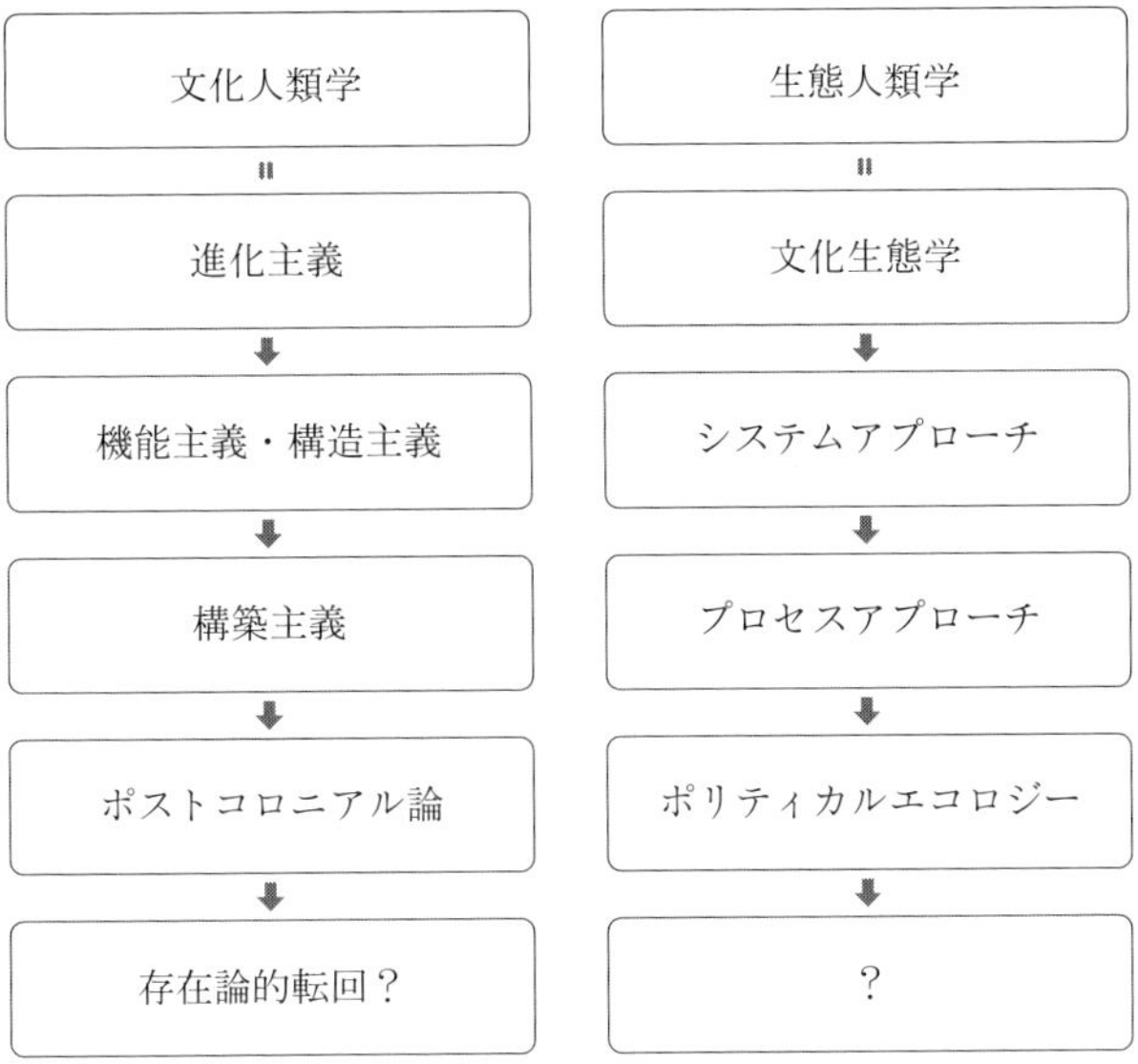

図10-1　文化人類学および生態人類学のパラダイム

ただし、図10―1の矢印は、新たに提唱された、あるいはその枠組みに基づいた論文が増えたということを表しており、上の方の枠組みが消滅した、あるいは間違っているということを表してはいない。時間の経過に伴って理論や方法論が「正しく」なっていくというのはそれこそ進化主義的解釈であろう。この図は、世界の諸集団の同時代的状況と研究者がそれを見て必要と感じる枠組みの展開を表しているものだと受け取ってもらいたい。

ここまで集団という言葉を無批判に使用してきたが、文化人類学における構築主義、生態人類学におけるプロセスアプローチ以降、人類学者の調査してきた対象が、果たして何らかの自明のまとまりを持っているのかどうかについて疑問が呈されている。本書において、ボサビとは何か、ロングハウスコミュニティとは何か、社会システムをどう分節するかについて苦闘してきたのと同じ問題意識である。読者の身近な例で考えるなら、日本人が水田稲作を生業としてきたとするなら、稲作をしなかった者は日本人ではないのか。そもそも日本人というカテゴリーはコメの増産を目指した近代に成立した概念なのではないか。「日本人」の「生業」に限っても日本民俗学を中心に議論が百出している状態であるが（篠原編二〇〇一）、まして世界全体で見れば、「親族集団」「民族」「国家」どれを見ても固定的なものの見方ができなくなりつつある。そしてその傾向は、ヒト・モノ・情報の移動頻度が増大した現在の状況においてさらに顕著である。

近年の文化人類学において、存在論的転回なる議論が提示されている。要するに、世界は単一でそこに人間集団が多種類存在するという西洋近代の認識に対して、世界は複数でそこへの住まい方によって本来単一の「人間」（そこでは人間・生物の分節化も転回される）が異なった存在の仕方をしているという議論である。システムアプローチはおろか、文化生態学の文脈においても、環境が多様である、その環境を構成する物質や動植物との関係の違いによって人間集団の生きざまが異なると考えてきた生態人類学からすると、あまりにも当然のことを議論しているように見える。そこは人文知が世界の存在を主知的に理解するからなのだろう。

ただし、存在論的転回の議論は、「伝統と近代」、「西洋と非西洋」などの二項対立を単一の世界概念によって無理やり脱構築しようとして、人間の思考や行為が依然多様であることに対処し切れなくなったポストコロニアルの議論に対する反省として考えるべきである。その思考過程は、ポリティカルエコロジーの議論を経てきた生態人類学において資するところも大きい。グローバルな政治経済の下で起きる生態学的問題をポリティカルエコロジーの立場から考え続けることは、生計を維持できなくなる「非西洋」の人びとの状態を知るためにもちろん必要なことである。しかし、「西洋」の中でさえ多様に存在し続けるローカルな生業を記述することを意味付ける必要はないのだろうか。

読者はお気付きであろうが、先の結論において言葉遊びをしたマルチシステム、あるいはマルチシステムズは、存在論的転回の中核をなす議論から概念を借用している。「個人」の中に複数のつながりが存在するという概念は「部分的つながり」(ストラザーン二〇一五)から、システムになる前の被覆されたリゾームという概念は「千のプラトー」(ドゥルーズ、ガタリ 一九九四)と「アクターネットワーク」(ラトゥール 二〇一九)から、マルチシステムズという言葉そのものは「マルチスピーシーズ」(奥野 二〇一七)から借用してきた。借用してきただけであり、本書ではそれらをさらに展開したり批判したりするつもりはない。けだし同じ人間を対象とする学問領域として、生態人類学は文化人類学の考え方を借用でもいいので取り入れ、コミュニケーションのきっかけを作っていくべきであろう。

倒木放置畑という生業システムを抽象化する際に引用した、「自然の森林を収穫可能な森林に転換したシステム」(ギアツ 二〇〇一:六四頁)は文化人類学者ギアツの言葉である。人間の営みに対してシステム概念を適用することは、ギアツだけではなくベイトソン(Bateson 1967)など、ラパポートのシステムアプローチが世に出る前の文化人類学的研究においてなされていた。そのことを考えれば、生態人類学と文化人類学をあえて分ける必要もないのかもしれない。

ただし、ギアツやベイトソン(彼らを文化人類学の枠内に留めるのも無理があるが)以降の文化人類学において、システム概念が熱心に検討された訳ではない。一方、行動生態学の枠組みを援用しようとしたプロセスアプローチにせよ、レジリエンスや脆弱性の概念を生態学におけるシステム論から取り入れたポリティカルエコロジーにせよ、生態人類学は生態学の知見を積極的に活用してきたし、これからもそれが研究領域としての魅力になるだろう。そして、生態学の中心的パラダイムの一つはエコシステムである。エコシステムと人びとの暮らしや個人の生き様を関連付けて研究することこそが、生態人類学が文化人類学と違う点であると言える。

ルーマンのシステム概念は、オートポイエーシスという術語を生物学から援用したように、本来的に生命システムやエコシステムと個人の生き様や人びとの暮らしを関連付けるのに向いている。しかし、ルーマン自身が社会システムにしか、さらにはルーマンの身の回りのドイツ、ヨーロッパあるいは西洋の現代の社会システムにしか関心が向いていないように見えるため、その概念や事例を生態人類学の研究に取り入れていくのはかなり困難である。ボルフの批判（ボルフ二〇一四：一〇〇―一〇三頁）にも表れるように、ルーマンの論考において意味には三つの次元（事象次元、時間次元、社会的次元）があるとしているが（Luhmann 1995: 76-80）、空間という次元が挙げられていない。「意味の次元」が何を意味するかをここで議論するのは省略するが、とにかくコミュニケーションが空間によって規定されないという論考は、人間の地理的多様性、エコシステムの多様性を考える視角に全く欠けていると言わざるを得ない。

それでも、エコシステム、社会システム、生業システムを考えていく時に、それらが自己言及的に再生産していくオートポイエーシスの概念は、ボサビの事例に対して有効であった。少なくとも、それらのシステムが別々に存在しつつ、互いが互いを規定している関係性を示すことが可能になった。さらに、社会システムの単位が個人ではなくコミュニケーションであるという考え方は、多対多の関係性を分析するのにも有効であった。本書は、ひとまずルーマンのシステム概念の生態人類学的研究への適用を試みてきた訳だが、ルーマンという名前にこだわる段階ではないのかもしれない。ルーマンが考えたからその理論が「正しい」のではなく、個別の研究者が観察した対象を「正しく」理解できるからその理論を用いるという、学問として当たり前の姿勢と言える。一般システム論としてオートポイエーシスの過程に焦点を当てる視角、社会システム論としてコミュニケーションの過程に焦点を当てる視角、それが生態人類学におけるシステム概念との付き合い方の展望である。その点では、オートポイエーシスの概念をルーマンだけに依拠せず、一般システム論から直接援用する大村（大村二〇一〇）や湖中（湖中二〇一二）の視角は、生態人類学の今後の展開に方向性を与えるものである。ただ、オートポイエーシスが中心的概念であると同時に、存在論的転回というスローガンを経ることなく個人の脱構築を可能にするルーマンの社会システム論はやはり魅力的である。その点では、コミュニケーションの側面からシステム概念を再検討した北村の取り組みは先見性のあるものであった。そのような日本の生態人類学の文脈におけるシステム概念に対する取り組みの系譜も少し触れておきたい。

4　日本の生態人類学

生態人類学は、日本において海外の動向とは異なった展開をしてきた。と言うより、生態人類学は日本でしか研究されていないとさえ言える。広義にはスチュワードらの文化生態学、狭義にはラパポートらの生態人類学から系譜する「生態人類学の研究領域」で活動する研究者は全世界に存在する。しかし、生態人類学の名を冠した主だった学会がなく、「狩猟採集民学会」（The International Conference on Hunting and Gathering Societies）や「民族生物学会」（The Society of Ethnobiology）など、もう少し細分化された領域で研究者が活動している。「生態人類学会」（The Society for Ecological Anthropology）があるのは、日本だけなのである。

このような状況は、日本における「生態人類学の研究領域」と「生態人類学会」の成立過程によるものだと考えられる。「生態人類学会」は、「京都大学理学部自然人類学研究室、東京大学理学部人類学教室、東京大学医学部保健学科人類生態学教室、京都大学霊長類研究所の教官、院生、研究生などが参加した生態人類学研究会（第一回は一九七三年）を母体とする（『生態人類学会ニュースレター』No.1より抜粋）」（生態人類学会設立準備委員会一九九六）。どのような人びとが集まり、どのような研究を目指してきたのかについて、簡単にまとめることはできない。そもそも本書は、それらのことをまとめるために立ち上げられたプロジェクトの末端という位置付けである。それらのことを知るためにはシリーズ全巻を読んでほしいし、プロジェクトのきっかけとなった故掛谷氏の一連の著作からもその流れをつかむことができるだろう。

しかし、システム概念に話を戻すために、あえて単純化するなら、掛谷や北村が関わってきた京都大学のグループによる生態人類学的研究は、伊谷純一郎らが構想した群集生態学と人類学、霊長類学の統合的プロジェクトの下に展開してきた研究領域である。一方、筆者が大学院時代に学んだ人類生態学は、渡辺仁らが構想した生態人類学と鈴木継美らが構想した社会医学の統合的プロジェクトの下に展開してきた研究領域である。さらにその二つの研究領域に、日本民俗学、考古学、文化人類学、環境社会学などの研究者が合流して成立したのが生態人類学会であるし、日本の生態人類学である。

つまり、ラパポートらの狭義の生態人類学を母体とはしていない。第一回の研究会が開催された一九七三年は、ちょうどラパポートらの生態人類学的研究が広範囲に知られるようになった頃であり、それが契機になったのかもしれない。しかし、生態人類学という名付けが、人類と環境の関わりを知る、人類とそれに関係する生き物の日常生活を知る、人類の生活から歴史を考え直してみるといった問題意識が集結する契機になったとしても、システム概念でつながった人びととでは全くなかったのである。

その中で、北村がシステム概念の再検討に着手したのは、彼が生態人類学の研究領域を文化人類学や社会学と接続する必要性を感じる立場だったからだと考えられる。彼は、霊長類学をその研究枠組みの一つとしながら、一方で文学部行動科学科文化人類学講座（現在は改組により名称が異なる）の教員として、文化人類学や社会学、その他の行動科学の教員と共に研究プロジェクトを立案し、共に学生を指導する立場にあった。その過程で、エコシステム、社会システム、心的システムなど、システム概念を統合しながら再検討することが不可欠だったのだろう。縮小再生産されたアクターではあるが、筆者は北村ととてもよく似た立場にある。生態人類学の面白さと可能性を他の領域や次世代の人びとに表現していくために、システム概念の再検討が必要であると考えている。

実は、章題に挙げたマルチシステムズという結論は、海外の生態人類学の展開からではなく、日本の生態人類学の展開から発想を得た。近年の日本民俗学における代表的な生業研究として、複合生業論を挙げることができる（安室 二〇〇五）。複合生業論を手短に要約すると、日本の「家」あるいは「村」という共同体は、特定の生業に特化するのではなく、その共同体の再生産を目的として、ある時空間のエコシステムや社会状況に対応するように生業を複数行なってきた、あるいは複数の生業が複合した「一つの生業」を行なってきたという考え方である。例えば、「日本の農家」が「水田稲作」をしてきたように見えるのは、水田稲作がエコシステムや社会状況に対応できる生業の一つであると同時に、複数の生業を包含することに優れた仕組みであったからという議論の展開である。

ただし、複合生業論は、「家」あるいは「村」が変容、解体される過程で生業がどうなるのかという解釈に困難を抱える。「家」や「村」を社会システムとして抽象化し、国民国家システムや、ローカルあるいはグローバルな経済システム、「科学」や既存宗教などの宗教システムとの重なり合いや競合を分析すれば、現代の日本の状況もうまく考察できそうである。また、生業システムがエコシステムと関わる面における物質とエネルギーの流れをつかむ分析と、社会システムと関わる面における意味の流れをつかむ分析を切り分ければ、世界のさまざまな集団における複雑な重層性に対して一般化できるに違いない。

マイナーサブシステンスという、やはり日本の生態人類学において着目されている概念がある（松井二〇〇三）。物質およびエネルギーの生産にほとんど寄与しないが必ず少しは生産するという生業、生産も目的であるが社会的紐帯や文化の再生産に寄与することがより大きな目的とされる生業、それがマイナーサブシステンスである。システム概念の再検討を経れば、つまり物質およびエネルギーの流れと意味の流れを切り分ければ、やはりその多様性や重層性について論考が深化できそうである。

5　人類生態学と医療システム

第1章で紹介したように、筆者がボサビで調査することになったのは、指導教員がパプアニューギニアで計画していた人類生態学的研究プロジェクトの一環としてであった。人類生態学的研究とはどういうものか詳細にレビューする余裕はないが、例えば、その指導教員であった大塚が、ボサビのはるか南方に居住するギデラにおいて完遂したプロジェクトのまとめ（Ohtsuka and Suzuki 1990）がその枠組みの代表であると言えるだろう。無理に要約するなら、社会文化的要素も当然考慮するが、主に人間の身体（生命システム）に着目して、エコシステムとの関係、そして個体群としての再生産過程を明らかにするという、まさに「人類」に対する「生態学」の取り組みである。そして鈴木や大塚らは日本の生態人類学を立ち上げた研究者でもあり、生態人類学の一つのパラダイムとして人類生態学の枠組みがあるのは間違いない。

筆者は愚かにも大学院生時代にその枠組みを理解できず、さらに誰が／の／を／という問題に突き当たったため、社会システムを検討に加えた本書のような研究課題に移動していった訳である。一方、人類生態学には、さまざまな状況における人間の生存にかんする知見を集積することによって、多様な医療システムを構築していくという社会医学としての側面がある。何度も紹介した「手作りのセンサス」は、本来鈴木がそのために提唱した概念であると言える。筆者は、「手作りのセンサス」は社会システムの動態を明らかにする方法であると考えており、その点でも人類生態学のパラダイムに則していない。ただし、医療システムを構築していくという人類生態学の目的には全く同意する。

システム概念を用いる場合、どう理解するか、どう解釈するかだけを目的にするべきではない。マルチシステムズに入り込みつつ、異なったシステムからの視点で全体を観察し、他のシステムに接続できる機会があればそれに積極的に参与する。その接続先が、社会システムでも生業システムでも何でもいい。個別の社会システム、生業システム、エコシステムが解体された、一様でグローバルな世界システム、地球システムというものを構想する者もいるだろうが、他ならぬ生態学を学んだ生態人類学者はその立場を批判するべきである。構成要素に多様性のない、つまりレジリエンスの乏しいシステムは容易に崩壊する。グローバルな世界システム、地球システムというものがあっても、それと重なり合うシステムは多様であるように、それぞれがオートポイエートするように他のシステムに接続する機会をうかがうべきである。

その観点からすると、ボサビの時空間に明らかに接続されていないシステムがある。生物医学の医療システムである。セイの概念のように病因論があり、治療行為もあるので、意味のコミュニケーションとしてボサビの医療システムはある。一方、生命システムとして、エコシステムの一要素として、感染症に罹患し死亡する数は、地球上のさまざまな集団と比較して多い。その数が多いと言っても、社会システムを構成し、生業システムを構成して、内側から見ると穏やかな日常を過ごしているので、問題はないとも言える。

しかし、日本人からの視点、生物医学のシステムの視点から判断すると、やはり死亡率が高すぎる。また、ボサビの一員としても、目の前で身近な人物が亡くなるのはどうしようもなく悲しい。「手作りのセンサス」をするとそれが身に染みる。鈴木、大塚らが生態人類学の立ち上げに関わったのは、生業システムと医療システムという、エコシステムと社会システムの接触面に関わる二つのシステムを同時に見るためだったのだと、今にして思う。そして、生態人類学者にできることは、死亡数を減らすことができるような何らかの医療システムをボサビの医療システムに接続することしかないだろう。そのためには、どれだけの人が死んでいるのかを地道に明らかにしていくことしかない。

乳幼児死亡率や女性の死亡率の高さ、つまりボサビの社会システムにおいて平準化されない格差は、現在はボサビの人びと自身がどうにかしたりしなかったりするオートポイエート（自己言及）な事象である。そして、年齢別あるいはジェンダーによる死亡率の違いは、全体の死亡率が下がれば、表面上は問題ではなくなっていくだろう。ただし、今度は死亡率の違いではなく、子育てへの資源配分や労働・分配の性差の問題として立ち

写真10-2　シバラマの人びととの別れ（2006年9月筆者撮影）

現れてくるだろう。問題が立ち現れた時に、ボサビの独自の医療システムをどのように構築すべきなのかを考えていかなければならない。

現在、ボサビの生業システムには問題はない。人びとは十分な資源をエコシステムから生業システムを通じて獲得している。生物医学のシステムを接続すると、死亡率が減り人口が増大するだろう。パプアニューギニアの「未開通」ではなくなった地域ではそうなりつつある。人口が増大すると、エコシステムから得られる資源は十分でなくなり、今度は生業システムに問題が生じるだろう。そしてエコシステムも変容し、社会システムにも新たな問題が立ち現れるだろう。システム概念を用いるとそのような過程が想像できる。ただ、筆者がその一部であった人びととのつながりがなるべく持続するように、知り合った人びとそのものは長く生存してほしいと願っている（写真10―2）。

6 ボサビ・カウンティング・システム

重なり合うシステムに、さらに「システム」を付け加えて本書の結語としたい。ボサビの人びとも当然数を数える。バナナやブタや人を調査するのに、「アディール、アンディフ、アンソール、フェレダミン、ビー、ドゴフェー……」(一、二、三、四、五、六……)と人びとと毎日毎日数え合った。筆者は調査時点でもボサビ語を完璧に話せたわけではなく、今ではもう忘れた単語もずいぶんある。しかし数だけは明確に今でも数えられる。逆に、ボサビの人びとも筆者が何をしているのかという点について、説明はよく分からないが、いろいろなモノの数を数えているという行為は分かっていただろうと思う。また、本書の日本語による記述はボサビの人びとにとって全く意味をなさないが、図表の数字は理解できるだろう。

もう少しボサビ語における数について詳しく紹介しておこう。ボサビの命数法は、三五までの数に固有名称を与える、いわば三五進法である。五までの数は、左手の小指から数え始めて親指まで指を数える(指と同じ名称である)。六からは、六が左の手のひら、七が左手首、一二が左鎖骨、一六が左目というように手から顔までの部分を数え「上げて」いく。一八の鼻のてっぺんで折り返し、二〇が右目、三〇が右の手のひらというように右側の顔から手の部分に向かって数え「下げて」いき、右手の小指が三五である。さらに詳しくは、最近Dwyerらがボサビだけではなく、近隣の言語集団におけるカウンティング・システムもまとめた論考を出したので参照されたい（Dwyer and Minnegal 2016）。近年は貨幣経済の浸透に応じて一〇進法の数え方も併用するが、命数自体はボサビ語の名称を使うことが一般的である。例えば、三二〇キナは、「ソマレ・ドゴフェー、カボ・アディール」（五〇キナ札＝元首相マイケル・ソマレ像使用札・六枚、二〇キナ札＝ブタ像使用札・一枚）のように表現される。

筆者の出発点は、ボサビの人びとが何を食べ、何を作っているのか理解したいだけであった。ただ、そのように理解することを筆者自身の生業とするためには、その理解に生態人類学という社会システムの中でコミュニケートされる意味を持たせる必要がある。その意味を持った情報は、どこかの社会システムによって貨幣に変換され筆者にもたらされる。筆者は、貨幣をもってどこかの社会システムを通じてエコシステムに接続し、資源を獲得する。生業にできなかったとしても、ボサビの人びとが存在する意味、高地周縁のエコシステムが存在する意味を、生態人類学や日本といった社会システムの中に残しておきたかったという感情もある。何より、ボサビの人びとに筆者が理解したかったことの意味を伝えたいという意思はずっと持っておきたい。

生態人類学者にとって、その意味を持たせるためには数を数えること、つまりあらゆる事物を定量化することが必須であると考えられる。定量化と数学的方法はまた異なり、数学的方法を自分で用いることができるならそれに越したことはないが、異なった分野の研究者に任せてもいい。マルチシステムズの様態を記述することに意味を持たせるには、英語やトク・ピジンという情報に変換するのもいい方法であろう。しかし、数学的方法、あるいは英語やトク・ピジンによる記述より、ボサビの人びと、さらには他の社会システムを構成する人びとに最も意味があるのは数である。英語や日本語や関数で何を表象しても、それはそのシステムだけの意味である。ボサビ・カウンティング・システムを試しに紹介したが、世界中のあらゆるシステムの「共通言語」

は数であると考えられる。

生態人類学、特に日本の生態人類学はあらゆる事象の定量化を試みてきた。その営みは、まさに参与したシステムの様態を他のシステムとコミュニケートするのに意味があるものであったと考えられる。本書の枠組みだけはルーマンの「日本語」に縛られた概念を用いてきたが、他のシステムとの接続に用いたのは、主に生態人類学の先達の残した数であった。逆に言えば、ルーマンの枠組みを活用するのに、何を数えればいいのかを結局提示できなかったのが本書の未完成な部分である。民族誌における通訳不可能性に悩み始める前に、参与観察を行なうあらゆる学問分野の研究者は事象を数で示していくべきである。そうすれば、参与するあらゆるシステムを記述し、相互に意味を見出せるだろう。そして参与したシステムそのものとコミュニケートすることも容易になるだろう。少なくとも筆者はその営みを続けていくつもりである。

ボサビ・カウンティング・システムには、日本語とは異なる序数システムもある。ちょうど英語と同じく、三まで固有の名称、四からは通常の命数に「リフォ」(lifo)を付ける。例えば五番目は「ビー・リフォ」(bi-lifo)である。一番目は「イミリ」(imili)、二番目は「エレ」(ele)、そして三番目は「オタリン」(otarin)である。筆者はボサビの人びとに対して、「シンゴ」ではなく、「オダニ」(odani)と名乗っていた。「オダニ」にはボサビ語で何の意味もないので、人びとはどちらかというと筆者の名前を「オタリン」だと理解していたようである。そして、最も世話になった「姉」であるマオメは、サガレウォ、ユワレに続く三番目の兄弟だから、「オダニ」は「オタリン」なのだと人びとによく説明していた。通訳不可能性があっても、人間同士は数を通じてコミュニケートできるのだと感じた一例である。

附表1　食品カテゴリー、栄養組成、および摂取量

		100g当たり栄養素量			一日当たり栄養素摂取量					
		エネルギー	タンパク質	脂肪	エネルギー		タンパク質		脂肪	
食品名	学名*	kcal	g	g	kcal	%	g	%	g	%
アイビカ	*Abelmoschus manihot*	55	3.4	2.0	5.8	0.2	0.36	0.7	0.22	1.0
インスタントラーメン		497	10.3	19.3	1.9	0.1	0.04	0.1	0.09	0.4
オランダガラシ	*Rorippa nasturtium*	10	2.0	0.2	0.6	0.0	0.13	0.3	0.02	0.1
カエル類	カエル類の値参照	64	15.3	0.3	0.0	0.0	0.01	0.0	0.02	0.1
キノコ類	エノキタケの値使用	38	1.9	0.2	1.1	0.0	0.05	0.1	0.02	0.1
キュウリ	*Cucumis sativus*	11	0.4	0.1	0.3	0.0	0.01	0.0	0.02	0.1
クモ類	ヤシオオオサゾウムシの値参照	257	20.2	19.6	0.2	0.0	0.02	0.0	0.03	0.1
ココヤシ	*Cocos spp.*	77	1.4	3.6	0.2	0.0	0.00	0.0	0.02	0.1
魚類	ナマズの値使用	104	15.0	4.2	13.7	0.6	1.98	3.9	0.53	2.3
サゴ甲虫	*Rhynchophorus ferrugineus*	257	20.2	19.6	14.2	0.6	1.12	2.2	1.08	4.7
サゴヤシ髄	*Metroxylon sagu*	36	3.4	0.1	0.1	0.0	0.01	0.0	0.02	0.1
サゴデンプン	*Metroxylon sagu*	336	0.4	0.1	647.0	26.5	1.08	2.2	0.02	0.1
サツマイモ	*Ipomoea batatas*	89	1.4	0.2	199.4	8.2	3.14	6.2	0.47	2.1
サトウキビ	*Saccharum spp.*	69	0.3	0.2	85.2	3.5	0.37	0.7	0.26	1.1
ザリガニ	*Cherax spp.*	93	20.5	0.7	21.3	0.9	4.68	9.3	0.17	0.8
ショウガ類（根茎）	*Zingiber spp.*	41	2.1	1.0	0.8	0.0	0.04	0.1	0.03	0.1
ショウガ類（葉）	*Zingiber spp.*	27	2.6	0.5	0.8	0.0	0.18	0.4	0.03	0.1
食用シダ	*Athyrium esculentum*	19	2.3	0.4	0.1	0.0	0.01	0.0	0.02	0.1
セリ	*Oenanthe javanica*	20	2.3	0.1	0.2	0.0	0.05	0.1	0.02	0.1
その他果実	ハヤトウリの値使用	20	0.6	0.2	0.1	0.0	0.00	0.0	0.02	0.1
その他堅果	パンノキの値使用	99	1.3	0.6	0.6	0.0	0.01	0.0	0.02	0.1
その他昆虫	ヤシオオオサゾウムシの値参照	257	20.2	19.6	0.4	0.0	0.03	0.1	0.04	0.2
その他哺乳類	ネズミの値使用	108	22.6	2.0	0.1	0.0	0.01	0.0	0.02	0.1
その他野菜	ショウガ類の値使用	27	2.6	0.5	0.4	0.0	0.08	0.2	0.02	0.1
タケノコ	*Bambusa spp.*	36	3.4	0.1	6.0	0.2	0.56	1.1	0.06	0.3
タロイモ	*Colocasia esculenta*	137	1.2	0.1	49.5	2.0	0.43	0.9	0.05	0.2
鳥類	ハト類の値使用	190	25.0	10.0	5.5	0.2	0.72	1.4	0.30	1.3
ツルムラサキ	*Basella alba*	24	2.0	0.1	0.4	0.0	0.04	0.1	0.02	0.1
トウモロコシ	*Zea mays*	105	3.6	1.0	5.6	0.2	0.19	0.4	0.07	0.3
トカゲ類	ワニの値使用	92	18.0	2.0	0.1	0.0	0.03	0.1	0.02	0.1
ネギ	*Allium fistulosum*	25	1.7	0.2	0.2	0.0	0.01	0.0	0.02	0.1
ネズミ	*Rattus spp.*	108	22.6	2.0	5.8	0.2	1.21	2.4	0.12	0.5
パイナップル	*Ananas comosus*	37	1.0	0.1	0.4	0.0	0.01	0.0	0.02	0.1
ハイランドピトピト	*Setaris palmifolia*	30	1.6	0.3	4.0	0.2	0.21	0.4	0.05	0.2
バナナ	*Musa spp.*	107	1.4	0.1	779.8	32.0	10.20	20.3	1.01	4.4

パパイヤ	*Carica papaya*	50	0.5	0.1	11.9	0.5	0.12	0.2	0.04	0.2
ハヤトウリ（葉）	*Sechium edule*	20	4.3	0.3	14.4	0.6	3.10	6.2	0.25	1.1
ハヤトウリ（実）	*Sechium edule*	20	0.6	0.2	0.3	0.0	0.01	0.0	0.02	0.1
パンダヌス	*Pandanus conoideus*	144	4.9	8.3	352.4	14.5	5.53	11.0	10.10	43.8
バンディクート	*Echymipera spp.*	165	24.1	7.6	38.0	1.6	5.55	11.0	1.76	7.6
パンノキ（種子）	*Artocarpus altilis*	99	1.3	0.6	25.5	1.0	0.33	0.7	0.17	0.7
ピーナッツ	*Arachis hypogaea*	558	24.7	47.1	2.3	0.1	0.10	0.2	0.21	0.9
ピトピト	*Saccharum spp.*	40	4.1	0.2	0.3	0.0	0.03	0.1	0.02	0.1
ブタ	*Sus scrofa*	221	17.1	15.6	66.7	2.7	3.70	7.4	5.04	21.9
ガリプナッツ	パンノキの値使用	99	1.3	0.6	3.4	0.1	0.05	0.1	0.03	0.1
ヘビ類	ヘビ類の値使用	92	18.0	2.0	15.4	0.6	3.01	6.0	0.35	1.5
ホナガイヌビユ	*Amaranthus viridis*	33	2.7	0.3	5.0	0.2	0.41	0.8	0.07	0.3
ヤムイモ	*Dioscorea spp.*	99	2.5	0.1	50.0	2.1	1.26	2.5	0.07	0.3
計					2437.3	100.0	50.23	100.0	23.05	100.0

*栄養素分析を行なう際に参照した食物成分表上の学名、ただし分類できなかった食品および成分表に記載のなかった食品は1種に代表させて、あるいは近縁種に代替して算出した

附表2　生業によって獲得される食用動植物

カテゴリー*	magu (バナナ)	oga (パンダヌス)	diefeni (タロ)	kon (サトウキビ)	ouru (ハイランドピトピト)	yun (ピトピト)	olo (タケノコ)	men (サゴヤシ)	siable (サツマイモ)	koro (キノコ)	野菜	備考**
	agua	baie	duhaun	donare-kon	gandela	debere-yun	biyobu	bantou	deredi-siable	agebio	aberema-arik	アイビカ
	andowa	daba	fain	kasowashigi	gobol	hagabe-yun	gumani	bis	gigio-siable	bawaduk	amo-arik	アイビカ
	baba	gagofo	generodiefeni	lei-kon	gomogabo	kufe-yun	kaburo	diyop	mendi-siable	bukan	arun	カヴァ
	biami-magu	gushu	hiuo	me-kon	hisu	mufu-yun	mishiba	domagu	onemoon-siable	eminon	bena	
	biyok	hinigifu	kyashuaushu	mishiba-kon	kagare	mulu		faru	siangaro	geriba	cabbage	キャベツ
	bobieribi	ida	mason	muru-kon	madol	seiyaka-yun		gara	we-siable	gerubananon	furubo	トウモロコシ
	daragua	kirimeu	mebeka	taroane	mushu	ufe-yun		geri	wolu-siable	hanon	degagowa	
	duo	komei	mewo	tiefin	sirem-ouru			ise		iwe	gaga-arik	アイビカ
	garago	mere	muruba	urudie-kon	solu			ishobu		kuref	gaso	食用シダ
	garis	mimo	sewono		ware-ouru			kunu		magu-koro	godo	
	gasu	okarin	urumabi		yanel			molu		mekuk	hauwomu	
	gurumara	orogeu	yase					osa		migidun	herena	ホウレンソウに似る
	himu	sekini	yesomebika					safe		migiribi	irop	
	hogore	sho						sene		oboranon	kiboru	
	hora	shudaba						sifilu		okaf	magagas	
	kiriwa-magu	sima						sosu		oton	maleisia	ツルムラサキ
	maibabo	sisigiba						tu		taminon	memu-gada	ホナガイヌビユ
	mara	taran						uro		waruru	mikibo	ツルムラサキに似る
	maremane	wenshu						wari		yakarenon	mokome	高地から来た
	murumu	woshue						woma		yurienon	mushuk	
	mushamu							yandou			narembara	水辺に生える
	sarekai							yele			nikiboru	
	sarima							yobo			onion	ネギ
	sau										owe	オランダガラシ
	sibe										pumpkin	カボチャ
	sigu										samu	
	simagu										sara-gada	ホナガイヌビユ
	so										soko	ハヤトウリ
	sukubarami-apple										wafu-arik	アイビカ
	sukubarami-sabo										wagibu-arik	アイビカ
	sukubarami-sau										western-arik	アイビカ
	tirifi										yagan	キュウリ
	uwaran										yera	
	waru											
	weliobo											
	weru											
	yuwabo											

根菜	備考**	果実	備考**	堅果	備考**	no（哺乳類）	備考**	ke（魚類）	備考**
baka	ヤム	biki	カルダモンに似る	anwo	カボチャの種状	age	黒色で腹部白いキノボリカンガルー	bebelo	コイに似る
guruhina	ヤム	borefu		befu		berep	中型コウモリ	dalumebu	yanより小型のレインボーフィッシュ
isiable	キャッサバ	fasi	ココヤシ	bonobu		biyok	茶白ブチのクスクス	dien	銀色10cm程度のレインボーフィッシュ
mariada	キャッサバ	keberon	レンブ	bosaru		dabasis	毛赤くネズミに似る	elen	やや赤みがかったレインボーフィッシュ
singapo	アメリカサトイモ	mango	マンゴー	gureuwe	蜜柑色扁平な実	detu	非常に小さくネズミに似る	gila	斑点のある魚
		melelewe	スイカ	hema		dunebe	褐色で腹部白いキノボリカンガルー	halo	ナマズ類で針を持つ
		muri	レモン	memu		ebon	飛ぶ	horu	ナマズ類
		pineapple	パイナップル	morobei		enue	大型コウモリ	keu	細長い魚
		popo	パパイヤ	peanuts	ピーナッツ	fuduren	ワラビー類	mado	ナマズ類
		sabiefu		siren	パンノキ	gumin	黒色ハリモグラ類	masatulun	赤の斑点持ちカジカに似る
		sugerfruit	パンレイシ	teiyari	ヘビマメ	hebeu	黒色クスクス	men	小型ウナギ
		uwoki	カリフラワーに似る	togobe		igo/kabo	ブタ	molu	鱗大きくカジカに似る
		wesefu		uka	ガリプナッツ	ineuwa	水辺の石の下に住む	mosukobu	tulunに似るも小型
		western-popo	パパイヤ	waka		irem	長い髭が特徴	seli	大型ウナギ
				weshikin		kaliya	ワラビー類	sibi	ヤツメウナギ類
						kasi	口吻短いバンディクート	tulun	カジカに似る
						kerieu	頭部脚部白いバンディクート	wagi	サケに似る
						kowa	喉部が赤い	yan	銀色5cm程度のレインボーフィッシュ
						mahi	口吻長いバンディクート	yasukabi	大型ナマズ
						moge	小型ネズミ		
						mogeu	小型コウモリ		
						neyalo	尾部の毛が長い		
						shobe	背だけ黒色クスクス		
						sukubei	白色ハリモグラ類		
						to	尾部に黒い毛がある		
						toage	尾白く長くネズミに似る		
						wasiolu	イヌに似た姿のキノボリカンガルー		
						webu	水に住む		
						yabalakw	ineuwaに似るが小さい		
						yesi	腹部白いネズミ		
						yowi	小型コウモリ		
						yukali	尾長いネズミ		
						yulu	腹部が大きい		

sowe (ヘビ)	備考**	weren (カエル)	備考**	爬虫類	備考**	昆虫	備考**	その他節足動物	備考**
abikago	小型ミドリニシキヘビ	babon	ダルマガエルに似て黒色10cm	beleu	大型カメ	auyage-yadu	ガ幼虫	aome	大型クモ類
ashalin	緑色樹上性ヘビ	bilin	黒色5cm程度	besiami		bideli	ガ幼虫	deidan	テナガエビ類
godo	褐色小型ヘビ	fofa	黒色10cm以上	bu	中型トカゲ	dasusese-yadu	ガ幼虫	duwa	大型クモ類
gosodo		helo	背が黒色胴が黄緑色10cm程度	hasiabi	中型トカゲ	fufano	バッタ類	egebu	水棲カニ類
halushenye	ニシキヘビ類	kagal	黒色10cm以下	hauwelu	中型トカゲ	gufu	バッタ類	galin	ザリガニ類
hefos	灰褐色中型ヘビ	keaido	黒色10cm以下	heno		heuwa	カマキリ	hada	リクガニ類
ho	褐色斑点中型ヘビ	kogame	黒色斑点持つ5cm程度	hono		i-fele	カミキリムシ幼虫	utigi	小型ザリガニ類
ilin	褐色横縞中型ヘビ	kulukulo	黒色15cm以上	ishuko		iyo	大型甲虫幼虫	was	小型カワエビ類
ise	灰色樹上性ヘビ	osin	黒色20cm以上	iyobo	樹上に住む大型トカゲ	koka	ガ幼虫	weguo	小型水棲カニ類
kemu	シロクチニシキヘビ	sosa	頭部黒色胴黄色5cm程度	kaburano		koluwa	ガ幼虫	weushu	中型カワエビ類
kigi	茶褐色中型ヘビ	wabi	背が黒色胴が黄緑色10cm程度	kalafe		masune-yadu	ガ幼虫		
matio	カラフルなニシキヘビ類			keima		men-fele	ヤシオオオサゾウムシ		
mekogo	黒色中型ヘビ			kosoba	中型カメ	sagi	キリギリス類		
mimi	黒色中型ヘビ			kuwon	小型トカゲ	wabul	ガ幼虫		
molu	ボア類			mishelin		wabulu	小型甲虫幼虫		
udo	パプアンデスアダー			nagi	小型トカゲ	walisagan	バッタ類		
wokono	黒色縦縞中型ヘビ			seima	中型トカゲ	wara-fele	カミキリムシ幼虫小型		
woliomo				siobela	ワニ	wayo-fele			
yebi	ニシキヘビ類			susufano					
yolu	ミドリニシキヘビ			ufokon					
				wakaya					
				yelu					
				yobo	大型トカゲ				

*ボサビ語でカテゴリー化する言葉があり、かつ日本語あるいは生物学において対応する言葉がある場合、ボサビ語をアルファベット表記、日本語をカッコ内に表記した
**目視あるいは聞き取りによってつかめた特徴、あるいは日本語分類名、特徴がつかめなかったものは備考が空欄

附表3　シバラマの人口動態詳細

死亡	男性 死亡年	男性 死亡時年齢	女性 死亡年	女性 死亡時年齢
1999→2003	1999	7	1999	29
	1999	33	1999	18
	1999	24	2001	1
	2000	57	2002	8
	2000	42	2002	3
	2001	49	2002	35
	2001	10	2002	1
	2002	7		
	2002	40		
	2002	1		
2003→2006	2005	0	2003	65
	2005	2	2004	51
	2006	3	2006	0
			2006	1
			2006	63

出生	男性 出生年	男性 死亡年	女性 出生年	女性 死亡年
1999→2003	1999		1999	2000
	2000		2000	
	2000		2000	
	2000		2001	
	2001		2001	
	2001		2001	2002
	2001	2002	2002	
	2003		2002	
	2003		2002	
			2003	
2003→2006	2003		2004	
	2003		2004	
	2003		2004	
	2003	2005	2005	
	2003	2006	2005	
	2004		2005	2006
	2004		2005	
	2005		2006	
	2005		2006	
	2005		2006	2006
	2005	2005	2006	
	2006			

（次頁につづく）

	男性		女性	
転出	転入年・転入元	転出時年齢	転入年・転入元	転出時年齢
	2003・タビリ	33	2000・ガンバロ	39
	2003・タビリ	6	2000・ガンバロ	4
			2003・タビリ	28
			2003・タビリ	5

	男性		女性	
転入	転入年・転入元	転入時年齢	転入年・転入元	転入時年齢
	2000・タビリ	30	2000・タビリ	25
	2000・タビリ	3	2000・タビリ	2
			2005・ククネシ	30
			2005・ククネシ	6
			2005・ワナゲサ	27
			2005・ワナゲサ	7
			2005・ワナゲサ	5

	男性*	女性	
		結婚年・備考	
村内結婚		1999	20
		2000・姉妹交換1	25
		2000・姉妹交換1	24
		2000・姉妹交換2	21
		2001・レヴィレート	24
		2002・姉妹交換2	15
		2003・姉妹交換3	22
		2004・レヴィレート	40
		2005	19
		2005・姉妹交換3	22

	男性*	女性	
		結婚年・備考	
婚姻転出		1999・姉妹交換タビリ	20

	男性*	女性	
		結婚年・備考	
婚姻転入		2000・姉妹交換タビリ	18
		2002	27
		2003	24

*婚姻について男性と女性は男女同数（調査期間内での対象者間の複婚は無し）だが、村落間移動を伴う女性のみのデータとして表した

附表4　シバラマ、タビリ、ワスウェイド、ワナゲサの人口動態（それぞれ左から順に男性、女性、合計の数）

シバラマ　　　　タビリ

	シバラマ 死亡			出生			転出			転入			タビリ 死亡			出生			転出			転入		
1999	3	2	5	1	2	3	0	1	1	0	1	1	0	0	0	0	2	2	0	0	0	0	1	1
2000	2	1	3	3	2	5	0	2	2	0	1	1	2	1	3	0	2	2	0	1	1	0	1	1
2001	2	0	2	3	3	6	0	0	0	0	0	0	4	3	7	0	3	3	0	1	1	0	0	0
2002	3	4	7	0	3	3	0	0	0	0	1	1	3	3	6	3	3	6	0	1	1	0	0	0
2003	0	1	1	7	1	8	0	0	0	2	3	5	1	0	1	2	1	3	2	3	5	0	0	0
2004	0	1	1	2	3	5	0	0	0	0	0	0	0	0	0	0	3	3	0	0	0	0	0	0
2005	2	0	2	4	4	8	2	2	4	0	5	5	1	1	2	4	4	8	0	0	0	2	3	5
2006	1	3	4	1	4	5	0	0	0	0	0	0	0	1	1	3	4	7	0	0	0	0	0	0

ワスウェイド　　　　ワナゲサ

ワスウェイド 死亡			出生			転出			転入			ワナゲサ 死亡			出生			転出			転入		
0	0	0	0	1	0	0	1	1	0	0	0	1	0	1	1	1	2	0	1	1	0	1	1
2	1	3	0	0	0	6	2	8	0	0	0	1	0	1	2	1	3	0	0	0	0	0	0
3	1	4	3	3	5	0	0	0	0	2	2	1	1	2	1	1	2	1	2	3	0	1	1
2	2	4	5	7	12	1	1	2	0	0	0	0	1	1	2	3	5	2	5	7	0	1	1
2	0	2	1	1	2	0	2	2	0	2	2	2	3	5	3	3	6	0	1	1	1	1	2
1	0	1	3	1	4	0	0	0	0	0	0	1	0	1	2	0	2	0	0	0	0	0	0
2	2	4	1	2	3	0	0	0	0	0	0	0	0	0	0	0	0	0	2	2	0	0	0
0	0	0	2	3	5	0	1	1	0	0	0	0	0	0	2	4	6	0	0	0	0	0	0

4村合計

死亡			出生			転出			転入		
4	2	6	2	6	7	0	3	3	0	3	3
7	3	10	5	5	10	6	5	11	0	2	2
10	5	15	7	10	16	1	3	4	0	3	3
8	10	18	10	16	26	3	7	10	0	2	2
5	4	9	13	6	19	2	6	8	3	6	9
2	1	3	7	7	14	0	0	0	0	0	0
5	3	8	9	10	19	2	4	6	2	8	10
1	4	5	8	15	23	0	1	1	0	0	0

附表5　ボサビの10村における男女別年齢階梯別人口

年齢		0–4	5–9	10–14	15–19	20–24	25–29	30–34	35–39	40–44	45–49	50–54	55–59	60–64	65–69	70–74	75＋	計
男性		143	165	116	106	81	88	70	60	41	42	24	18	13	10	7	3	987
女性		144	142	91	97	84	87	74	56	39	42	27	15	14	4	5	4	925
計		287	307	207	203	165	175	144	116	80	84	51	33	27	14	12	7	1912
シバラマ	男性	14	12	6	7	5	7	8	5	4	4	2	1	0	0	1	0	76
	女性	11	11	4	6	3	4	5	5	5	4	2	3	1	0	0	1	65
タビリ	男性	15	8	8	6	5	17	6	4	3	0	6	2	1	1	0	0	82
	女性	16	10	12	11	8	6	8	3	4	5	4	2	0	0	1	0	90
ワスウェ	男性	15	21	16	17	1	9	11	5	7	6	1	1	2	0	2	0	114
イド	女性	19	14	10	8	9	10	9	6	10	1	1	1	3	0	0	1	102
ワナゲサ	男性	12	10	8	10	2	3	3	3	4	4	1	0	0	1	0	0	61
	女性	8	6	6	7	4	5	4	5	2	2	0	3	1	0	0	0	53
ムルマ	男性	20	19	15	14	13	9	7	10	4	5	1	3	4	3	1	1	129
	女性	19	12	10	18	11	13	9	6	4	2	2	1	2	0	2	0	111
オラビア	男性	18	19	14	10	15	10	5	10	5	2	2	3	4	2	2	1	122
	女性	19	18	12	10	14	9	9	8	2	5	1	1	3	1	1	0	113
ボナ	男性	23	31	15	12	15	13	7	5	6	9	6	3	1	1	0	1	148
	女性	19	34	17	11	9	19	11	10	7	8	7	3	2	1	0	1	159
スグニカ	男性	17	30	21	17	21	11	16	9	4	7	4	3	1	0	1	0	162
	女性	18	29	14	13	18	11	5	7	3	12	7	1	1	1	1	0	141
ディデサ	男性	7	11	11	7	4	7	7	4	4	2	1	1	0	1	0	0	67
	女性	7	5	4	7	3	9	8	6	2	1	2	0	1	0	0	0	55
ワス	男性	2	4	2	6	0	2	0	5	0	3	0	1	0	1	0	0	26
	女性	8	3	2	6	5	1	6	0	0	2	1	0	0	1	0	1	36

謝辞

日本語で記述してもコミュニケーションが取れないので、いずれ改めて直接本書を示しボサビ語に翻訳して成果を伝えるべきであるが、やはり筆者はボサビの人びと全てに謝意を表したい。代表者を挙げるのはそれこそ組織システム的で本意ではないのだが、文書というメディア形式上いたし方あるまい。多くの人に対面的に謝意を表すのは自分で機会を作っていこう。シバラマの代表を挙げるならまず、アデであるマオメ、ナオであるユワレである。あらゆる面で筆者の面倒を見てくれただけではなく、本書のさまざまなトピックにかんする事例を提供してくれたし、その解釈に助言を与えてくれた。また、あらゆる調査の協力者であり、トク・ピジンとボサビ語の通訳者であるコレキとワイボは、筆者の無理な希望をことごとく実現に導いてくれた。他の村の代表を挙げるなら、ウェニ氏（ワナゲサ選出LLG議員）、ジミー氏（ワスウェイド選出LLG議員）、ウェイマ氏（タビリ選出LLG議員）は、現地で調査を行うのに快く許可を下さり、実施においても少なからぬサポートを下さった。ボサビではなく南方のキワイ出身者であるが、ムルマ駐在の行政官であったバビル氏は、外部からボサビの人間関係に参画する先達として様々な助言と便宜を下さった。今後も筆者は、ボサビの人びとを知り続けたいし、興味を持ち続けたいし、好きであり続けたい。そして、ボサビの人びとに謝意を感じ続けたいと思う。

また、パプアニューギニアで研究を続けることは、さまざまな方々の指導と助言なくしてはとても為し得なかった。学術書としての性格から文中では人名をほとんど敬称略で表記したが、参照した先行研究の多くはそのような指導と助言を頂いた方々の貴重なデータである。ここで敬称略にしたことのお詫びと、改めての感謝の意を表したい。文中でも何度も触れたように、パプアニューギニアでの調査は指導教員であった大塚柳太郎先生のご指導なくしてはあり得なかった。同じ高地周縁地域のサモ・クボを研究されてきた、そして筆者のもう一つのメインフィールドであるマレーシアでも研究をご一緒させてもらっている、口蔵幸雄先生と須田一弘氏には公私両面においてお世話になり続けている。公私両面という意味では、人類生態学のパプアニューギニア調査チーム、すなわち河辺俊雄氏、稲岡司氏、梅﨑昌裕氏、山内太郎氏、安高雄二氏、夏原和美氏にもお世話になり続けているし、これからの生態人類学を担うこれらの方々に末輩として付いていきたいと願っている。また、人文科学の中で周縁に位置する生態人類学という学問分野に取り組むことを包摂して頂いている、千葉大学人文公共学府とその中の文化人類学講座の教員、学生の方々には、研究活動の継続の面で常に支えられている。それ以外にも研究を続けていく上でお世話になり続けている方々が大勢いるが、その全ての方々に感謝を表したい。

本書の刊行は、生態人類学の可能性を信じ続けてこられた掛谷誠先生とそのご遺志を我々に示して下さった掛谷英子氏の思いなくしてはあり得なかった。掛谷先生にはもう直接御礼を伝えることができないのだが、何とかその思想、方法論を発展させて後生に伝えることを責務とすることでご遺志に応えていきたいと思う。ボサビのモノグラフをまとめることでその責務の一端を果たしてみないかと筆者に提案下さったのが篠原徹先生である。篠原先生には、博士課程終了後に研究者としての生き方を指導して下さった人生の先達という面もある。本書の詳細や枠組みにも多くの助言を下さった篠原先生には感謝の言葉しかない。そして、本書と「生態人類学は挑む」シリーズの刊行には、シリーズの編集委員会の先生方、そして生態人類学会の全てのメンバーのご尽力とご期待が集約されていると言え、その全ての方々に御礼申し上げたい。最後になって恐縮であるが、実際の刊行に当たって最初から最後までご尽力くださった、京都大学学術出版会の大橋裕和氏に謝辞を述べて擱筆としたい。

参考文献

印東道子　二〇〇九「人類の移動と居住戦略：総論」『オセアニア学』吉岡政徳（監）、遠藤央他（編）京都大学学術出版会　五―一三頁。
内堀基光　一九九六『森の食べ方』東京大学出版会。
梅﨑昌裕　二〇〇〇「パプアニューギニア高地におけるブタ飼養の現在的意味」『動物考古学』一五号、五三―八〇頁。
大村敬一　二〇一〇「自然＝文化相対主義に向けて――イヌイトの先住民運動からみるグローバリゼーションの未来」『文化人類学研究』七五号、一〇一―一一九頁。
奥野克巳　二〇一七「他種と「ともに生きる」ことの民族誌――マルチスピーシーズ人類学の展望と課題」『日本文化人類学会第51回研究大会発表要旨集』。
小谷真吾　二〇〇一「パプアニューギニア高地辺縁部における伝統的農法の生業生態と社会構造」『動物考古学』一七号、二五―四九頁。
小谷真吾　二〇〇四「バナナとサツマイモ――パプアニューギニアにおける生業変化の事例」『歴史評論』六五〇号、四〇―五四頁。
小谷真吾　二〇〇九「商業的森林伐採におけるポリティカルエコロジー――パプアニューギニア西部州における事例」『千葉大学人文研究』三八号、一―二二頁。
小谷真吾　二〇一〇『姉というハビトゥス――女児死亡の人口人類学的民族誌』東京大学出版会。
小谷真吾　二〇〇五「ブタはどのようにして現金になりうるのか？――パプアニューギニア高地辺縁部における生業生態と貨幣経済」『国立歴史民俗博物館研究報告』一二三号、八五―一〇二頁。
掛谷誠　一九八三「『妬み』の生態人類学――アフリカの事例を中心に」『現代のエスプリ別冊・現代の人類学1・生態人類学』大塚柳太郎（編）至文堂　二二九―二四一頁。
片山一道　一九九九『考える足――人はどこから来て、どこへ行くのか』日本経済新聞出版。
ギアツ、クリフォード　二〇〇一『インボリューション――内に向かう発展』池本幸生訳　NTT出版。
北村光二　二〇〇八「「社会的なるもの」とはなにか？：他者との関係づけにおける「決定不可能性」と「創造的対処」」『霊

長類研究』二四号、一〇九—一二〇頁。
北村光二　二〇一四「島に暮らす人びとが大切にしていること——岡山県白石島の事例から」『文化共生学研究』一三号、四三—六〇頁。
口蔵幸雄　二〇〇一「人間行動生態学（2）：時間配分」『岐阜大学地域科学部研究報告』八号、六七—一七三頁。
口蔵幸雄　二〇一二「パプアニューギニア山麓部のバナナ栽培（2）：農耕生産性、収穫の変動と分配の機能」『岐阜大学地域科学部研究報告』三一号、六一—一一三頁。
口蔵幸雄　須田一弘　二〇一一「パプアニューギニア山麓のバナナ栽培（1）：品種の多様性」『岐阜大学地域科学部研究報告』二九号、五三—九八頁。
ゴドリエ、モーリス　二〇〇〇『贈与の謎』山内昶訳　法政大学出版局。
湖中真哉　二〇一二「ポスト・グローバリゼーション期への人類学的射程——東アフリカ牧畜社会における紛争の事例」『グローバリゼーションズ——人類学、歴史学、地域研究の現場から』三尾裕子、床呂郁哉（編）弘文堂　二五七—二八四頁。
サーリンズ、マーシャル　一九八四『石器時代の経済学』山内昶訳　法政大学出版局。
篠原徹（編）二〇〇一『近代日本の他者増と自画像』柏書房。
鈴木継美　一九八〇『人類生態学の方法（UP選書213）』東京大学出版会。
須田一弘　一九九五「生態と社会変化——パプアニューギニアの事例をもとに」大塚柳太郎他編『生態人類学を学ぶ人のために』世界思想社　二一七—二三七頁。
須田一弘　二〇〇二「平準化をもたらすクボの邪術と交換」大塚柳太郎編『ニューギニア——交錯する伝統と近代』京都大学学術出版会　八七—一二六頁。
スチュワード、ジュリアン　一九七九『文化変化の理論——多系進化の方法論』米山俊直訳　弘文堂。
ストラザーン、マリリン　二〇一五『部分的つながり』大杉高司、浜田明範、田口陽子、丹羽充、里見龍樹訳　水声社。
生態人類学会設立準備委員会　一九九六「生態人類学会設立の趣旨」『生態人類学会ニュースレター』一号、一頁。
総務省統計局　二〇一四『平成23年社会生活基本調査　生活時間に関する結果』https://www.stat.go.jp/data/shakai/2011/pdf/houdou2.pdf（二〇二〇年一〇月一五日閲覧）

田所聖志　二〇一四『秩序の構造——ニューギニア山地民における人間関係の社会』東京大学出版会。

ドゥルーズ、ジル　ガタリ、フェリックス　一九九四『千のプラトー——資本主義と分裂症』宇野邦一他訳　河出書房新社。

速水融　一九八八『江戸の農民生活史——宗門改帳にみる濃尾の一農村』日本放送出版協会。

林勲男　一九九八「夢語りの位相——パプアニューギニア、ベダムニの霊媒による語り」国立民族学博物館研究報告23号（1）九五—一二七頁。

フェルド、スティーブン　一九八八『鳥になった少年——カルリ社会における音・神話・象徴』山口修、山田陽一、卜田隆嗣、藤田隆則訳　平凡社（Feld, S. Sound and sentiment : birds, weeping, poetics, and song in Kaluli expression. University of Pennsylvania Press, 1982）.

深田淳太郎　二〇〇六「パプアニューギニア・トーライ社会における自生通貨と法定通貨の共存の様態」『文化人類学』七一号三巻、三九一—四〇四頁。

ボルフ、クリスティアン　二〇一四『ニクラス・ルーマン入門——社会システム理論とは何か』庄司信訳　新泉社。

マードック、ジョージ・P・　二〇〇一年『社会構造——核家族の社会人類学』内藤莞爾訳　新泉社。

松井健　二〇〇三「マイナー・サブシステンスの世界——民俗世界における労働・自然・身体」『民俗の技術』篠原徹編　朝倉書店　二四七—二八六頁。

安室知　二〇〇五『水田漁撈の研究——稲作と漁撈の複合生業論』慶友社。

ラトゥール、ブリュノ　二〇一九『社会的なものを組み直す——アクターネットワーク理論入門』伊藤嘉高訳　法政大学出版局。

ルーマン、ニクラス　二〇一六『自己言及性について』土方透・大澤善信訳、筑摩書房。

Berkes, Fikret. and Carl Folke. 1998. “Linking Social and Ecological Systems for Resilience and Sustainability,” In Berkes, F and C. Folke, (eds.). *Linking Social and Ecological Systems. Management Practices and Social Mechanisms for Building Resilience*. Cambridge: Cambridge University Press, pp. 1-25.

Bourke, Michael R. and Tracy Harwood (Eds.). 2009. *Food and Agriculture in Papua New Guinea*. Canberra: Australian National University Press.

Bryant, Raymond L. 1991. "Putting Politics First: the Political Ecology of Sustainable Development," *Global Ecology and Biogeography Letters* 1: 164-6.

Conklin, Harold C. 1961. "The Study of Shifting Cultivation," *Current Anthropology* 2 (1): 27-61.

Corbett, Laurie. 1995. *The dingo in Australia and Asia (Australian natural history series)*. Randwick: University of New South Wales Press.

Denham, Tim, Simon Haberle, Carol Lentfer, Richard Fullagar, Judith H. Field, M. Therin, Nick Porch and B. Winsborough. 2003. "Origins of Agriculture at Kuk Swamp in the Highlands of New Guinea," *Science* 301 (5630): 189-93.

Dignan, Cecily. (ed) 1994. *The Pacific Islands Food Composition Tables*. Nouméa: South Pacific Commission.

Dwyer, Peter. D. 1990. *The Pigs that ate the Garden: a Human Ecology from Papua New Guinea*. Ann Arbor: University of Michigan Press.

Dwyer, Peter. D. 1993. "Banana Production by Kubo People of the Interior Lowland of Papua New Guinea," *Papua New Guinea Journal of Agriculture and Fisheries* 36 (1): 1-21.

Dwyer, Peter. D. and Monica Minnegal. 2016. "Counting Systems of the Strickland-Bosavi Languages, Papua New Guinea," *Language & Linguistics in Melanesia* 34 (1): 1-36.

Dwyer, Peter. D. and Monica Minnegal. 2016. "Wild Dogs and Village Dogs in New Guinea: were They Different?," *Australian Mammalogy* 38: 1-11.

Éloïse, Déaux C., and J. A. Clarke. 2013. "Dingo (Canis lupus dingo) Acoustic Repertoire: Form and Contexts," *Behaviour* 150: 75-101.

Englberger, Lois., R. B. Wills, B. Blades, L. Dufficy, J. W. Daniells, and T. Coyne. 2006. "Carotenoid Content and Flesh Color of Selected Banana Cultivars Growing in Australia," *Food Nutrition Bulletin* 27 (4): 281-291.

FAO/WHO/UNU 1985. *Energy and Protein Requirements*. Geneva: WHO.

Feld, Steven. 1982. *Sound and Sentiment: Birds, Eeeping, Poetics, and Song in Kaluli Expression*. Philadelphia: University of Pennsylvania Press.

Filer, Colin and Michael Wood. 2012. "The Creation and Dissolution of Private Property in Forest Carbon: A Case Study from Papua New Guinea," *Human Ecology* 40 (5): 665-677.

Frankel, Stephen. 1986. *The Huli Response to Illness*. Cambridge: Cambridge University Press.

Glasse, Robert M. 1959. "The Huli Descent System: A Preliminary Account," *Oceania* 29 (3): 171-184.

Goodenough, Ward H. 1970. *Description and Comparison in Cultural Anthropology*. London: Aldine Publishing Company.

Gregory Bateson. 1967. "Cybernetic Explanation." *American Behavioral Scientist*, Vol. 10, No. 8, pp. 29-32.

Haberle, Simon G. 2010. *Terra Australis 32: Altered Ecologies -Fire, Climate and Human Influence on Terrestrial Landscapes*. Canberra: Australian National University Press.

Holling, Crawford S. 1973. "Resilience and Stability of Ecological Systems," *Annual Review of Ecology and Systematics* 4 :1-23.

Jackson, Stephen. M., C. P. Groves, P. J. S. Fleming, K. P. Aplin, M. D. B. Eldridge, A. Gonzalez and K. M. Helgen. 2017. "The Wayward Dog: Is the Australian Native Dog or Dingo a Distinct Species?," *Zootaxa* 4317 (2): 201-224.

Kawabe, Toshio. 2014. *The Gidra: Bow-hunting and Sago Life in the Tropical Forest*. Kyoto: Kyoto University Press.

Kelly, Raymond. 1977. *Etoro Social Structure: A Study in Structural Contradiction*. Ann Arbor: University of Michigan Press.

Koler-Matznick, Janice, B.C. Yates, S. Bulmer, and I.L.Jr. Brisbin. 2007. The New Guinea Singing Dog: its Status and Scientific Importance. *Australian Mammalogy* 29: 47-56.

Koler-Matznick, Janice, I.L.Jr. Brisbin, M. Feinstein, and S. Bulmer. 2003. "An Expanded Description of the New Guinea Singing Dog (*Canis hallstromi Troughton*, 1957)," *Journal of Zoology* 261: 109-118.

Kuchikura, Yukio. 1994. "A Comparative Study of Subsistence Patterns in Papua New Guinea," *Bulletin of the Faculty of General Education Gifu University* 30: 41-89.

Land Titles Commission Act. 1962. http://www.paclii.org/pg/legis/consol_act/ltca1962246/（二〇二〇年一〇月一五日閲覧）

Larson, Greger, Thomas Cucchi, Masakatsu Fujita, Elizabeth Matisoo-Smith, Judith Robins, Atholl Anderson, Barry Rolett, Matthew Spriggs, Gaynor Dolman, Tae-Hun Kim, Nguyen Thi Dieu Thuy, Ettore Randi, Moira Doherty, Rokus Awe Due, Robert Bollt, Tony Djubiantono, Bion Griffin, Michiko Intoh, Emile Keane, Patrick Kirch, Kuang-Ti Li, Michael Morwood, Lolita M. Pedriña, Philip J. Piper, Ryan J. Rabett, Peter Shooter, Gert Van den Bergh, Eric West, Stephen Wickler, Jing Yuan, Alan Cooper, and Keith Dobney. 2007. "Phylogeny and Ancient DNA of Sus Provides Insights into Neolithic Expansion in Island Southeast Asia and Oceania," *Proceedings of the National Academy of Sciences of the United States of America* 104 (12): 4834-4839.

Luhmann, Niklas. 1995. *Social Systems*. Trans. John Bednarz Jr. California: Stanford University Press.

McAlpine, John,R. and Gael Keig. 1983. *Climate of Papua New Guinea*. Canberra: Australian National University Press.

McAlpine, John,R., Gael Keig and Karen Short. 1975. *Climatic Tables for Papua New Guinea*. Canberra: Commonwealth Scientific and Industrial Research Organization.

Ministry of Health (Papua New Guinea). 1990. *Handbook of Health Statistics, Papua New Guinea*. Port Moresby: Policy Planning and Evaluation, Department of health, Ministry of Health.

Modjeska, Nicholas. 1982. "Production and Inequality: Perspectives from Central New Guinea," In *Inequality in New Guinea Highlands Societies*. A.Strathern (ed.) Cambridge: Cambridge University Press. pp. 50-108.

National Archives of Papua New Guinea 1934-1975. *Patrol Report (1934-1975)*. Port Moresby: Territory of Papua New Guinea.

National Statistical Office 2014. *2011 National Population and Housing Census of Papua New Guinea - Final Figures*. Port Moresby: National Statistical Office.

Odani, Shingo, Kaori Komatsu, Kagari Shikata-Yasuoka, Yasuaki Sato, and Koichi Kitanishi. 2019. "Diversity of Banana Cultivars and their Usages in the Papua New Guinea Lowlands: A Case Study Focusing on the Kalapua Subgroup," *People and Culture in Oceania* 34: 55-78.

Odani, Shingo. 2002. "Subsistence Ecology of the Slash and Mulch Cultivating Method: Empirical Study in Great Papuan Plateau of Papua New Guinea," *People and Culture in Oceania* 18: 45-63.

Ohtsuka, Ryutaro and Tsuguyoshi Suzuki. (eds.) 1990. *Population Ecology of Human Survival -Bioecological Studies of the Gidra in Papua New Guinea-*. Tokyo: University of Tokyo Press.

Ohtsuka, Ryutaro. 1983. *Oriomo Papuans: Ecology of Sago-Eaters in Low-land Papua*. Tokyo: University of Tokyo Press.

Ohtsuka, Ryutaro. 2003. "Biocultural Adaptation and Population Connentedness in the Asia-Pacific Region Health Change," In Ryutaro Ohtsuka and Stanley J. Ulijaszek (eds) *Health Change in the Asia-Pacific Region (Cambridge Studies in Biological and Evolutionary Anthropology)*, pp. 44-63

Orlove, Benjamin. S. 1980. "Ecological Anthropology," *Annual Review of Anthropology* 9: 235-273.

Oskarsson, Mattias. C.R., C.F.C. Klütsch, U. Boonyaprakob, A. Wilton, Y. Tanabe, and P. Savolainen. 2011. "Mitochondrial DNA Data Indicate an Introduction through Mainland Southeast Asia for Australian Dingoes and Polynesian Domestic Dogs," *Proceedings of the Royal Society of London, Series B Biological Sciences* 279 (1730): 967-974.

Palmer, Bill. 2017. *The Languages and Linguistics of the New Guinea Area: A Comprehensive Guide* (*World of Linguistics*). Berlin: Mouton De Gruyter.

Pash, Chris. 2017. "PHOTOS: A Wild Dog Thought Long Extinct has been Spotted in New Guinea - with Puppies," *Business Insider. Allure Media*. https://www.businessinsider.com.au/photos-a-wild-living-fossil-dog-has-been-spotted-in-remote-new-guinea-2017-3（二〇二〇年一〇月一五日閲覧）

Perrier, X., E. De Langhe, M. Donohue, C. Lentfer, L. Vrydaghs, F. Bakry, F. Carreel, I. Hippolyte, J.-P. Horry, C. Jenny, V. Lebot, A.-M. Risterucci, K. Tomekpe, H. Doutrelepont, T. Ball, J. Manwaring, P. de Maret, and T. Denham. 2011. "Multidisciplinary Pperspectives on Banana (Musa spp.) Domestication," *Proceedings of the National Academy of Sciences of the United States of America* 108 (28): 11311-11318.

Price, T. Douglas, and Ofer Bar-Yosef. 2011. "The Origins of Agriculture: New Data, New Ideas," *Current Anthropology* 52 (S4): 163-174.

Rappaport, Roy A. 1968. *Pig for the Ancestors: Ritual in the Ecology of a New Guinea People*. New Haven: Yale University Press.

Schieffelin, Edward L. 1975. "Felling the Trees on Top of the Crop," *Oceania* 46 (1): 25-39.

Schieffelin, Edward L. 1977. *The Sorrow of the Lonely and the Burning of the Dancers*. New York: St. Martin's Press.

Schieffelin, Edward L. 1996. "Evil spirit sickness, the christian disease: The innovation of a new syndrome of mental derangement and redemption in Papua New Guinea," *Culture, Medicine and Psychiatry* 20: 1-39.

Schrire, Carmel. (ed.) 1984. *Past and Present in Hunter Gatherers Studies*. Orlando and London: Academic Press.

Shaw, Daniel. R. 1986. "The Bosavi Language Family," In Donald C. Laycock (eds.) *Papers in New Guinea Linguistics* No. 24, Camberra: Australian National University Press: 45-76.

Shields, Bruce. 1993. *Stori belong Ol Sios na Misin*. Tari: Evangelical Printers.

Sieff, Daniela F. 1990. "Explaining Biased Sex Ratio in Human Populations," *Current Anthropology* 31 (1): 25-48.

Sinclair, James. 1988. *Last frontiers : the Explorations of Ivan Champion of Papua*. Queensland: Pacific Press.

Stanhope, John. 1970. "Patterns of Fertility and Mortality in Rural New Guinea," *New Guinea Research Bulletin* 34: 24-41.

Steward, Julian H. 1955. *Irrigation Civilizations: A Comparative Study, A Symposium on Method and Result in Cross-Cultural Regularities*. Washington: Pan American Union.

Suda, Kazuhiro. 1997. "Dietary change among the Kubo of Western Province, Papua New Guinea, between 1988 and 1994," *Man and Culture in Oceania* 13: 83-98.

Thurston, David H. 1997. *Slash/Mulch Systems: Sustainable Methods for Tropical Agriculture*. Warwickshire: Practical Action Publishing.

Troughton, Ellis. 1957. "A New Native Dog from the Papuan Highlands." *Proceedings of the Royal Zoological Society of New South Wales* 1955-1956: 93-94.

Umezaki, Masahiro, Yukio Kuchikura, Taro Yamauchi, and Ryutaro Ohtsuka. 2000. "Impact of Population Pressure on Food Production: an Analysis of Land Use Change and Subsistence Pattern in the Tari Basin in Papua New Guinea," *Human Ecology* 28 (3) : 359-381.

Varela, Francisco. J., Humberto R. Maturana, and Ricardo Uribe. 1974. "Autopoiesis: The Organization of Living Systems, its Characterization and a Model," *BioSystems* 5: 187-196.

WHO. 2015. *World Health Statistics*. Geneva: WHO.

Wolf, Eric. 1972. "Ownership and Political Ecology," *Anthropological Quarterly* 45 (3): 201-205.

Wurm, Stephen A. 1982. *Papuan languages of Oceania*. Tübingen: Gunter Narr Verlag.

【わ】

【ま】

【や】

【ら】

【た】

【な】

【は】

【さ】

索引

著者紹介

小谷　真吾（おだに しんご）

千葉大学文学部教授。千葉大学大学院社会文化科学研究科博士課程修了、博士（学術）。主な著作に、『姉というハビトゥス―― 女児死亡の人口人類学的民族誌』（東京大学出版会、2010年）、「身体・知識と資源利用：パプアニューギニア・ボサビにおける性的分業の事例から」（池口明子・佐藤廉也編『ネイチャー・アンド・ソサエティ研究第三巻　身体と生存の文化生態』海青社、2014年）などがある。

生態人類学は挑む　MONOGRAPH 4
自給自足の生態学――ボサビの人びとのオートポイエーシス

2021 年 8 月 5 日　初版第一刷発行

著　者　　小谷真吾
発行人　　末原達郎

京都大学学術出版会
京都市左京区吉田近衛町69番地
京都大学吉田南構内（〒606-8315）
電　話（075）761-6182
FAX（075）761-6190
Home page http://www.kyoto-up.or.jp
振　替　01000-8-64677

ISBN978-4-8140-0358-7
Printed in Japan

ブックデザイン　森　華
印刷・製本　亜細亜印刷株式会社
定価はカバーに表示してあります